Los claroscuros del mestizaje

Negros, indios y castas en la Catamarca Colonial

Florencia Guzmán

ENCUENTRO
Grupo Editor

Facultad
de Humanidades

ENCUENTRO
Grupo Editor

Facultad
de Humanidades

Título original: *Los claroscuros del mestizaje. Negros, indios y castas en la Catamarca Colonial*
Colección Génesis
Serie Intercultura=Memoria + Patrimonio
Autor: Florencia Guzmán

Guzmán, Florencia
   Los claroscuros del mestizaje : negros, indios y castas en la Catamarca colonial . - 1a ed. - Córdoba : Encuentro Grupo Editor.
   236 p. ; 24x17 cm. - (Génesis)

   1. Sociología de la Cultura. I. Título
   CDD 306

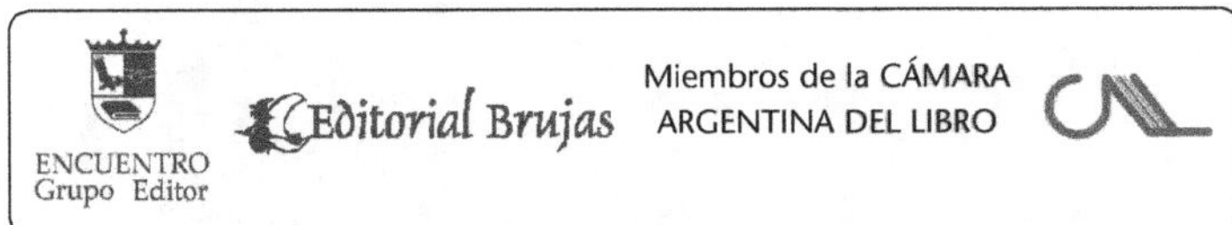

www.editorialbrujas.com.ar editorialbrujas@arnet.com.ar
Tel/fax: (0351) 4606044 / 4609261- Pasaje España 1485 Córdoba - Argentina.

ENCUENTRO
Grupo Editor

Facultad
de Humanidades

ÍNDICE

ENCUENTRO
Grupo Editor

Facultad
de Humanidades

*A la memoria
de mis padres
Gaspar y Negra*

*A Leonardo y Francisco
con amor*

ENCUENTRO
Grupo Editor

Facultad
de Humanidades

Agradecimientos

Después de tantos años de trabajo y de investigación la deuda contraída es bastante extensa. De manera especial, y en primer lugar, quiero agradecer a dos personas que me dieron un inestimable apoyo intelectual y espiritual a lo largo de estos años. Ambos fallecieron durante el 2009, así que vaya mi gratitud y este recuerdo especial en su memoria. A Carlos Mayo, quien fuera mi director de tesis del doctorado, por sus consejos, dedicación y gran honestidad. A Félix Luna (implacable y consecuente lector de mis trabajos) por la confianza, estímulo y decidido apoyo que siempre me brindó. Además de las palabras que escribió para este libro unos meses antes de su partida.

En segundo lugar, deseo agradecer a un conjunto de colegas con los que desde hace varios años reflexionamos y debatimos en torno a las poblaciones esclavizadas y afrodescendientes en la Argentina; tanto en la Sección de Asia y África de la Universidad Nacional de Buenos Aires como en la maestría de Diversidad Cultural de la Universidad Nacional de Tres de Febrero. A María Elena Vela (ya fallecida), Dina Picotti, Silvia Mallo, Marta Goldberg, Marisa Pineau, Luciana Contarino, Liliana Crespi y Miguel Ángel Rosal. Lo mismo para Lea Geler, Alejandro Frigerio, Pablo Cirio y Marta Maffia con quienes, y desde la interdisciplina, participamos de un espacio de encuentro y discusión muy fructífero en el marco del GEALA (Grupo de estudios afrolatinoamericanos/Instituto Ravignani/UBA). Asimismo, a Miriam Gomes y María Magdalena Lamadrid, que luchan por visibilizar a los afrodescendientes en la Argentina.

Deseo agradecer, además, al equipo del Museo Histórico Nacional con los cuales comparto desde hace algunos años un proyecto de investigación referido a las dinámicas sociales y culturales en la zona del *Ambato*-Catamarca, (siglos IX y XVII) porque me enriquecen día a día con las teorías, prácticas y perspectivas arqueológicas. A Antonio Pérez Gollán, Victoria Coll, Gustavo Álvarez, Javier González y Carlos Oviedo; asimismo, a Sonia Lanzelotti quien produjo los mapas que presento en este libro. También, a los docentes e investigadores de la carrera del Doctorado de Ciencias Humanas de la Universidad Nacional de Catamarca; principalmente, a su director José Yuni, por darme la oportunidad de "reencontrarme" con esta universidad en la que inicié mis estudios, y porque, aunque ya pasaron bastantes años, cada vez que vuelvo, me sigo sintiendo como "en casa". A los miembros del Consejo Académico de dicha universidad, y sobre todo al evaluador de este libro, por los comentarios y las sugerencias realizadas. También, a dos historiadores de ésa casa de estudios con los que he mantenido una relación intelectual y afectiva desde los inicios de la carrera: a Armando Raúl Bazán y a Luis Varela Dalla Lasta por todo el estímulo y el apoyo brindado a lo largo de los años. A mis colegas y amigos con los cuales compartimos proyectos, encuentros y sucesivos intercambios, relacionados principalmente con el estudio de las sociedades coloniales. A Alicia Fraschina, Isabel Zacca, Ricardo Cicerchia, Gabriela Gresores, Ana María Presta, Ana Inés Punta, Silvia Palomeque, Nidia Areces, María Cristina López, Marcelo Gershani Oviedo y Roxana Boixadós. Debo destacar y agradecer de forma particular la labor desinteresada y los acertados consejos de Sara Mata de López y de Gastón Doucet que acompañaron en diversas etapas el desarrollo de este trabajo. Asimismo, a Daniel Antoniotti, escritor versado, que leyó y corrigió con gran generosidad (una vez más) cada uno de los capítulos y me hizo fecundas sugerencias. Lo mismo a Andrés Ferrari, Javier Pappalardo, Clarisa Fresone Risso, Graciela Núñez, María Teresa Linares, Silvia Iriondo, María Inés Pastoriza, quienes participaron de diferentes maneras y me hicieron sentir siempre respaldada. A los directores y personal del Archivo Histórico de Catamarca, del Archivo General de Nación y de la Iglesia de los mormones en Buenos Aires por los diferentes modos en que me allanaron el camino.

Un párrafo aparte para mi familia en Catamarca. En primer lugar deseo agradecer a mis padres Gaspar y Negra, que me apoyaron y estimularon con gran ternura, y a quienes recuerdo entrañablemente. También a Sara María, Rosa María, Luis, Alfredo, Alfre, Nicolás, Ignacio, Tomás y Joaquín, porque le suman sentido a este libro estando ellos allá en el medio de la tradición familiar que lo inspiró. Por último, un reconocimiento muy especial y mi más íntima gratitud para Leonardo y Francisco, a quienes extiendo además la dedicatoria. De parte de ellos tuve la comprensión, la solidaridad y el cariño más tierno y real.

Muchas gracias a todos.

Unas palabras

Conocí a Florencia Guzmán recién llegada a Buenos Aires con su flamante título de profesora de historia expedido por la Universidad Nacional de Catamarca. Yo era amigo de su padre, el erudito Gaspar Guzmán, autor de un muy completo trabajo sobre la historia colonial de Catamarca. De inmediato percibí en la hija de mi amigo las condiciones que podían llevarla a realizar una gran tarea en el campo de la historia y traté de ayudarla aunque bien poco es lo que pude hacer en este campo.

Con el tiempo fui siguiendo los desarrollos que realizó por su propia voluntad para ampliar sus horizontes profesionales y confirmé mi primera impresión de su rigor intelectual, su prolijidad en la investigación y una formación cada vez mayor a base de lecturas seleccionadas.

Así fue obteniendo su licenciatura y luego su Doctorado en Historia, en la Universidad de La Plata con el trabajo de tesis que es sustancialmente el libro que ahora se presenta.

Florencia Guzmán ha encalado uno de los temas que más interesan en la historiografía contemporánea: el mestizaje. Lo hace en el escenario chico pero muy significativo de su provincia natal, donde hubo una alta proporción de habitantes afro que con el tiempo fueron cruzando la barrera del color, mestizándose, blanqueándose. Esta es una de las explicaciones de la declinación, invisibilización y sobre la mal llamada desaparición de los negros en el interior del actual territorio argentino y Florencia Guzmán lo señala con gran claridad expositiva y un formidable apoyo documental.

Toda presentación de un libro corre peligro de caer en la redundancia. Yo evitaré este peligro dando paso al lector a estas páginas que son el producto de varios años de investigación, lo cual implica sacrificios que la autora hizo gustosamente llevada por su vocación de investigadora. Al hablar de sacrificios pienso en las tardes de verano catamarqueño que la autora tuvo que pasar viendo viejos papeles y antiguas escrituras.

Pero el resultado no es una pesada conclusión de tipo erudito, sino un fresco lleno de vida sobre la sociabilidad de una comunidad proto-argentina que en el siglo XVIII luchaba para adquirir una identidad en un lejano punto de nuestro actual territorio.

Félix Luna

Introducción

Análisis de un ejercicio

1. Desde hace bastante tiempo los esclavos negros y sus descendientes constituyen el centro de mi indagación histórica. Partía siempre del interrogante ¿qué había pasado con esta población? ¿Por qué habían desaparecido? Si no era así, ¿dónde están los descendientes? ¿Cuál es el legado de la misma? Han pasado más de 20 años desde que comencé a estudiar el tema con la primera beca que obtuve del CONICET en el año 1985 y todavía, pese a haberme dedicado todo este tiempo a analizar y reflexionar sobre el destino de este grupo, aún sigo preguntándome sobre el papel que le cabe a los afrodescendientes en la sociedad, en la cultura, en la identidad, no solo catamarqueña.

Cuando comencé mi investigación no había trabajos específicos sobre los "negros" en Catamarca. Sí, algunos estudios demográficos generales que daban cuenta de la importancia de esta población durante el periodo tardocolonial. También, de su posterior declinación, que coincidía con el crecimiento de los sectores españoles, indígenas y mestizos. En l985, mi padre Gaspar Guzmán publica la Historia Colonial de Catamarca en la cual sin abocarse directamente a la temática resalta la importancia de estudiar esta población, y el proceso de mestizaje *"todos ellos temas interesantísimos y vastos, que se irán dilucidando seguramente en un futuro cercano, hasta alcanzar conclusiones fecundas para la historia y para la ciencia en general."[1]*

De modo que la Tesis de Licenciatura sobre el estudio de los negros y mulatos en el curato Rectoral de Catamarca entre l778 y l812 (Universidad de Catamarca en 1989) significó comenzar a analizar un tema poco conocido en la historiografía catamarqueña. En mi caso, fue además el punto de partida de este largo recorrido.[2] En

---

[1] Gaspar GUZMÁN. *Historia Colonial de Catamarca,* Milton Editores, 1985: 15

[2] Florencia GUZMÁN. "La población de color en el curato Rectoral de Catamarca". *Tesis de Licenciatura.* Universidad Nacional de Catamarca, 1989; por entonces, también, Mirta ARZUMENDI DE BLANCO realiza su tesis de licenciatura sobre el mestizaje en Catamarca ("El mestizaje en Catamarca, l812-1869.

ese momento, influida por el artículo de Marta Goldberg sobre la demografía de la población negra mulata en Buenos Aires, mi aproximación a la temática fue también sociodemográfica.[3] Los censos de población y libros parroquiales que se encuentran en el archivo de la curia de Catamarca fueron la base de mi investigación. Con ellos pude organizar una base cuantitativa que resultó fundamental para estimar la cantidad y distribución de esclavos y libres en todo el territorio catamarqueño, así como el impacto que diversas epidemias y la guerra infligieron en su tamaño, en paralelo con el resto de españoles e indígenas. Las fuentes me permitieron ver realidades sociales antes no estudiadas y abordarlas a través de series, comparaciones e índices, como son la mortalidad, natalidad, fecundidad y el matrimonio. Una primera conclusión fue verificar una dinámica diferencial y contrastante con Buenos Aires; también comencé a vislumbrar el rol que había tenido el mestizaje en los cambios producidos en esta población y en su posterior declinación.

En el año que terminé la tesis, en 1989, salió a luz el libro de Reid Andrews, *Los afroargentinos de Buenos Aires,* el cual continúa siendo el ensayo más abarcador sobre esta población en la Argentina.[4] En la década anterior se había publicado además del artículo de Goldberg, una importante investigación de Lyman Johonson sobre la manumisión de los esclavos de Buenos Aires.[5] Los aportes de los historiadores extranjeros resultaron fundamentales ya que partían de la necesidad y curiosidad que había en ámbitos académicos extranjeros acerca de la "negritud" en Argentina y sobre su "desaparición" en el conjunto de la sociedad. Se sumaba a estas investigaciones, ahora clásicos sobre la esclavitud, el excelente análisis de Tulio Halperín Donghi, *Revolución y Guerra*, que sin estar abocado a la temática resulta de lectura indispensable para la comprensión y diferenciación del proceso esclavista en la Argentina, de fines de la colonia y principios de la República.[6]

Las siguientes investigaciones, aunque referidas sólo a Buenos Aires, revitalizaron los estudios africanos. El sesgo espacial nos advertía entonces, y todavía ahora, del tratamiento dispar de este tipo de análisis en la Argentina. Buenos Aires concentra la mayor cantidad de investigaciones, variedad de temas, y presenta además un tratamiento de la población en un tiempo histórico amplio, que comienza en la colonia y se extiende hasta mediados del siglo XIX. Dicha producción es particularmente escasa para el periodo posterior, cuando, precisamente, la población negra

---

La sociedad criolla". *Boletín de la Junta de Estudios Históricos de Catamarca,* 1995-1996, Año XII, 1997: 97-106). Otro artículo de la autora es: "Blancos y negros en Catamarca, 1778-1812, en Boletín de la Junta de Estudios Históricos, Catamarca, 2003.

3   Marta GOLDBERG. "La población negra y mulata de la ciudad de Buenos, 1810-1840, en D*esarrollo Eco nómico,* 16, 1976: 75-99.

4   Reid ANDREWS. *Los afroargentinos de Buenos Aires.* Buenos Aires, Ediciones La Flor, 1989.

5   Lyman JOHONSON. "La manumisión de esclavos en Buenos Aires durante el Virreinato", en *Desarrollo Económico,* 16: 63, 1976: 333-348.

6   Tulio HALPERÍN DONGHI. *Revolución y Guerra. Formación de una elite dirigente en la Argentina criolla.* Buenos Aires, Siglo XXI, 1979.

comienza a perder visibilidad en el conjunto de la ciudad y en el momento en que las migraciones de fines de siglo contribuyeron a la transformación de la sociedad argentina y muy especialmente de Buenos Aries. En tanto las ciudades del Tucumán, con una producción todavía muy escasa, se vislumbran como un campo virgen para la investigación histórica. Los escasos estudios micro regionales realizados hasta el momento plantean una serie de interrogantes vinculados, sobre todo, al mestizaje, y a la complejidad de las clasificaciones socioétnicas coloniales. Aquí tenemos que a los primeros trabajos referidos a la población esclava religiosa (jesuítica sobre todo) basados la mayor parte de ellos en la rica documentación de las Temporalidades, se le sumaron algunos estudios sociodemográficos vinculados a la población y a la familia. Estas investigaciones, referidas en su mayoría al periodo tardocolonial, nos permitieron verificar (una vez más), los cambios producidos en el interior de la población, y la vinculación que guardan con un extendido mestizaje. [7]

Se observa que el desequilibrio historiográfico no ha variado sustancialmente en estas dos últimas décadas. En el Tucumán los estudios se concentran sobre todo en el periodo colonial, y en Buenos Aires, en cambio, están centrados principalmente en el siglo XIX. Los recientes libros de Miguel Ángel Rosal y Lea Geler, muy importantes en la renovación historiográfica, se refieren a la población afroporteña poscolonial.[8] Pareciera que tomando un lapso amplio desde mediados del siglo XVIII hasta el XIX inclusive, la atención se hubiera desplazado de un área a otra, marcando una sensible discontinuidad en el tratamiento de esta población. Así es que al desequilibrio historiográfico, todavía amplio entre Buenos Aires y el Tucumán, se le suma una discontinuidad temporal que nos presenta el desafío de encuadrar a estas poblaciones en una escala de análisis más amplia, que nos permita aprehenderla desde una formulación más general, integrando avances ya realizados y superando la discontinuidad ya señalada.

2. En ocasión de mi graduación como licenciada recibí una invitación de la Sección de Asia y África de la Universidad de Buenos Aires para integrarme al grupo de investigadores en formación. Allí participé de un proyecto de investigación dirigido por la Prof. María Elena Vela referido a la ruta del esclavo que luego daría lugar a la presentación del número 2 de la revista de África y Asia.[9] Por esos años la población

---

[7] Carlos MAYO. *La Historia agraria del Interior. Haciendas jesuíticas de Córdoba y el Noroeste.* Buenos Aires, Centro Editor, 1994; Emiliano ENDREK.*El mestizaje en Córdoba. Siglos XVIII y principios del XIX.* Universidad Nacional de Córdoba, 1966; Edberto Oscar ACEVEDO. *La Intendencia de Salta del Tucumán en el Virreinato del Río de la Plata.* Universidad Nacional de Cuyo, 1966; Ernesto MAEDER. "El Censo de 1812 en la historia demográfica de Catamarca", en *Anuario.* Universidad Nacional de Rosario, 10, 1970: 217-248.

[8] Miguel Ángel ROSAL. *Africanos y afrodescendientes en el Río de la Plata. Siglos XVIII-XIX.* Buenos Aires, Dunken, 2009; Lea GELER. *Andares negros, caminos blancos. Afroporteños, Estado y Nación. Argentina a fines del siglo XIX.* Rosario, Prohistoria, 2010.

[9] Revista *Temas de África y Asia, 2.* Sección de Estudios de Asia y África. Facultad de Filosofía y Letras. Universidad de Buenos Aires, 1993.

negra de las áreas rurales empezaba a gozar de un amplio desarrollo. La visión de esta campaña circundante a la ciudad y cercana a un frontera incierta y móvil poblada por indios y por los desertores de la "civilización", considerada tradicionalmente como un espacio habitado sólo por blancos y mestizos y en el que no había esclavos (dado el costo que tenían en el escenario del Río de la Plata, que conspiraba contra la rentabilidad en la utilización de las tareas rurales) se fue modificando paulatinamente.[10] Son varios los estudios que demuestran que los esclavos fueron un elemento fundamental en el desarrollo de la estancia en las áreas rurales. En esta dirección el trabajo de Marta Goldberg y Silvia Mallo, presentado en la revista, sobre la demografía negra en toda la jurisdicción de Buenos Aires, y lo que las autoras denominan "formas de vida y subsistencia", es revelador no solo de la variedad y dinamismo de la esclavitud, sino de la manera en que esta población aprendió a adaptarse creativamente al medio y a la economía local.[11] En mi caso, la investigación estuvo volcada a la zona rural de La Rioja, específicamente en Los Llanos riojanos, en el que observé el predominio de familias afromestizas, en el marco de un creciente mestizaje. Precisamente la estabilidad de una economía agraria algo marginal y su misma naturaleza campesina era la que acaso facilitaba y aun estimulaba la formación de familias en los sectores, racial y socialmente subalternos, que enfrentaban serios problemas para acceder a esa vida familiar en otras regiones del virreinato, como es la misma campaña bonaerense.[12]

Todas estas investigaciones revelan la notable vitalidad que había tenido en nuestro país la esclavitud. La persistencia de la institución y de formas apenas encubiertas de servidumbre negra resultaba a primera vista difícil de explicar en un país donde la esclavitud no parecía central a la supervivencia de la economía y de la sociedad local. Sin embargo, los esclavos continuaron siendo "indispensables" en una economía que se expandía y que se encontraba afectada por una crónica escasez de brazos. Así no es extraño, según Carlos Mayo, que la sociedad rioplatense se haya aferrado tenazmente al trabajo esclavo y haya intentado, inclusive, aumentar el pool de trabajadores servilizados tolerando la continuación de una trata negrera, abolida en los papeles hasta el tratado de 1840. En ese momento Rosas cedió por fin a la presión británica y dejó de hacerse el distraído ante la entrada apenas disimulada de nuevas "piezas". Fueron los libertos las víctimas predilectas de este intento de reservilización o servilización de un sector que legalmente había dejado atrás su condición esclava.[13] Así lo demuestra Liliana Crespi, en su estudio sobre la suerte de los negros apresados en operaciones, también publicado en la revista *Temas de África y Asia*, en el cual demuestra que son

---

[10] La bibliografía sobre la temática es muy amplia. Destacamos los libros de Juan Carlos GARAVAGLIA y Jorge GELMAN. *El mundo rural rioplatense a fines de la época colonial: estudios sobre producción y mano de obra.* Buenos Aires, Biblos, 1987; Carlos MAYO, *cit,* 1994; *Estancia y Sociedad en La Pampa, 1740-1820.* Buenos Aires, Biblos, 1995.

[11] Marta GOLDBERG y Silvia MALLO. "La Población africana en Buenos Aires y su campaña. Formas de vida y de subsistencia (1750-1850)", en *Temas de África y Asia.* UBA, *cit.,* 1993: 15-69.

[12] Florencia GUZMÁN. "Los mulatos-mestizos en la jurisdicción riojana a fines del siglo XVIII: el caso de Los Llanos", en *Temas de África y Asia,* UBA, 1993: 71-107.

[13] Carlos MAYO. "Inmigración Africana", en *Temas de África y Asia, cit.,* 1993: 11-13.

bastantes numerosos los aportados por la guerra del corso, especialmente practicada en la conflagración con el Brasil entre 1825 y 1828.[14]

Por esos años también integré dos grupos de investigaciones dirigidos a examinar, en el primer caso, la conformación de la sociedad del noroeste argentino, y en el segundo, a explorar el campo interdisciplinario de las familias coloniales.[15] Los trabajos publicados en ambos equipos fueron fundamentales en el avance del estudio de las sociedades coloniales y en las transformaciones operadas en cada contexto socio-histórico.[16] En los encuentros periódicos que hacíamos tanto en Salta como en Buenos Aires se discutía y reflexionaba sobre las nuevas líneas de investigación, en su mayoría interdisciplinarias. El dialogo entre historia y antropología permitía una nueva mirada sobre los efectos de los contactos entre colonizadores y colonizados, que derivó progresivamente hacia un cuestionamiento mas general en torno a las nociones de resistencia, aculturación y cambio. Así observamos que el camino de la rebelión y de la lucha no fue el único modo de resistencia de los indígenas y tampoco de los africanos contra la empresa colonial, sino que éstos se valieron de múltiples armas y estrategias. Algunos se fueron tierra adentro y dieron nacimiento a nuevas formaciones sociales. Otros, por el contrario, se impusieron como mediadores; también hubo quienes privilegiaron la vía legal o judicial para hacer valer sus derechos. Incluso, estas mismas estrategias de resistencia se fueron adoptando sucesiva o simultáneamente en distintos espacios a través del tiempo.[17]

Este enfoque adaptado a mi investigación posibilitó analizar las estructuras no como un sistema de determinaciones que actuaban sobre unos agentes sociales pasivos a la dominación colonial. Tampoco desde la perspectiva inversa del individualismo que considera que los hechos sociales sean el resultado de las acciones de individuos cuyo accionar optimum dependería del grado de información que poseen. El objetivo que me guía es el de analizar la manera en que los agentes sociales, colectivos e individuales participan de la producción, reproducción y transformación de las estructuras mediante una praxis y a través de la elaboración de estrategias de distinta índole.[18] Entender a las poblaciones esclavas y libres de esta manera les devuelve *agencia*, y nos aleja de la imagen de meros objetos de propiedad y de víctimas pasivas del poder

---

[14] Liliana CRESPI. "Negros apresados en operaciones de corso durante la guerra con el Brasil (1825-1828)", en *Temas de África y Asia,* UBA, 1993: 109-149.

[15] *Sociedad, Economía y Poder en el Noroeste Argentino (1770-1840).* Proyecto de investigación (PIP del CONICET). Dirección: Dra. Sara Mata de López. Universidad Nacional de Salta. 1998-2001. *Familia en los Andes Meridionales y Río de la Plata. Siglo XVI y XIX.* Proyecto de investigación (PIP del CONICET). Dirección. Dr. Enrique Tándeter. Universidad Nacional de Buenos Aires. PROHAL. 1997-2000.

[16] Revista *Andes.* Universidad Nacional de Salta, 8, 1997; Ricardo CICERCHIA (comp.). *Formas familiares, procesos históricos y cambio social en América Latina.* Ecuador, Abya-Yala, 1998; Sara MATA (comp.). *Persistencias y cambios: Salta y el Noroeste Argentino.1770-1840.* Rosario, PROHISTORIA, 1999.

[17] Guillaume BOCCARA, "Antropología Diacrónica. Dinámicas culturales, procesos históricos y poder político". BOCCARA&GALINDO (eds.). *Lógica Mestiza en América.* Universidad de la Frontera, Chile, 2000: 11-59.

[18] *Ibíd*, p. 3.

discrecional de los amos; al mismo tiempo que nos acercan al "mundo creado por los esclavos", es decir, a la vida y a las prácticas de mujeres y varones negros, que no se dejaron destruir psíquica y físicamente por su condición servil, que respondieron creativamente a la adversidad, que fueron forjadores de cultura, y sobre todo, de cultura de resistencia.

3. La intención inicial de realizar mi tesis de doctorado sobre un estudio comparativo entre Catamarca y La Rioja se modificó a lo largo de los años. Con el tiempo me di cuenta de la importancia que para mí tenía el estudio de la sociedad catamarqueña. Tuve la necesidad de concentrarme allí, sobre todo cuando comencé a extrañar lo que siempre me pareció familiar (recordemos que todo discurso está *situado* y que el "corazón tiene sus razones"). El proyecto de tesis me reafirmó el compromiso hacia la historia local que he mantenido durante estos años.

Desde el principio mi interés de análisis se centró en el Valle de Catamarca, debido a la especificidad y a la gravitación que mantiene esta región en toda la jurisdicción (seguramente influyó, además, que era el "paisaje"conocido y recreado de mi infancia). El Valle, rodeado de los macizos montañosos del Ambato y del Ancasti tuvo una preeminencia temprana que se fue acrecentando con la fundación de la ciudad de San Fernando a fines del XVII. Tiene a su favor un clima apto para variados cultivos y cuenta con la existencia de un río caudaloso que le permitía el riego de este extenso y fértil valle. Conforman este paisaje un conjunto de chacras y huertos de labranzas, cercanos unos de otros, destinados a la producción y comercialización del maíz, trigo, pasas, ajíes, porotos, pero principalmente de los derivados del algodón y de la vid, como son los lienzos y el aguardiente. Una dinámica comercial activa y próspera le hizo valer la denominación del "bolsón agrícola del Tucumán". Cuenta también con una población multiétnica compuesta por hispanos criollos, indios y negros; y sobre todo por los descendientes de éstos (mulatos/pardos/libres), que le dan a este espacio una marcada singularidad en el conjunto de la jurisdicción, así como en el resto de las ciudades vecinas.[19]

A lo largo de estos años el objetivo que se fue dibujando paulatinamente fue el de estudiar la construcción de esta sociedad "particular" y su reproducción y transformación a lo largo del tiempo. Siempre con la mirada puesta en la población "negra", me interesaba explorar la dinámica de la interacción social, los modos de interrelación entre los distintos sectores y los canales de ascenso y movilidad social. Se trataba de examinar la manera en que los distintos grupos constituyeron un conjunto, operaron dentro de las mismas estructuras, confluyeron y se reasignaron unos a otros, en un contexto específico y en un tiempo determinado: el Valle de Catamarca a finales de la colonia.

---

[19] Gaspar GUZMÁN, *cit.,* 1985; Romualdo ARDISSONE. *La Instalación humana en el Valle de Catamarca.* Universidad Nacional de La Plata, Biblioteca Humanidades, 1941; Armando Raúl BAZÁN. *Historia de Catamarca.* Buenos Aires, Plus Ultra, 1996.

Antes de continuar quiero aclarar que el estudio de la población negra no es solo el estudio de la trata esclavista, sino y "sobre todo" el estudio de la historia local. Parafraseando a Luis Alberto Romero cuando aborda la cuestión de la historia de los sectores populares, no se hace antropología de los grupos étnicos, sino de la sociedad, centrando la perspectiva en una de sus actores.[20] Trabajando en esa dirección me propuse estudiar este proceso social, colonial y específico, desde tres dimensiones:

- En primer lugar mi indagación se centró en la presencia gravitante de la población negra en el Valle. El objetivo era el de resignificar a este sector, para a su vez iluminar el complejo proceso de "invisibilización", "declinación" y/o "desaparición" de esta población del escenario catamarqueño y o regional.

- Asimismo, analicé las modalidades de intercambios y entrecruzamientos entre los distintos grupos socioétnicos que conforman esta sociedad colonial: hispano-criollos, indios, negros, y sus respectivos descendientes. Se trataba de examinar los procesos de mestizaje e hibridación, esto es la dinámica de interrelación entre los diferentes sectores establecidos en el interior de la sociedad del Valle.

- Por último, la investigación se concentró en el ámbito de las familias vallistas: es decir, el espacio de lo cotidiano, de las prácticas concretas relacionadas con el trabajo, el matrimonio y la sexualidad. Enfatizar la diversidad de estas prácticas fue uno de los propósitos, teniendo en cuenta que la dinámica social produce a cada paso lugares imprevistos que requieren reconocimiento y que generan sus voces disonantes.

4. La presencia gravitante de la población negra en Catamarca ya es un hecho irrefutable. Los censos de finales de la colonia nos muestran esta representación significativa, sino mayoritaria en el conjunto social. De modo que partimos del reconocimiento de lo africano como una de las matrices constitutivas de este complejo social. Tanto del pasado, como del presente. Insistimos que esta población se integró históricamente a la sociedad catamarqueña a través de múltiples procesos de interacción cultural, mestizajes e hibridaciones, que poco tienen que ver con los cálculos genealógicos y si con *redes rizamontosas* -según expresiones de Peter Wade, que se extienden en todas las direcciones sin estructura fija y sin rumbo predecible.[21]

Con esta certeza intento desentrañar su "declinación" a principios de la República y la posterior "desaparición" e "invisibilización" del conjunto social. Debemos tener en cuenta que la idea de "desaparición" de los negros puede ser considerada parte del mito fundacional de la Nación Argentina que se erige como blanca y europea

---

[20] Luis A. ROMERO. "La identidad de los sectores populares: una aproximación histórico-cultural", en HIDALGO&TAMAGNO (comp.). *Etnicidad e identidad.* Buenos Aires, Centro Editor, 1992: 64-81.

[21] Peter WADE. "Repensando el mestizaje".*Revista Colombiana de Antropología,* Vol. 39, enero-diciembre de 2003:273-296 (la cita en p. 291).

-provenientes de los barcos. Esta construcción destaca los aportes de la inmigración europea como elementos constitutivos y determinantes de la sociedad. La contribución de los grupos poblacionales de otra procedencia se presenta como casos aislados y excepcionales, ajenos a la "esencia" argentina. El correlato es una visión de la historia que relega al pasado a tipos sociales relacionados con el origen indígena y africano convirtiéndolos en gauchos o criollos protagonistas de una lucha desigual entre civilización y barbarie. El éxito de esta construcción fue tan importante que buena parte de la población argentina tiene olvidada la presencia negra en este país. De modo que la "desaparición" de los descendientes de esclavos debe ser pensada también con la particular noción de "blanqueamiento" que llevó a la de-marcación del colectivo de afrodescendientes y a su asimilación a la blanquitud nacional que constituyen a negros y mulatos como una alteridad pre-histórica[22], es decir una alteridad que no incidía en el desarrollo histórico del país justamente por estar desaparecida.[23]

En Catamarca destacamos también un proceso de *blanqueamiento*, propio del mundo colonial (se extiende hacia el siglo XIX e incluso podría llegar a conectarse con el anterior) en el que operaron otras lógicas, pero que incidieron, asimismo, en la declinación o des-negrización de la población. Aquí, como en toda la zona del antiguo Tucumán (se podría extender hacia otros espacios coloniales) la colonización española integró matrices culturales diferentes (europeo, africano y amerindios) generando variados procesos de mestizajes (en términos biológicos, sociales y culturales). El resultado de ello es un mundo colonial dinámico, heterogéneo e interrelacionado, en el que las fronteras culturales son permeables y fluidas. La población negra en consecuencia debe ser analizada en el marco de estos desarrollos históricos producidos en contextos e interacciones específicas.

Son varios los conceptos teóricos que ayudan a reconstruir las bases de la interrelación. La noción de entrecruzamiento surge a partir de los conceptos de *hibridación y transculturación*.[24] El primero nos remite al proceso por el cual determinadas formas se separan de las prácticas tradicionales para recombinarse en nuevas formas y prácticas, mientras que, cuando se alude a transculturación, se habla de la transmisión de pautas culturales que se produce entre poblaciones diferentes, provocando cambios mutuos en las actitudes, hábitos y valores. Resulta necesario enfatizar la enorme variabilidad de los "mestizajes", en tanto ninguno de ellos siguió un camino único, porque las situaciones individuales fueron muy diversas y porque las relaciones entre cada grupo étnico tuvieron alternativas y obedecieron a estrategias

---

[22] Lea GELER. "Afrodescendientes porteños: homogeneidad y diversidad en la construcción nacional argentina, ayer y hoy", en *Actas del 8vo Congreso Argentino de Antropología Social.* Universidad Nacional de Salta (Publicación multimedia), 2007c.

[23] Dina PICOTTI (comp.). *El negro en la Argentina. Presencia y negación.* Buenos Aires, 2001; AAVV. *Buenos Aires negra. Identidad y Cultura.* Temas de patrimonio cultural, 16. Gobierno de la Ciudad de Buenos Aires, 2006.

[24] Néstor GARCÍA CANCLINI. *Culturas híbridas. Estrategias para entrar y salir de la modernidad.* Buenos Aires, Sudamericana, 1998.

coyunturales también diversas. En todos los grupos étnicos, la selección sexual estuvo sometida culturalmente a las estrategias y posibilidades sociales de cada individuo, y especialmente a las oportunidades relativas de maximización de su personalidad en el contexto de cada situación específica. Explica Esteva Fabregat, que el potencial biológico estuvo gobernado por las racionalizaciones culturales y por las opciones socialmente dadas a cada individuo.[25]

5. En consecuencia los criterios de pertenencia que permiten definir y contabilizar a la población también son variados y fluidos. Son incesantes las referencias (contemporáneas por parte de las autoridades civiles y eclesiásticas) sobre el conjunto de ambigüedades que surgen de los contextos de clasificación, donde intervienen criterios biológicos, sociales y culturales en la determinación de los grupos socio-étnicos. Lockhart afirma que la noción ordenadora de la vida colonial es el de jerarquía, que comprendía tanto una clasificación étnica como sociológica, a través de la cual cada uno de los tres grupos principales eran concebidos respectivamente como español, negro e indígena. De modo que las clasificaciones responden a un concepto hispano céntrico cuyo principio general de construcción era que cuanto más español fuera uno, en cualquier sentido, más alta sería su posición dentro de la sociedad colonial.[26] Los registros parroquiales ofrecen valiosas aportaciones a las clasificaciones sociales. Aunque también, en rigor, sus datos y disposición variaron considerablemente. En el orden de los padrones y censos de población supuso la traducción de una grilla socioétnica heredada de la tradición estamental de las sociedades del *Ancien Regime*. Los términos que se aplicaron a las "nuevas categorías de gentes", las *castas* (grupos mezclados) responden al intento de crear "orden" en la sociedad colonial, circunscribiéndolas. Sin embargo el número creciente de estos individuos mezclados representaba una constante amenaza porque su ilegitimidad hacía su ascendencia peligrosamente dudosa.

Las nuevas categorías sociales (mulato, pardo, zambo, criollo) y el valor relativo de las taxonomías clasificatorias no fueron solamente el producto de una creciente mestización y de la consecuente reducción de las distancias relativas entre grupos étnicos producidas por tres siglos de intercambios. Las diferencias prácticas también sugieren que las identidades y distinciones coloniales se desarrollaron gradualmente y que variaron según las circunstancias sociodemográficas. La interacción con el "otro" o más bien con muchos "otros", permanente en las sociedades coloniales, y sobre todo en el ámbito urbano, ponen en juego afiliaciones individuales y colectivas muy diversas, muchas veces cambiantes según los contextos de interacción. En esta concepción (de hibridación) las identidades sociales ocupan espacios de resistencia, espacios intersticiales nunca exclusivos de una lógica o de otra, donde formulan de

---

[25] Esteva FABREGAT. *El mestizaje en Iberoamérica.* Madrid, Alhambra, 1988.

[26] James LOCKHART. "Organización y cambio social en la América española colonial", en *Historia de América Latina,* 4. Barcelona, Crítica, 1990: 64-108.

manera ambivalente e inacabada, visiones alternativas a las autoridades que pesan sobre ellas.[27]

Debemos tener en cuenta, además, que el mestizaje y sus matrices culturales siempre están sujetos a jerarquías (políticas, económicas, raciales). Asimismo a evaluaciones morales que tienen sus raíces en las jerarquías raciales que corresponden al dominio de lo "blanco" y a la resistencia que establecen los grupos subalternos (negros e indios). Es decir que todo este conjunto no se produjo en un vacío ideológico. Los conquistadores trajeron consigo sus propias tradiciones socioculturales y sus convicciones morales. Verena Stolcke se refiere al papel primordial que tuvo la doctrina contemporánea de *Limpieza de Sangre* en el ordenamiento de la sociedad tardomedieval hispana.[28]También, en el afianzamiento de la jerarquía social colonial finisecular. Y esto fue así porque ante tanta mezcla los marcadores raciales como el fenotipo resultaron ser un indicio muy poco fiable de la ascendencia genealógica y de la identidad social de una persona. En una época en que los grupos mezclados se multiplicaban y crecían las aspiraciones socioeconómicas se intensificó la obsesión con el matrimonio, el nacimiento legitimo y la exclusión social –reflejado en la preocupación por la "pureza de sangre" –entre las elites españolas y criollas y la palabra *casta* puede haberse difundido impermeabilizando las fronteras de las categorías sociales coloniales.[29]

La *Limpieza de Sangre* en tanto código teológico-moral de género desempeñó, según Stolcke, un papel constitutivo de las relaciones de poder ente los hispanos

---

[27] Néstor GARCÍA CANCLINI. *Culturas Híbridas: estrategias para entrar y salir de la modernidad.* México, 1990.El termino "híbrido" presupone la existencia del "no –hibrido", es decir de identidades originales, cuyo producto deriva en la hibridación. La hibridación como el caos no racial, no produce ninguna forma estable sino algo más cercano a los que describe Homi BHABHA como el hibridismo inquieto, intranquilo, intersticial: una heterogeneidad radical, la discontinuidad, la transformación permanente de las formas (*The location of culture.* Londres, 1994). Citado además por Peter WADE. "Repensando el mestizaje", en *Revista Colombiana de Antropología,* Vol. 39, enero-diciembre 2003: 284-295 (*cit.,* 291).

[28] La *Limpieza de sangre,* según la autora, es una singular concepción genealógica que tuvo un papel primordial en el ordenamiento de la sociedad tardomedieval hispana. Esta concepción se refiere a la "calidad" de no descender de moros, judíos, herejes o cualquier persona convicta por la Inquisición. Es decir, que simbolizaba la fe genuina e inquebrantable en Dios. La sangre era concebida en un sentido metafórico como el vehículo que trasmitía los vicios así como las virtudes morales y religiosas de generación en generación. A través del bautismo, los judíos y musulmanes podían convertirse en *gentiles o neófitos,* es decir, que habían sido ignorantes de las leyes de Dios antes de su conversión. El mismo argumento se aplicó más tarde a los indios del Nuevo Mundo para explicar la limpieza de sangre de éstos. Por su parte la "sangre negra" se consideraba "impura" porque se asociaba con la esclavitud y con los orígenes "bárbaros" de Guinea. Agrega Stolcke, que durante el siglo XVIII, a medida que avanzaba la sociedad colonial, el significado de *limpieza de sangre* se fue transformando: de una interpretación moral y religiosa inicial a una concepción moderna "racial"; pero ambas tenían en común que la identidad sociopolítica se atribuía al nacimiento y a la ascendencia que se trasmitía de manera genealógica. Este sistema habría tenido en la sociedad colonial consecuencias para las normas matrimoniales, el control de la sexualidad de las mujeres y en el conjunto de las relaciones de género (Verena STOLCKE. "Los mestizos no nacen, se hacen", en STOLCKE y COELLO, eds., *Identidades ambivalentes en América Latina (siglos XVI y XXI).* Barcelona, Ediciones Bella Terra, 2008: 19-55).

[29] Verena STOLKCE, *cit.,* p. 47.

criollos y las mujeres negras e indias, afectando de modo decisivo a la reproducción colonial.[30] En esta sociedad la cotidianidad de la mujer estaba atada a las reglas de la pureza de sangre y el honor. El matrimonio era el único medio valido de legitimarse en sociedad y de legitimar a la descendencia. Una serie de reglamentaciones morales marcaban los límites entre lo que era aceptable y lo que no lo era. Mientras estas "reglas" se aplicaban a las mujeres, y principalmente a la de los grupos hegemónicos, las otras mujeres, la de los sectores subalternos, habrían tenido una relativa libertad, pero, fueron al mismo tiempo, más vulnerables a los excesos sexuales por parte de los congéneres masculinos. Por lo general se trata de un hombre blanco – o más claro- que tiene relaciones sexuales con una mujer indígena o negra. El varón tiene la posibilidad de "mezclarse" sin poner en peligro su status social ni su vida doméstica; en cambio, la mujer que se "mezcla" en estas relaciones corre el riesgo de verse desprestigiada, de perder su "honor" y de tener madresolterismo como única opción. Desde esta perspectiva el mestizaje tiene una dimensión de género que muchas veces son relaciones de dominio y poder patriarcal.[31]

6. De modo que la *lógica genealógica* condicionó el control del matrimonio, del sexo, de la sexualidad, de acuerdo con las relaciones de género y en función de la salvaguarda de la jerarquía social. En este punto es cuando el análisis de la familia, se impone en esta investigación.[32]En tanto la familia como institución es un ámbito donde confluye la esfera pública y privada, y se relaciona en el primer caso con la normatividad, el derecho castellano, las pautas morales y formales que dicta la Iglesia referido al matrimonio y a la ilegitimidad de la descendencia. La esfera privada guarda relación con las prácticas de la vida cotidiana y se exhibe parcialmente cuando aparecen en escena los hijos ilegítimos y las uniones no formalizadas. Es en esta esfera de la vida doméstica, del matrimonio, del trabajo y la sexualidad, donde se modela el proceso de adecuación de las distancias sociales. Y si bien la dominación colonial impuso un modelo prevaleciente de configuración familiar, regido por la Iglesia y la legislación castellana, las investigaciones muestran la coexistencia de múltiples formas familiares; un calidoscopio en el que las normas conviven en tensión con las tradiciones y las prácticas culturales de las poblaciones que componían estas sociedades.[33] Reconstruir los contextos que habilitan estos contrastes es otro de los objetivos

---

[30] *Ibídem,* p. 22.

[31] Verena SOLTCKE. *Racismo y sexualidad en la Cuba Colonial.* Madrid, Alianza Editorial, 1992.

[32] Hay un cierto consenso en definir a la familia como una organización social articulada sobre la base del parentesco, la residencia y la economía doméstica. Como una variedad de experiencias y relaciones que autorizarían a hablar –con más propiedad- de formas familiares. La multiplicidad de discursos sobre la familia: religioso, moral, legal, cultural, político-social, no hacen más que afirmar que la diversidad está en la propia estructura de la organización familiar. De este modo las experiencias familiares se convierten en un escenario privilegiado para la comprensión de las formas históricamente específicas que adopta una sociedad o un grupo social para otorgar sentido a su tiempo y espacio (Ricardo CICERCHIA. "Sensatez y sentimiento. La historia cultural de la familia y la construcción social del género", en R. Cicerchia, *cit,* 1998: 249).

[33] La bibliografía sobre las familias coloniales es muy amplia y nos extenderemos en ella en el capítulo VIII. Consideramos aquí dos compilaciones que nos resultaron muy interesantes y que reflexionan sobre la

de esta investigación. ¿Cuáles son las zonas de encuentro entre el modelo patriarcal hegemónico y el complejo y variado sistema de hábitos sociales?

Toda investigación sobre la familia está atravesada, además, por la compleja trama de las *estrategias* familiares. Este concepto con todas las ambigüedades que encierra resulta útil para superar las interpretaciones estructuralistas de la familia, para abordar la dialéctica entre elección individual y estructura social y para pensar el comportamiento de los actores individuales o colectivos en el que se rescatan intencionalidades e incertidumbres. En suma, un concepto operativo de estrategia que fuera sensible a la imprevisibilidad, a las interferencias derivadas de la interacción entre la acción individual y familiar y el contexto institucional.[34]Otra noción interesante ligada a la de estrategias y ampliamente difundida es el *habitus* propuesto por Bourdieu.[35] Esta idea de que buena parte del comportamiento humano no deriva de estrategias conscientes, sino de un conjunto de respuestas y costumbres familiares aparece también como una herramienta interpretativa. Se trata del hecho no menos cierto de que cada familia construye su propio camino y que dentro de ellas hay individuos involucrados en sus propios intereses. La variedad de trayectorias familiares nos señalan el uso de las incoherencias de los sistemas de reglas y sanciones que rigen a las familias y develan cómo las personas juegan una estrategia propia y significativa utilizando aquellos "intersticios" de los que hablaba Giovanni Levi. [36]

De modo que las prácticas familiares derivan en una dialéctica profunda con el entorno. Llorenc Ferrer i Alós nos previene sobre la necesidad de conocer las relaciones de fuerza que mantienen los distintos grupos y sectores de la sociedad antes de proceder al estudio de las familias, porque de este modo podemos dotar de contenido social algunas categorías pretendidamente universales, como jornalero, labrador o artesano, que tienen un sentido específico en cada estructura social y también el sentido de muchas decisiones concretas.[37] Estas decisiones buscan asegurar su reproducción social y están condicionadas por la experimentación histórica acumulada. Las estrategias de las familias son diferentes de un grupo a otro y que lo que sirve para uno, no sirve para otro; para los mejor situados las estrategias suelen ser acumulativas, y a menudo más estructuradas, mientras que para los peor situados suelen ser adaptativas, a corto plazo y con escaso margen de maniobra, lo que las hace más inestables.[38]

---

temática. María BJERG & Roxana BOIXADÓS. *La familia. Campo de investigación interdisciplinario. Teorías, métodos y fuentes.* Buenos Aires, Universidad Nacional de Quilmes, 2004. También: David ROBICHAUX (comp.). *Familia y diversidad en América Latina: estudios de caso.* Colección CLACSO, Grupos de Trabajo, Buenos Aires, 2007.

[34] María BERG & Roxana BOIXADÓS. *La familia, cit.,* 2004:120.

[35] Pierre BOURDIEU. *El sentido práctico.* Madrid, Taurus, [1980] 1991.

[36] Giovanni LEVI. *La herencia inmaterial. La historia de un exorcista piamontés en el siglo XVII.* Madrid, 1985.

[37] Llorens FERRER ALÒS. "De la Historia agraria a la historia de la familia. O de cómo la historia económica es historia social", en BJERG & BOIXADÓS (eds.), *cit.,* pp. 63-98. (la cita corresponde a la p.94).

[38] *Ibídem*, p. 96.

Por lo tanto, al estudio de la familia hay que ceñirlo a un espacio y a una sociedad que hay que conocer muy bien para descubrir cómo trabajan en su seno las familias de grupos étnicos y sociales distintos y con intereses contrapuestos. Sólo entonces, a partir de la diversidad de prácticas y estrategias, podremos entender el sentido que tiene la organización familiar en esta sociedad en particular y en cada grupo en singular. Asimismo, tendremos nuevas pistas sobre la manera en que estos grupos se diferenciaron, confluyeron y se reasignaron unos otros. Es decir como se fueron erosionando las fronteras étnicas y como operaron las afiliaciones individuales y colectivas.

7. En esta investigación tan abierta temáticamente recurrimos a una variedad importante de fuentes y se consultaron diferentes repositorios: entre ellos el Archivo General de la Nación, y los Archivos Históricos de Catamarca, Salta, Tucumán y Córdoba; también el archivo eclesiástico de la Catedral de Catamarca y del Arzobispado de Córdoba, cuyo material fue, en gran medida, microfilmado por la Iglesia de los Mormones con sede en Buenos Aires. Con el fin de revelar la dinámica demográfica, se analizaron los censos de población de manera sistemática y detallada. Esto incluye los *padrones y censos* de 1771, 1778, 1780 y 1812. A partir de 1812 la información sobre los individuos se enriquece y permite cruzar estos datos con otras fuentes.

El informe de la *Visita de Martínez Luján de Vargas,* Oidor de la Audiencia de Charcas sobre las encomiendas del Tucumán entre 1692 y 1694, resultó de gran utilidad porque nos acercaron al mundo indígena catamarqueño solo treinta años después de las grandes desnaturalizaciones.

Censo de 1771. Este censo fue realizado por el Maestre de campo don Baltasar de Castro, con el objeto de informar circunstancialmente a la Audiencia de Charcas sobre la población, curatos y atención religiosa de la jurisdicción de Catamarca, en vista de un pedido de instalación de un convento de la orden de la Merced. El documento ha sido publicado y comentado por Edberto O. Acevedo "Situación social y religiosa de Catamarca, 1770-1771. *Primer Congreso de Historia de Catamarca*, Tomo 2. Catamarca, Junta de Estudios Históricos, 1965: 84-95.

Censo de 1778. Es un censo general para el Obispado del Tucumán. Los resúmenes correspondientes han sido publicados por el P. Antonio Larrouy en *Documentos del archivo de Indias para la historia del Tucumán, siglo XVIII*, Tolosa, 1927, tomo II, pp. 380-382. Un análisis detallado del mismo fue realizado por Jorge Comadrán Ruiz, "La población de la ciudad de Catamarca al crearse el virreinato". *Revista de historia americana y argentina*, 3-4, Mendoza, 1958: 125-1344.

Censo de 1780. El padre Ramón Rosa Olmos en la Historia de Catamarca (1957), alude en dos ocasiones a un censo nominal levantado el 12 de abril de 1780 por disposición del Alcalde de Primer Voto de Catamarca, D. Francisco de Acuña y

que comprendía "… la ciudad y su jurisdicción, con distinción de castas sociales y estados de todas las personas de ambos sexos, sin excluir a los párvulos". Este documento pertenece a la familia Acuña y ha sido publicado y analizado por Gabriela De La Orden de Peracca en un *Un desconocido censo de población de Catamarca, 1779-1780*. Universidad Nacional de Catamarca, 1994.

Censo de 1812. El original se encuentra en el Archivo General de la Nación. La realización del mismo lo dispuso el Primer Triunvirato desde Buenos Aires. Esta fuente comprende 35 padrones, y está organizado según el lugar geográfico que ocupaban los cuadros milicianos dentro de la jurisdicción. De este censo se pueden extraer los nombres de las personas empadronadas, sus edades, sus lugares de origen o patria, actividades o profesiones, estado civil y condición social. Por el tiempo en que llevó a cabo, en el límite de la vida colonial a la independiente, y por su riqueza informativa, este documento tiene un valor inapreciable en la comprensión de la estructura social. También es importante para la etapa nacional ya que constituye hasta 1869, fecha del primer censo nacional, el único apoyo documental para el conocimiento demográfico de este periodo. Este Censo ha sido analizado por Ernesto Maeder "El Censo de 1812 en la Historia Demográfica de Catamarca", en *Anuario* del Instituto de Investigaciones Históricas de la Universidad Nacional de Rosario, 10, 1970: 217-248. Además, por Armando R. Bazán y Ramón R. Olmos "La Ciudad de Catamarca en 1812". *Primer Congreso de Historia Argentina y Regional*. Academia Nacional de la Historia, 1973: 465-478. También por Jorge Vera Órtiz "Polco en el Censo de Catamarca de 1812", *Boletín del Instituto Argentino de Ciencias Genealógicas*, 233, septiembre-octubre de 2004.

Revisitas de indios, cuyos originales también se encuentran en el Archivo General de la Nación, aportan información sobre la población indígena tributaria en los umbrales del periodo independiente. Estos padrones fueron realizados con el objetivo de fijar periódicamente el tributo anual a pagar, de acuerdo a las categorías y la cantidad de indios de cada pueblo. La legislación de Carlos III ordenaba que este empadronamiento debía hacerse cada cinco años; de esta forma tenemos para Catamarca los correspondientes a 1786, 1791, 1802 y 1807.

Los archivos parroquiales, que se encuentran en el Archivo de la Curia de Catamarca guardan series de los nacimientos, defunciones y matrimonios del 1724 en adelante. Esta fuente fue fundamental para reconstruir genealogías, examinar las clasificaciones socioétnicas a lo largo del tiempo y tiene la ventaja de superar, de manera natural la división colonial, nacional.

Protocolos notariales recogen series completas de escrituras de todo tipo guardadas a menudo desde el inicio de la fundación. Resultan de gran utilidad para analizar las condiciones materiales (deudas, préstamos, capitales, herencias, compra y venta de esclavos) de la población. Esta fuente permitió matizar la división de los grupos sociales y de las categorías étnicas. (Archivo Histórico de Catamarca y Archivo Histórico de Tucumán).

Carpetas de gobierno, y Actas del Consulado que se encuentran el Archivo General de la Nación tienen una rica información acerca de las condiciones materiales, productivas, comerciales y políticas de la jurisdicción en las últimas décadas coloniales. Son fundamentales para analizar el contexto económico y político antes y después de la revolución de Mayo.

Carpetas de las Temporalidades presentan un informe detallado del patrimonio rural y urbano de los padres de la Compañía de Jesús. Estas carpetas que se encuentran en el Archivo General de la Nación y en el Archivo Histórico de Catamarca, permiten examinar la producción, ingresos, mano de obra, principalmente esclava, en estos establecimientos, antes y después de su expulsión (1767).

Las fuentes judiciales son numerosas en el Archivo de Catamarca, Tucumán, Salta y Córdoba. Se pueden mencionar, por ejemplo, los juicios ante el Cabildo, la Audiencia y el Superior Gobierno (causas civiles y criminales). Estos litigios permiten observar el comportamiento de las partes y los intereses en juego.

Las actas capitulares de Catamarca que se inician en 1683, (a más de un siglo de la colonización del Valle) aportan una valiosa información sobre el nacimiento y el crecimiento de la vida urbana e institucional catamarqueña. Algunas de ellas fueron publicadas y otras se encuentran en el Archivo Histórico de Catamarca.

Al padre *Larrouy* le debemos la publicación de numerosos escritos antiguos que se refieren al siglo XVI y XVII y cuyos originales se encuentran en el Archivo General de Indias, y en el Archivo Histórico de Tucumán. En Catamarca, los correspondientes a la Curia Eclesiástica, al convento de San Francisco y expedientes judiciales a través de los cuales pudo reconstruir los comienzos de la colonización de toda la provincia.

8. Para una mejor organización he dividido el libro en dos secciones. En la primera de ellas presento a los protagonistas; en primer lugar al Valle de Catamarca, con sus ríos, montañas, suelo, producción y población. En segundo lugar, a los actores/categorías socioétnicas (podríamos hablar de matrices culturales) que viven en este espacio colonial: hispanocriollos, indios y negros con sus respectivas combinaciones, y fragmentaciones (de status, clase, condición y color). También con las variaciones y resignificaciones a lo largo del tiempo. En la segunda parte examino la dinámica social, los modos de interrelación entre los diferentes sectores; asimismo, los canales de ascenso y movilidad social. Centro el análisis en el ámbito micro y cotidiano de la familia vallista; esto es el matrimonio, la sexualidad y el trabajo, a finales de la colonia y primera década del siglo XIX.

Primera parte

LOS ACTORES SOCIALES

I

CATAMARCA COLONIAL

El actual territorio catamarqueño estuvo constituido por extensiones, que antes de su fundación, pertenecieron a cuatro jurisdicciones distintas: Londres, Tucumán, Santiago del Estero y La Rioja. Éstas se fundaron como ciudades con anterioridad a Catamarca y dispersaron poblamientos independientes de su núcleo central, debido a empeños y emprendimientos que los hicieron posible. Salvo San Fernando del Valle de Catamarca, que resulta de la voluntad de sus propios habitantes, los demás pueblos y ciudades actuales de la provincia, son el resultado de la evolución del poblamiento de anteriores mercedes y encomiendas, estancias y haciendas.

A medida que el territorio se colonizaba se fue organizando la economía. En este proceso se perciben tres etapas consecutivas, sin que esto signifique que el crecimiento de una, traiga como consecuencia la desaparición de la anterior. Por el contrario, la aparición escalonada de los hechos económicos, trajo como consecuencia presumible, la integración final de la producción y el comercio de Catamarca. La primera etapa se dio en los faldeos orientales del cerro actualmente llamado el Ancasti y del Alto, región que continúa hacia el este, hasta encontrarse con los llanos santiagueños. Ésta fue la primera jurisdicción del Tucumán y de la que van a depender inicialmente las tierras que hoy conforman los departamentos del este de la provincia de Catamarca. Por eso es que su poblamiento es el primero, y por eso también, es que pronto se vertebrará a través del camino real que venía desde el sur y llegaba a Santiago del Estero, pasaba hacia el norte y desde allí se dirigía al Alto Perú.

Consecutivamente, se fueron formando poblados en los centros de invernadas y en los cruces de caminos o sendas que unían a los distintos puntos del territorio, donde se iban asentando las poblaciones coloniales. Se conformó así una economía, con los productos de las mercedes y encomiendas existentes en la zona, y también, de las invernadas de las arrias que pasaban desde el sur, y de las que allí mismo se formaban y cuyas ventas estaban facilitadas precisamente por su ubicación.

Toda la zona tuvo una ganadería fuerte de vacunos, ovinos y cabríos, y también, de mulares, importante renglón de las economías coloniales, que vendían al principio hacia Santiago del Estero y después hacia el Valle de Catamarca. Con el asentamiento de hispanos criollos, el intercambio se hizo intenso, y los nuevos pobladores agregaron, a la simple explotación extensiva de sus campos, numerosas industrias caseras derivadas de su misma producción, como las suelas, el cordobán, pellones, sombreros, peleros, monturas y algunos tejidos de lana y algodón.

Años después de Santiago del Estero, se funda San Miguel de Tucumán, que dentro de su primitiva jurisdicción, comprendía una importante extensión territorial que hoy es catamarqueña, como la zona del Valle propiamente dicho, que en la actualidad está dividido en cinco departamentos, entre ellos el de la Capital. Desde fines del siglo XVI y comienzos del XVII, se emprende desde aquella ciudad el poblamiento lento al principio, y masivo y muy importante desde 1650 en adelante. La presencia de numerosas mercedes y algunas encomiendas, que pronto se subdividen por herencia, pero más que todo por ventas sucesivas, muy rápidamente aumentaron la población inicial. La causa principal de ello, además de un factor espiritual, como era tener asegurados los servicios religiosos que ya existían en el Valle, según los documentos que lo mencionan, se debía a la existencia de un río caudaloso que permitía el riego de un extenso y fértil valle. Tanto que los gobernadores Peredo y Garro recomendaron sucesivamente al Rey la fundación de una ciudad en la comarca; decían por los años setenta, que para esas fechas ya había catorce bocatomas y acequias y "que la más tenue alcanza para el sustento de una ciudad."[1]

Y es así que pronto o un poco después, el Valle que está rodeado por las montañas, que precisamente lo separan de las otras dos regiones existentes, se convirtió en una importante zona productora dentro de la provincia del Tucumán. Allí se cultivaban cereales, hortalizas y frutales, cuyos productos como el algodón, al que se lo comercializaba en rama, pabilo y en lienzo, trigo y harina, higueras en pasas y jaleas, maíz, porotos, zapallos, ají, tabaco y "árboles de Castillas", como se llamaban a los frutales traídos desde Europa, como la vid, ciruelos, naranjos, manzanos, membrillos, nogales, olivos, etc. Esta producción de frutales daba origen a una rica y variada producción de dulces y confituras trabajados en forma de artesanías familiares, como las quisadillas, maicenas, turrones, alfajores, nueces confitadas, además de los dulce de membrillo, jaleas y arropes de uva y tunas.

A toda esta actividad que requería una abundante mano de obra constituida por los indios encomendados, criollos pobres y negros en proporciones que variaron con el tiempo, que fueron llegando desde otras provincias y aun de otras zonas de la misma jurisdicción, se sumaban los trabajos de tejidos de algodón de los que fueron importantes productores. También con la ganadería de vacunos, cabríos y la

---

[1] Gaspar GUZMÁN. *Historia Colonial de Catamarca,* Buenos Aires, Milton Editores, 1985:20

industrialización de sus derivados, aunque de una manera menor que en el este, pero que al final servían también para nutrir las cargas de las arrias que periódicamente se desplazaban hacia las provincias del norte, al Alto Perú y también hacia el sur llegando hasta el litoral. De esta manera podemos decir que la economía de esta zona fue la base del progreso y del prestigio que gozó Catamarca como región productora durante toda la época colonial.

Muchos años después, cuando fueron vencidos los diaguitas y calchaquíes, se comenzó a realizar la ocupación definitiva de la vasta zona conocida con el nombre de Londres. Esto sucedió a fines del siglo XVII y comienzos del XVIII, cuando se logró la formación de los pueblos del oeste como Santa María, Andalgalá, Fiambalá, Belén y Londres, todos ellos situados en sus respectivos valles que con sus ríos constituían oasis fértiles y productivos.

De esta manera, se fueron agregando a la jurisdicción un número importante de pobladores, que se entregaban al cultivo de esos oasis y también a una ganadería muy extensiva, al cuidado de las llamas y la caza de las vicuñas. De estas últimas actividades, y también de la oveja, proviene ese varias veces secular oficio de tejedoras y tejedores, que tuvieron y tienen los pobladores que fabricaban mantas, ponchos, puyos, cobijas, sobrecamas, sobrepelos, tapices, alfombras, etc.

A todo esto habría que agregar una actividad minera, puesta ya de manifiesto a fines del siglo XVII, con la mina de San Carlos de Austria, que logró tener jurisdicción propia, con cabildo inclusive como ciudad fundada. Además, el General Luis José Díaz en la escritura de constitución de su Mayorazgo de Guasán, nos da cuenta de otras explotaciones de su propiedad. Se trata del Trapiche de metales de Choya, Andalgalá y del Arenal, y Santa María con las minas en las que trabajaban algunos cientos de personas.

Esta economía de Catamarca que se fue sumando en su geografía en el tiempo y en la importancia, tuvo una actividad apreciable para aquella época y sirvió para fijar familias y establecer vínculos de sangre y de intereses, entre unos y otros, y aunque con algunas diferencias visibles entre cada una de las tres zonas, conformaron con el transcurso de los años, la unidad actual de la Provincia de Catamarca

$$II$$

POBLACIONES Y POBLADORES DEL VALLE DE CATAMARCA

La denominación del Valle de Catamarca se extendió primitivamente a todo el inmenso ángulo agudo que conforman el Ambato y el Ancasti, abarcando por consiguiente, a más del valle propiamente dicho, los dos contiguos de Paclín al noreste y el de La Puerta al norte. Antes de la fundación de la ciudad de Catamarca esta enorme extensión se dividía entre las jurisdicciones de Tucumán y de La Rioja: el norte para la primera, que se denominaba valle de Catamarca, y el sur para la segunda, llamado valle de Capayán. En cuanto a la vertiente oriental de esta serranía quedó para Santiago del Estero, que conservó hasta la constitución de la provincia, de la que entró a formar parte.[1]

Esta región así definida es un accidente geográfico de enorme extensión, pues ateniéndonos simplemente a la dirección norte-sur en la cual se registra la mayor distancia, tiene un desarrollo equivalente a unos doscientos kilómetros en línea recta. Constituye, efectivamente, una verdadera unidad geográfica que conformó desde el punto de vista eclesiástico el curato Rectoral hasta la creación de la parroquia de Piedra Blanca en 1795, al norte de la región. Actualmente son seis los curatos y departamentos que lo componen: Ambato, Paclín, Piedra Blanca o Fray Mamento Esquiú, Valle Viejo, Capital y Capayán.

En cuanto a la topografía, geología, clima, vegetación y condiciones humanas presenta variados contrastes notándose cambios intensos a muy poca distancia. El clima es variado con escasas precipitaciones y con acentuadas características de sequedad. En el verano los calores son muy fuertes en el llano, como se observa en la misma ciudad de Catamarca, donde la altura sobre el mar no logra neutralizar el factor de la latitud. La sierra, en contraste, es bastante más fresca con temperaturas que varían

---

[1] P. Antonio LARROUY. "Catamarca Colonial. Formación y Colonización de la provincia". *Autonomía Catamarqueña*. Buenos Aires, 1921: 5-6.

de un lugar a otro en virtud de la altura y de la exposición.[2] El régimen de aguas es variable en tanto depende, en gran medida, de las lluvias de verano y como los cursos de agua tienen una longitud reducida, es común que los caudales desaparezcan en invierno. Estas características explican la importancia que han tenido desde siempre los ríos, arroyos y vertientes, porque donde se encuentran hay poblamiento. En provincias como La Rioja y Catamarca, en las que llueve únicamente en los meses del estío y por ende sólo subsisten mediante el riego artificial, el elemento primordial de la vida serán los ríos permanentes: donde faltan, es el desierto, y donde los hay caudalosos y accesibles para derivar los canales de regadío, o acequias, allí estará la población más compacta. La parte sur del Valle, (correspondiente a La Rioja), recibe diversos ríos que bajan todos del Ambato y alimentan a varias poblaciones. Pero la región más privilegiada en este sentido será la que pertenece a San Miguel de Tucumán, (en las inmediaciones de la ciudad de Catamarca), ya que allí confluyen tres corrientes importantes: en el medio, el más caudaloso de toda la provincia, el río del Valle; a la derecha el Tala, que surte a la ciudad, y en la otra banda el de Paclín.

De modo que este contexto ecológico, si bien ofrece grandes superficies áridas y escasas precipitaciones, con máximas estivales, que no hacen un hábitat propicio para sus pobladores, presenta otras zonas realmente aptas para un intenso desarrollo agrícola. Es el caso, singularmente significativo del oasis de Las Chacras, subregión intensamente productiva, situada en la margen izquierda del río del Valle, que abarca los actuales departamentos de Piedra Blanca y Valle Viejo.[3] Cuenta con el beneficio de los mejores cursos de agua, y debido a su temprano, compacto y efectivo poblamiento, disputará luego con la ciudad el predominio, el comercio e incluso la jerarquía y gravitación política. Al promediar el siglo XVII, esta población contaba con más de medio centenar de familias. Las quintas y los cultivos son todavía mayores en número, puesto que algunas familias tenían más de una chacra y hacienda. Debido a ello, en el año 1668 por orden del gobernador del Tucumán, se fundó aquí una verdadera población, con sus calles delineadas a cordel, sus manzanas y solares, su plaza, porque hasta entonces las modestas viviendas estaban desparramadas en medio de las heredades, sin orden alguno. Pero el fundador, que fue don Pedro Bazán Ramírez de Velasco, alcalde ordinario de Tucumán, al darle vida, no le dio nombre, la llamó sencillamente la Población del Valle. Esta población se llama en la actualidad San Isidro, y se halla en el departamento de Valle Viejo, no lejos de la ciudad de Catamarca.[4]

Cuando llegaron los españoles toda esta zona estaba constituida por parcialidades pertenecientes al tronco diaguita y, posiblemente, por descendientes de mitimaes

---

[2]   Romualdo ARDISSONE. *La instalación humana en el Valle de Catamarca.* Universidad Nacional de La Plata. Biblioteca de Humanidades, tomo XXVII. La Plata, 1941: 27.

[3]   Las Chacras comprenden a la zona cultivada de la margen izquierda del río del Valle: por el norte está La Carrera y por el sur termina en San Isidro (hasta la confluencia del Arroyo de Choya con el río del Valle (ARDISSONE, 1941:289-290).

[4]   Citado por LARROUY, 1921:103-104, ARDISSONE, 1941:290 y BAZÁN, 1996:54.

incaicos provenientes de la llanura oriental e incluso del altiplano.[5]Al parecer, esta población no era muy numerosa ni densa en tiempos prehispánicos y se distribuía en localizaciones dispersas o semidispersas, habitadas por linajes o grupos de linajes emparentados. Habían alcanzado para entonces un alto grado de cultura material, a semejanza de tantos otros grupos del noroeste argentino. Tenían cultivos y estos eran de riego, lo cual aparejó la realización de procedimientos ingeniosos, en función del clima predominantemente seco. Por ello es común encontrar en las zonas de quebradas, sobre todo en la del Tala, los andenes o pircas muy bajas, distantes entre sí tres, cuatro o más metros, y que se sobreponen, a modo de escaleras, hasta varias cuadras en las faldas de los cerros. Los mismos escalones sucesivos, pero más altos, se observan en el cauce de los torrentes que originan las lluvias y que casi siempre están secos. Otras veces son pircas aisladas, piedras plantadas de punta, o enormes peñascos, dispuestos en forma de círculos de rectángulos o de cuadrados. Muchas de estas, al parecer, estaban destinadas a cortar la violencia de las corrientes temporarias, al tiempo que detenían la tierra y protegían, de esta manera, los cultivos existentes en las mismas pendientes o a su pie.[6]

Iniciada la colonización del Tucumán en el siglo XVI, de las ciudades de La Rioja y San Miguel salieron los empeños colonizadores para el Valle de Catamarca. La Rioja pobló el actual departamento de Capayán con mercedes y encomiendas de los indios que existían en la comarca. Tucumán hizo lo propio en la zona hoy constituida por los departamentos de la Capital, Piedra Blanca y Valle Viejo. De modo, que en contraste con ese amplio páramo resultante después del fracaso de esas sucesivas fundaciones en la región oeste de la provincia, se dio en el Valle un poblamiento activo y dinámico, como un emprendimiento dentro de la jurisdicción de San Miguel, que al promediar el siglo XVII sobresalía poblacional y económicamente, aun por sobre las ciudades formalmente fundadas dentro de la Gobernación del Tucumán.

Aquí los primitivos intentos fundadores en el antiguo solar de Diaguitas y Calchaquí, (que primero se lo conocería como Londres, por la perduración del nombre de la primera ciudad fundada por españoles dentro de su territorio) fracasaron sucesivamente. Desde 1558, año en el que Pérez de Zurita funda la primera, con el nombre de Londres de la Nueva Inglaterra, hasta la fundación efectiva de San Fernando del Valle

---

[5] MIATELLO, LORANDI Y BUNSTER. "Cambios económicos y conflictos en la elite del Tucumán colonial". Ana maría LORANDI (comp.). *El Tucumán colonial y Charcas*. Facultad de Filosofía y Letras, UBA, Tomo II, 1997: 129-154.

[6] P. Antonio LARROUY. "Los indios del Valle de Catamarca". *Revista de la Universidad de Buenos Aires,* Tomo XXVII. Facultad de Filosofía y Letras. Buenos Aires, 1914: 7. Carlos B. QUIROGA, a la noticia de los *andenes*, agrega esta descripción: "Los indios dueños del cerro además de agricultores eran ganaderos y de ahí que necesitasen de esas obritas para tener en todas partes reservas de buenos pastos. Cualquiera pequeñita quebrada cuenta con muchísimas de esas obras, que se escalonan formando diminutas planicies pastosas. Allí pastaba el ganado que cuidaba el indio; y, como construcciones complementarias pueden verse corralitos para los cachorros. En efecto, nótense aún construcciones en círculo con paredes de piedra, de dos, tres, cuatro y cinco metros de diámetro, bajas, sin techado alguno..." (*Cerro nativo. El hombre y la naturaleza -espíritu de la región*. Buenos Aires, 1924: 203-4).

de Catamarca, el 5 de julio de 1683, se verificaron otros cuatro intentos, sin ningún resultado. Nada de eso perduró, dejando a esa enorme extensión que significaba las dos terceras partes del actual territorio catamarqueño, vacía de estructuras poblacionales, ya que hasta las mercedes, estancias y haciendas tuvieron que ser abandonadas. Por ello, en el estudio del "poblamiento" catamarqueño es más importante la visión de la evolución de las mercedes distribuidas en la otra porción de su actual territorio que pertenecieron originalmente a La Rioja, Tucumán y Santiago del Estero.

El P. Larrouy afirma que la fundación de La Rioja es el punto de partida de la colonización del Valle de Catamarca. Creemos que se refiere concretamente a la población de Valle Viejo, también llamado población del Valle.[7] Gaspar Guzmán sostiene que si bien en este momento se logra una colonización firme y metódica, la misma había comenzado un tiempo atrás. Aclara Guzmán que al empobrecerse la ciudad de La Rioja en indios de tasa y de trabajo, muchos de sus antiguos moradores se trasladaron a Catamarca lo que dio lugar a la formación de los pueblos que se conquistaron en el antiguo Valle. Pero advierte que habían existido numerosos asientos anteriores a la fundación de esta ciudad, tanto que Lozano mismo afirma que Núñez del Prado solamente otorgó unos 36 repartimientos, muchos de los cuales serían en el territorio comprendido dentro de los actuales límites de esta comarca.[8]

Sea de una manera u otra, resulta muy importante (más que el acercamiento individual, donde cada familia buscó los medios y la forma de trasladarse al Valle de Catamarca), la acción de Ramírez de Velazco quien entregó mercedes y encomiendas. En 1591 distribuyó 56 encomiendas y desde esa fecha todos los indios del Valle de Catamarca quedaron encomendados. También lo hicieron sus sucesores Pedro Mercado de Peñaloza, Alonso de Rivera y Luis Quiñones Osorio.[9] La presencia de numerosas mercedes y algunas encomiendas, que rápidamente se subdividen por herencia, pero más que todo por ventas sucesivas, muy pronto aumentaron de lleno la población inicial. Fueron estas ventajas las que llevaron a las autoridades a decidir fundar una ciudad, como heredera de la "portátil" Londres, en algún lugar del Valle, poblado y enriquecido de antemano al 5 de julio de 1683. La ciudad, que se efectivizará diez años después de la fundación formal, fue cobrando vida al principio muy lentamente, para hacerlo de manera considerable en la segunda mitad del siglo XVIII; se desprende esta afirmación del nutrido comercio y del crecimiento espacial de la traza urbana.[10] Asimismo, los censos y padrones presentan un incremento significativo de la población (tanto urbana como rural) que se da en el marco de un extendido mestizaje,

---

[7] *Ibídem.* El autor dice al respecto: "*Juan Ramírez de Velazco acometió la empresa en 1591 (...) este es el punto de partida de la colonización del Valle de Catamarca*".

[8] Gaspar GUZMÁN. *Historia colonial de Catamarca,* Buenos aires, Milton editores, 1985: 21.

[9] G. GUZMÁN, 1985: 232 y LARROUY, 1921:5-6.

[10] Son continuas las referencias a esta situación en los trabajos ya mencionados de R. ARDISSONE , 1941; G. GUZMÁN, 1985 y el de Elsa ANDRADA DE BOSCH. *Para una historia de la Ciudad.* Provincia de Catamarca, Municipalidad de la Capital, 1993.

particularmente relevante en las últimas décadas de la colonia.[11]

A lo relatado hasta aquí se le sumaría un acontecimiento que tendrá una enorme gravitación en la vida de los catamarqueños. Se trata del descubrimiento que hicieron los indios de Manuel de Zalazar de la imagen de la Purísima Concepción, que desde muy al comienzo se la conoce con el nombre de Virgen del Valle. La imagen fue encontrada en la gruta de Choya, al pie del pueblo de ese nombre y a una legua de la actual ciudad de Catamarca, y desde allí será trasladada a la población de Valle Viejo donde se levantó una capilla.[12] Patrona de sucesivas iglesias en aquella primera zona, fue ampliando el número de sus devotos hasta lograrlos, según Larrouy, en todo el Tucumán.[13] Gracias al interés que despierta el Santuario, hoy disponemos de numerosas publicaciones y de colecciones documentales, que nos suministran excelentes noticias para la historia cotidiana. La lectura de los documentos sugiere la enorme importancia que tenía la vida religiosa entre los habitantes del Valle.[14] También de las donaciones realizadas en pro del culto mariano desde los tiempos tempranos. Es el caso de Micaela Sánchez, quien en 1659 dona una negrita, llamada Francisca, a la Virgen del Valle para el servicio de la Santa Imagen y su capilla, como agradecimiento por la salud recibida. El testamento de Juan de Aquino realizado el 9 de diciembre de 1682, menciona a Josefa, esclava de la Cofradía de la Purísima, a Francisca, también esclava y a Ana, una hija de ésta, de quien dispone se redima en la Cofradía de la Santísima Virgen de la Concepción. El 16 de abril de 1665, en Santiago del Estero, el Cabildo de la catedral de Tucumán otorgó una licencia al Arcediano para que, en cumplimiento de una promesa hecha a Nuestra Señora del Valle, pueda viajar a visitarla y realizar un novenario de misas en su Iglesia. El capitán Luis de Hoyos, vecino feudatario de San Miguel y asistente en el Valle, alegará una serie de méritos contraídos por su celo en favor del culto. Servirá por largo tiempo a la Santa Cofradía e iglesia, solo o con su esposa, a través de limosnas como también siendo muchas veces mayordomo del santuario. Reunió a esos efectos una serie de objetos para el culto y por su solicitud y disposición se edificó la iglesia nueva. Pudo reunir entre los devotos doscientos ochenta pesos que se entregaron al constructor, capitán Bartolomé Ramírez. Por todo ello, pidió "tener asiento y sepultura con arrimo en esta Iglesia nueva para mi mujer, hijos y sucesores que han de ser adelante."[15]

---

[11] En las próximas páginas desarrollaremos este tema.

[12] No se sabe con precisión la fecha en que se inicia el culto tan difundido; sólo existen algunos indicios muy vagos de que habría comenzado cerca de 1620. La Cofradía de la Virgen del Valle, hoy Archicofradía, es la más antigua de Catamarca. Fue fundada por el Obispo Melchor Maldonado de Saavedra el 18 de junio de 1648. Ver: Mons. Pedro M. OVIEDO. "El Blasón de Catamarca". *Boletín de la Junta de Estudios Históricos de Catamarca.* Año V, 1 y 2. Catamarca, 1945: 69.

[13] El P. Antonio LARROUY publica (en *Santuario de Nuestra Señora del Valle. Historia de Nuestra Señora del Valle. Primera parte: Nuestra Señora del Valle en el siglo XVII.* Buenos Aires, 1916) numerosos documentos y testimonios de las jurisdicciones vecinas que nos sugieren esta gravitación.

[14] LARROUY, *Santuario,* 1916: 78.79.

[15] LARROUY, *Santuario* 1916: 77-78.

Estos antecedentes contribuyeron, pasados los años, para el nacimiento de la ciudad de Catamarca. Los habitantes del Valle vivían los inconvenientes de no tener autoridades locales, que en la práctica cotidiana significaba recurrir a las ciudades vecinas ante cualquier inconveniente. Sobre todo a San Miguel de Tucumán de quien dependía la zona más poblada de Las Chacras. Fueron estos vecinos los que gestionaron la fundación de la capital. Con el objetivo de avanzar en esta posibilidad el Gobernador José de Garro recorrió el Valle en 1678 y expresó las grandes conveniencias que la zona presentaba. [16] Explicaba, en una carta dirigida al Rey, que aquí se producían todo tipo de semillas y legumbres, trigo, maíz, algodón, viñas y árboles y frutales, con "cuantiosas acequias que se sacan de un río caudaloso que la riega y baña, y saludables aires y temperamento donde conserva el gentío de españoles, indios y negros, gozando las conveniencias y comodidades que la humana naturaleza puede desear para la conservación de la vida".[17] Agregaba Garro de las muchas producciones que fácilmente se consiguen, y destaca, particularmente, "el algodón del que se provee toda la provincia, por no darse en otra parte de ella; aún pasa en pabilo a esas del Perú que es el principal trato de aquel valle por lo considerable".[18]

En el orden material, ofrecía asimismo algunas ventajas vinculadas con el crecido comercio y con la disponibilidad de madera, cal, yeso, piedras y otros materiales necesarios para poder levantar edificios. También estaban las causas espirituales a las que hicimos referencia. El Gobernador explicaba que debido a la milagrosa imagen "acudían de muchas partes y por dilatados caminos en romería innumerables gentes..."[19] Va de suyo, y con relación a lo expuesto, que el Gobernador tenía un desbordante entusiasmo por la mudanza de Londres al Valle de Catamarca.

A la carta de Garro se le suma la del Obispo Borja y las reiteradas del Gobernador Peredo y las del padre Grijalva de la Compañía de Jesús.[20] Todos los pedidos e informes dieron finalmente sus frutos y la fundación formal se llevó a cabo el 5 de julio de 1683, con el ceremonial de estilo, Cabildo, autoridades y jurisdicción. Pero debieron pasar más de diez años para que se hiciera efectivo el traslado de la ciudad al sitio actual. Recién bajo las órdenes del teniente de gobernador don Bartolomé de Castro, considerado el verdadero fundador en sentido físico, se delinearon las calles y manzanas, abrieron acequias, y fomentó la edificación. Se desmanteló la Iglesia de

---

[16] *Carta al Rey del gobernador del Tucumán, don José de Garro, exponiendo el miserable estado de la titulada ciudad de San Juan Bautista de la Rivera, y la gran conveniencia que habría en trasladarse a la población del Valle de Catamarca.* (LARROUY, *Santuario*, I, 109-112).

[17] En este documento se manifiesta en un todo de acuerdo con lo expresado por el antecesor Ángel de Peredo, agregando, a su vez, varios detalles de interés. Lo más importante de los escritos de Garro es que los mismos no son noticias suministradas por funcionarios subalternos, sino que son el fruto de su propia observación. El Gobernador estuvo en el Valle, como asimismo en la jurisdicción de Londres. Se trata de una observación atenta, resultado de una residencia de cuarenta días en la zona.

[18] *Ibídem.*

[19] *Ibídem.*

[20] Una buena síntesis de todos estos trámites los encontramos en ARDISSONE, 1941:127-199. Además, en G. GUZMÁN, en el capítulo correspondiente al Valle de Catamarca, 1985: 17-57.

San Isidro para hacer uso de los materiales en la nueva capilla, se utilizaron indios de mita para ayudar a los trabajadores y se establecieron herrerías para que sirvieran al fin perseguido. Terminada la primera iglesia o capilla, trasladaron a ella solemnemente la imagen de Nuestra Señora del Valle. Con este acto se dio por definitivamente fundada la ciudad de Catamarca en 1695.[21]

De modo, que en el origen de la ciudad de Catamarca, no se repetirá el habitual proceso que haría surgir tantos centros urbanos coloniales. La Rioja y Córdoba, Salta y Buenos Aires, Santiago del Estero y Londres, Tucumán y Jujuy comenzaron a vivir cuando la comarca todavía no se había conquistado. En cada uno de estos casos, la fundación de la ciudad marcó el comienzo de la colonización. Una vez elegido el sitio y realizadas las primeras ceremonias solemnes, se procedía a dar medios de vida a la nueva entidad. Todas las ciudades del antiguo Tucumán respondieron a este esquema general en el que la fundación urbana constituía el paso inicial en el proceso de colonización. No fue éste el caso de la ciudad de Catamarca que se gestó de un modo particular, debido al empeño de sus propios pobladores y se concretó cuando las ciudades vecinas tenían más de un siglo de vida institucional.

Gaspar Guzmán afirma que así como fueron vehementes los vecinos en la petición de una ciudad, se mostraron luego negligentes y pasivos en su asentamiento y construcción. Algunos de ellos manifestaron desde un principio el poco deseo de moverse de sus chacras, aunque fuera solo a una legua de distancia. Los hacendados del valle argumentaron que carecían de recursos para mantener "casa poblada", si-multáneamente en sus propiedades rurales y en la ciudad de San Fernando. La ciudad comienza a poblarse recién en la tercera o cuarta década del siglo XVIII, gracias a las nuevas oleadas de peninsulares, especialmente de los comerciantes. La expansión urbana, por lo tanto, aparece ligada a este nuevo estrato social, que va ascendiendo y penetrando en la jerarquía del poder por medio de matrimonios con hijos o hijas de los hispanoscriollos residentes y descendientes de los linajes más antiguos.

Reglamentación de la vida urbana

Antes de seguir adelante, valga una aclaración. El nombre oficial de la nueva ciudad será el de San Fernando del Valle de Catamarca. Lo que en la actualidad se llama San Isidro, hasta formarse la ciudad de Catamarca, fue el lugar poblado de mayor importancia del Valle. El pueblo que allí se trazó en el año 1666 (como ya lo comentamos) se conoce como Población del Valle, por lo que no resulta extraño que desde temprano el lugar haya recibido el nombre de Valle de Catamarca o simple-mente Valle. Cuando se asentó la ciudad de San Fernando pasó a ésta la categoría de población principal del Valle de Catamarca y en consecuencia se registró un cambio

---

[21] LARROUY. "Historia Colonial de Catamarca", *cit.*, pp.13-14.

toponímico. Lo de Valle pasó a denominarse a la flamante ciudad y la denominación tradicional se transformó en Valle Viejo, que en la actualidad se conserva aplicado a todo el departamento. A través del tiempo el nombre de San Fernando fue desapareciendo y Valle se aplicará con insistencia para designar la ciudad, el accidente topográfico y hasta la misma provincia. [22]

En las Actas capitulares leemos las primeras medidas que se tomaron para darle forma a la reciente población y reglamentar la vida urbana. En primer lugar, se ordenó cerrar todas las tomas de agua que estuvieran arriba de la ciudad, para que los vecinos pudieran gozar libremente del agua, que correría en adelante de oeste a este, atravesando las nueve columnas de manzanas. Al mismo tiempo, se mandaron a trazar cuatro caminos reales destinados al uso y comercio del Valle y para la administración de los Santos Sacramentos. Estos debían unir la capital con los pueblos del interior y también con Tucumán y Santiago del Estero. Se dispuso, asimismo, un camino de carretas a la ciudad de Córdoba y debido, a que toda esta zona es bastante árida, se determinó realizar una serie de aguadas y pozos con el fin de trajinarlo cómodamente. Se resolvió, también, que fueran ensanchados todos los caminos y se arreglasen los puentes para permitir todo tipo de trajín.[23]

Paralelamente, a los efectos de incrementar la población residente en el casco urbano, se obligó a los vecinos, beneficiados con solares en la nueva ciudad (que continuaban residiendo aún en el campo y no tenían ningún convencimiento de dejar sus chacras y estancias y trasladarse a la ciudad para ejercer sus funciones burocráticas), a edificar sus casas y a instalarse en ellas "so pena de pérdida de feudos para los encomenderos y de los solares repartidos para quienes no lo fueran".[24] También, y debido a que en la zona de Las Chacras, y por un largo tiempo, continuaron funcionando las pulperías y detrás de ellas el comercio e incluso la justicia ordinaria, se estableció que los comerciantes, "sin importar la calidad o condición" no podían abrir un negocio, ni vender mercaderías hasta cuatro leguas alrededor de la ciudad.[25] Se dictaron disposiciones, además, para regular el comercio interno: por ejemplo los precios de venta de artículos alimenticios, como el pan, la carne y el funcionamiento de tahonas o molinos para la fabricación de harinas y otros subproductos. Se estableció, al mismo tiempo, la relación entre las mercaderías expendidas y el valor del algodón del hilado de esta misma fibra, como medio de establecer las formas de pago. La intención era la de evitar los abusos de los comerciantes y remediar la falta de moneda circulante, que según quejas de los vecinos se cobraban precios "exorbitantes", en relación a los de Córdoba, Tucumán o Santiago del Estero.[26]

---

[22] ARDISSONE, *La instalación humana, cit.*, p.171.

[23] *Libros Capitulares de Catamarca.* Compilado por J. A. VILLACORTA, II, s/f, pp. 20-23 (Acta del 5 de julio de l683).

[24] Antonio LARROUY, "Catamarca Colonial", *cit.*, documento IX, pp. 23-24.

[25] *Libros Capitulares de Catamarca.* II, pp. 22-23.

[26] *Libros Capitulares de Catamarca,* tomos I y II. 1683-1708 y l715.

Otras disposiciones están vinculadas con la tierra. Quedaban todavía muchos terrenos en la jurisdicción capitalina para ser ocupadas por particulares. La venta de éstos, (según se constata en los libros de *Propios)* era uno de los principales ingresos en un momento de escasez de rentas, tal como lo denuncian las cuentas del cabildo de esa primera época. A esa extensión que luego conformaría el departamento Capital (margen derecha del río del Valle y la encomienda de los indios de Choya) no sólo se tratará de utilizar con afanes urbanos, sino de poblarla de ganado mayor y menor, y en los lugares apartados plantarle árboles de Castilla. Las tierras destinadas a arrendarse en Beneficio del Ramo de Propios, en las afueras de la ciudad, fueron parceladas en cuadras de "200 varas según derecho", tarea que el Cabildo encomendó el 11-12 de 1725 al Alcalde de 1° Voto.[27] Gaspar Guzmán, a través del análisis de los Protocolos de Escribanos, realiza un estudio exhaustivo de los vecinos y propiedades suburbanas del departamento Capital. Allí describe cómo se fue ocupando el terreno, muy lentamente al principio y de manera más dinámica a partir de la segunda mitad del siglo XVIII.[28] Los nuevos peninsulares y extranjeros que arribaron eran casi todos tratantes y comerciantes, y se establecieron alrededor de la plaza, creando, de este modo, paso a paso, un clima de centro comercial, indispensable para el progreso de la población. Otros de los que llegaron se instalaron en Piedra Blanca, que adquirió por entonces un gran auge comercial, llegando a tener más habitantes y actividad comercial que la Capital. También aumentó el ingreso de esclavos que junto a la población libre de color, sumarían un poco más de la mitad de la población. Asimismo, ingresaron otros grupos indígenas que incrementaron el número de habitantes en la ciudad y consolidaron un proceso de urbanización en el marco de un extendido mestizaje. [29]

La población del Valle de acuerdo a los censos de población

Los censos de población de finales de la colonia nos permiten tener una relación estadística de la población (con todas las prevenciones del caso). Se verifica a través de ellos que entre 1778 y 1812 la población catamarqueña creció considerablemente, llegando a tener, incluso, más habitantes que Salta, Jujuy y La Rioja. Por el número de éstos ocupaba el quinto lugar después de Buenos Aires, Córdoba, Tucumán y Santiago del Estero.[30] El incremento poblacional se debió al desarrollo y crecimiento operado en el Valle central (crece un 45% pasando de 6.441 a 9.236 habitantes), aparentemente en desmedro de las otras parroquias, que salvo la de Ancasti, disminuyen su población por estos años. Cuadro 1.

---

[27] *Ibídem.*

[28] Gaspar GUZMÁN , 1985: 211-217.

[29] En el capitulo V y VI desarrollaremos estos temas.

[30] Ernesto MAEDER. "El Censo de 1812 en la historia demográfica de Catamarca". En *Anuario* del. Instituto de Investigaciones Históricas de la Universidad Nacional de Rosario, 10, 1970, pp. 217-248 (la cita corresponde a la p.234)

Desde el punto de vista socioétnico, la población del Valle se componía en 1778 de un 16% de "españoles"(europeos y criollos) , de un 10% de "indios" y de un 74% de "negros mulatos y zambos libres" y "esclavos". El total genérico de "negros" (también denominadas "castas") disminuyó considerablemente a un 19% en 1812. Los cambios principales se produjeron en la población libre y no así entre los esclavos, que pese haber variado la representación en el conjunto del sector, mantuvieron a lo largo de los censos cifras más o menos parejas. El descenso de este sector va en dirección opuesta al crecimiento de los "españoles" "indios" y "mestizos" (40%, 38% y 3% respectivamente). Estos cambios tan marcados en el conjunto de la población nos colocan ante el criterio seguido por el censista, y ante la necesaria relativización que se debe hacer de las cifras, en éste y cualquier otro caso, en el que se analicen categorías étnicas y sociales.

CUADRO 1

POBLACIÓN POR CURATOS				
CURATOS	Año 1778	%	Año 1812	%
Rectoral	6441	42	9236	44
Belén	4077	26.5	4767	23.0
El Alto	2505	16,5	3263	15,5
Ancasti	2292	15	3696	17,5
Total	15.315	100	20.962	100

Fuente. CENSO DE 1778. Larrouy: 1927 y CENSO DE
1812. AGN. X, 43-10-6

GRÁFICO 1

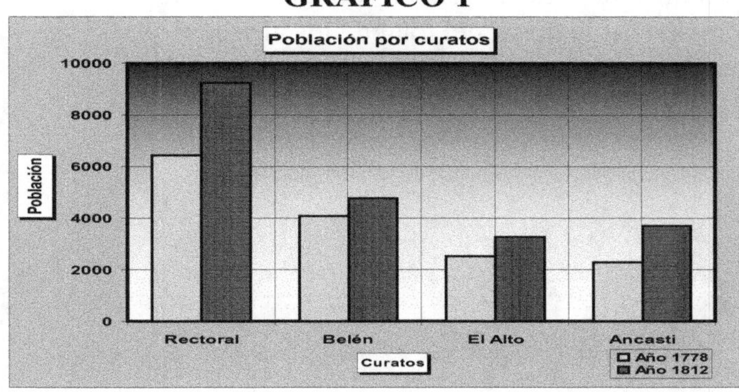

Fuente. CENSO DE 1778. Larrouy: 1927 y CENSO DE
1812. AGN. X, 43-10-6

CUADRO 2

GRUPOS SOCIOÉTNICOS DEL VALLE				
Población	Año 1778	%	Año 1812	%
Españoles	1.025	16%	3.653	40%
Indios	673	10%	3.458	37%
Mestizos	0	-	326	3,50%
Negros *	4.743	74%	1.799	19,50%
Total	6441	100%	9.236	100%
engloba a negros, mulatos, zambos, esclavos y libres.				

Fuente: Ibídem cuadro 1. Parroquia del Rectoral.

GRÁFICO 2

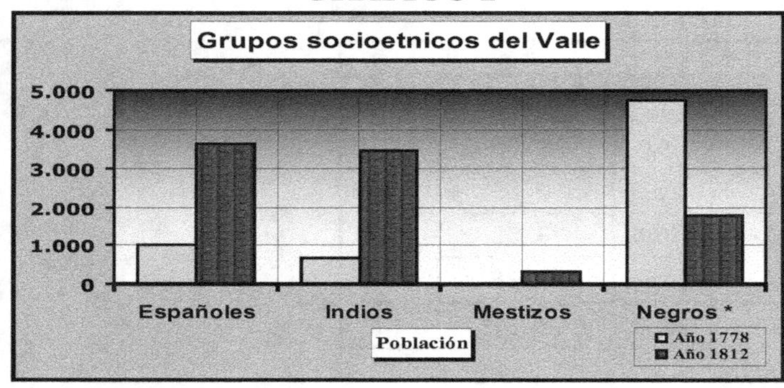

Cuando se comparan estos porcentuales con el resto de la jurisdicción se ve que en 1778, el mayor porcentaje de los "negros, mulatos y zambos libres" y de "negros, mulatos y zambos esclavos" se encuentran en el Valle, no así los "españoles" e "indios". En l812 esos datos variaron, pero aún así la mitad del total de los africanos y descendientes continúan ubicadas en esta parroquia (entre los esclavos la concentración en el Valle es más marcada todavía: 73% en l778 y el 63% en l812). Gráfico 3 y 4.

GRÁFICO 3

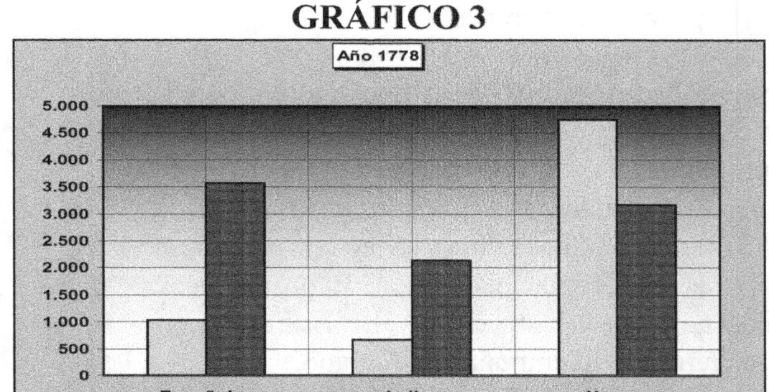

GRÁFICO 4

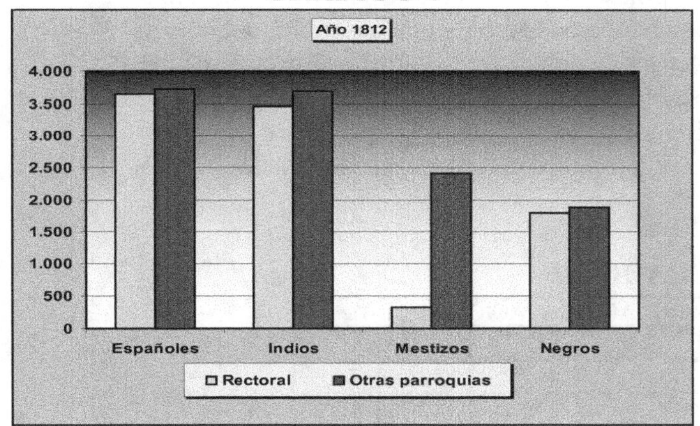

Otra de las características que presenta la población del Valle es el notable predominio femenino en todos los grupos étnicos, siendo esta variable una constante demográfica de la jurisdicción. La población adulta en 1778 se dividía en 1.941 varones y 2.328 mujeres, que da una tasa del 83,3 (no se contabilizan a los párvulos porque no están diferenciados por sexo). En el cuadro 3 se observa que en el conjunto de negros, mulatos y pardos, se da el mayor equilibrio entre los sexos y entre los españoles el menor.

En el censo de 1812 la brecha entre los varones y mujeres siguió en aumento y la tasa de masculinidad fue del 81,1. Se observa que esta situación es más perceptible en la ciudad, donde el índice de masculinidad baja al 71.6. Sucedía que el área urbana atraía mano de obra femenina que engrosaba la población dependiente de cada hogar, ocupada principalmente en tareas domésticas u oficios manuales; migración reflejada en el ensanchamiento de los grupos centrales de edades en la población femenina negra pero sobre todo india donde las mujeres duplican a los varones.[31]

Se advierte en las fuentes un movimiento continuo de la población. De individuos que llegan y otros que se van. La agricultura exigía normalmente una gran cantidad de brazos y en esta zona el problema se agudizaba por la superposición de los ciclos productivos ¿Cómo se obtenían los trabajadores asalariados en los meses de julio y agosto cuando en algunas estancias se preparaba la viña y se recogía el maíz, si en ese momento los agricultores de las Chacras recogían el algodón? El problema de la mano de obra parece ser otra de las constantes de la historia del Valle. Esta situación llevó al límite a algunos feudatarios que terminaron empuñando el arado.

A fines de la colonia esta situación se habría agudizado. Sucesivas "crisis económicas" como resultado de la contracción comercial que sufrieron los vinos, aguardientes, y los productos derivados del algodón, derivaron en la caída de la estructura comercial tradicional.[32] Si a esta situación se suma el nuevo status impuesto por la guerra de la Independencia, con la consecuente ausencia de población masculina adulta, el panorama económico se agudizó. Los cambios demográficos, sociales y étnicos que presentan los padrones y censos de población, completan este cuadro, que se visualiza en continuas mudanzas para las primeras décadas de la vida republicana. Se suma a ello otros procesos, que iremos desgranando en los próximos capítulos, relacionados principalmente con el mestizaje y su correlato en las identidades étnicas y en las clasificaciones sociales.

CUADRO 3

1778 ÍNDICE DE MASCULINIDAD. POBLACIÓN ADULTA				
GRUPO	Varones	Mujeres	Total	Tasa
Españoles	303	401	704	75.5
Indios	187	245	432	76.3
Castas libres	1.282	1.474	4.225	86.9
Esclavos	169	208	377	81.2
Total	1.941	2.328	4.269	83.3

CENSO DE 1778. Larrouy: 1927

---

[31] En el grupo de edad de 15-44 años el índice de masculinidad de la ciudad es bastante más bajo que en la campaña, siendo el caso más notorio entre los indios donde las mujeres claramente duplican a los varones. En la ciudad los índices son los siguientes: españoles 69.8, castas 60.1 e indios 49.8; en la campaña es del 73.4, 72.0 y 66.0, respectivamente. (María Florencia GUZMÁN. "La población negra mulata en Catamarca durante el siglo XVIII y primeros años del XIX". Tesis de Licenciatura. Universidad Nacional de Catamarca, 1989: 22-23).

[32] Tulio HALPERÍN DONGHI. *Revolución y Guerra*. Buenos Aires, Siglo XXI, 3ra edición, 1994: 68-69.

CUADRO 4

1812 INDICE DE MASCULINIDAD SEGUN GRUPO				
GRUPO	Varones	Mujeres	Total	Tasa
Españoles	1418	1637	3.055	86.6
Indios	1344	1765	3.109	76.1
Castas	736	913	1.649	80.6
Mestizos	129	155	284	83.2
Total	3.629	4.470	8.097	81.1

CENSO DE 1812. AGN. X, 43-10-6

CUADRO 5

1812 ÍNDICE DE MASCULINIDAD SEGÚN GRUPO ÉTNICO		
socio-étnico	Ciudad	Rectoral*
Españoles	86.0	87.5
Mestizos	0	83.2
Castas	74.5	80.6
Indios	64.4	76.1
Total	71.6	81.1
* incluyen también a la ciudad.		

Detalle de los departamentos que integran el Valle Central de Catamarca

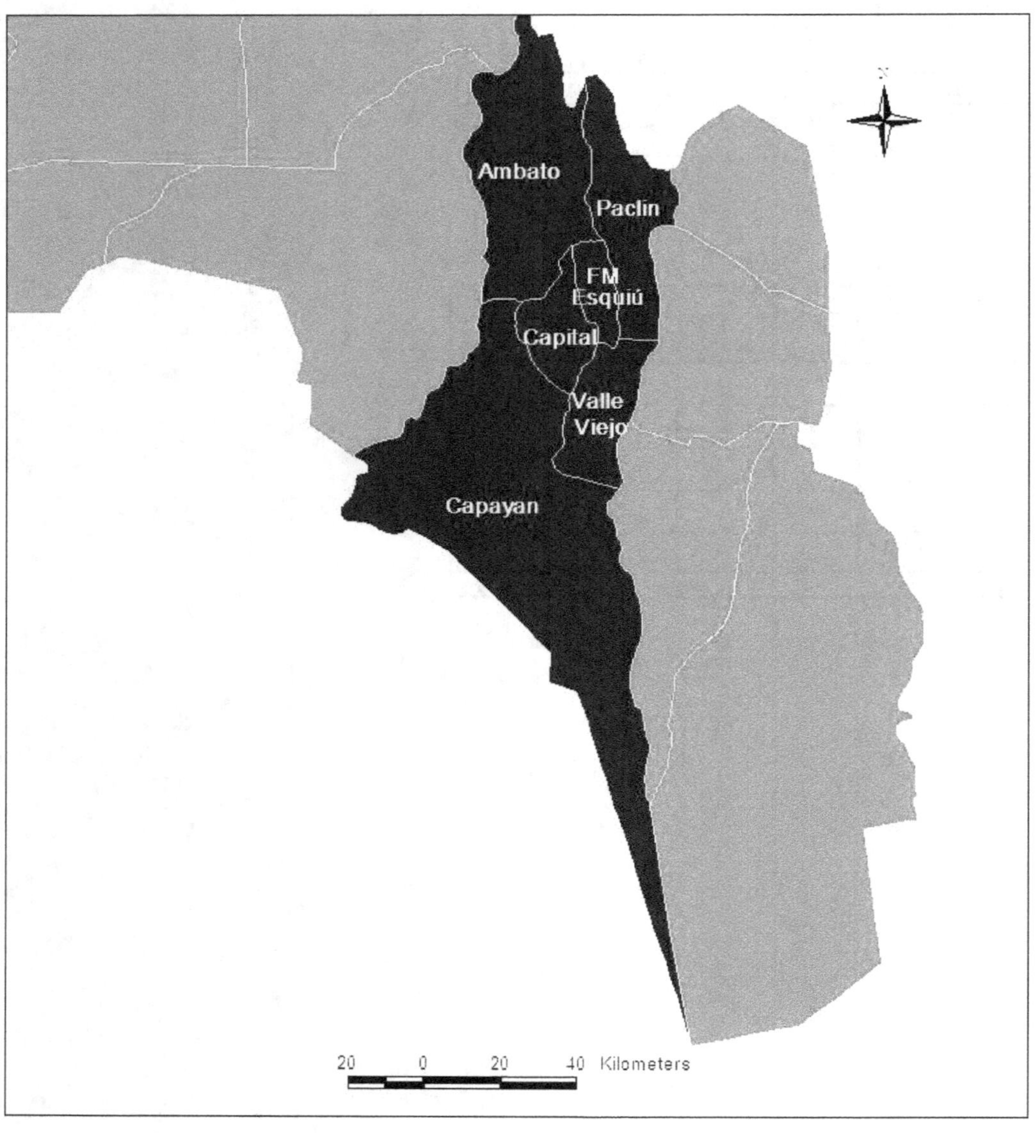

Pincipales poblaciones del Valle Central mencionadas en el texto

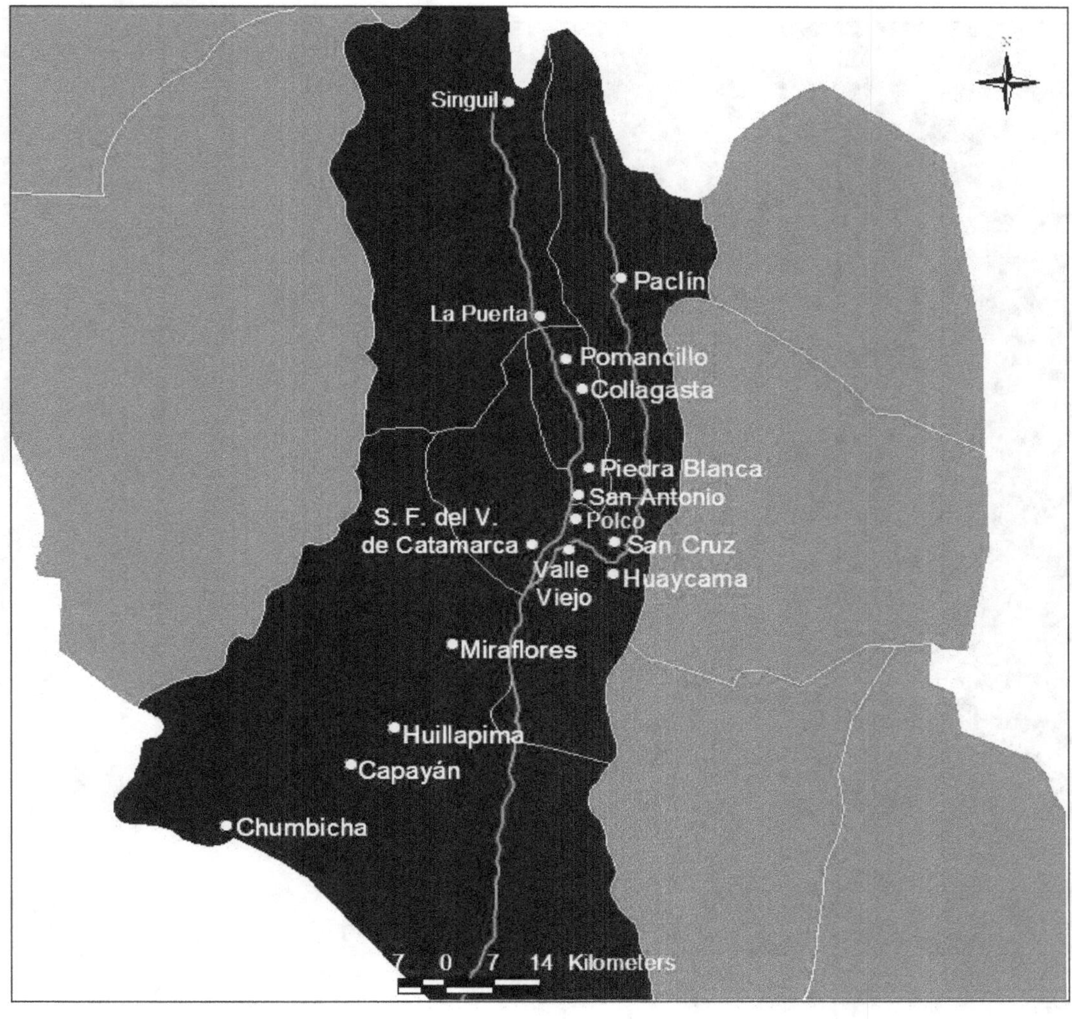

Imagen Satelital del Valle CentraL con detalle de la ubicación de Las Chacras

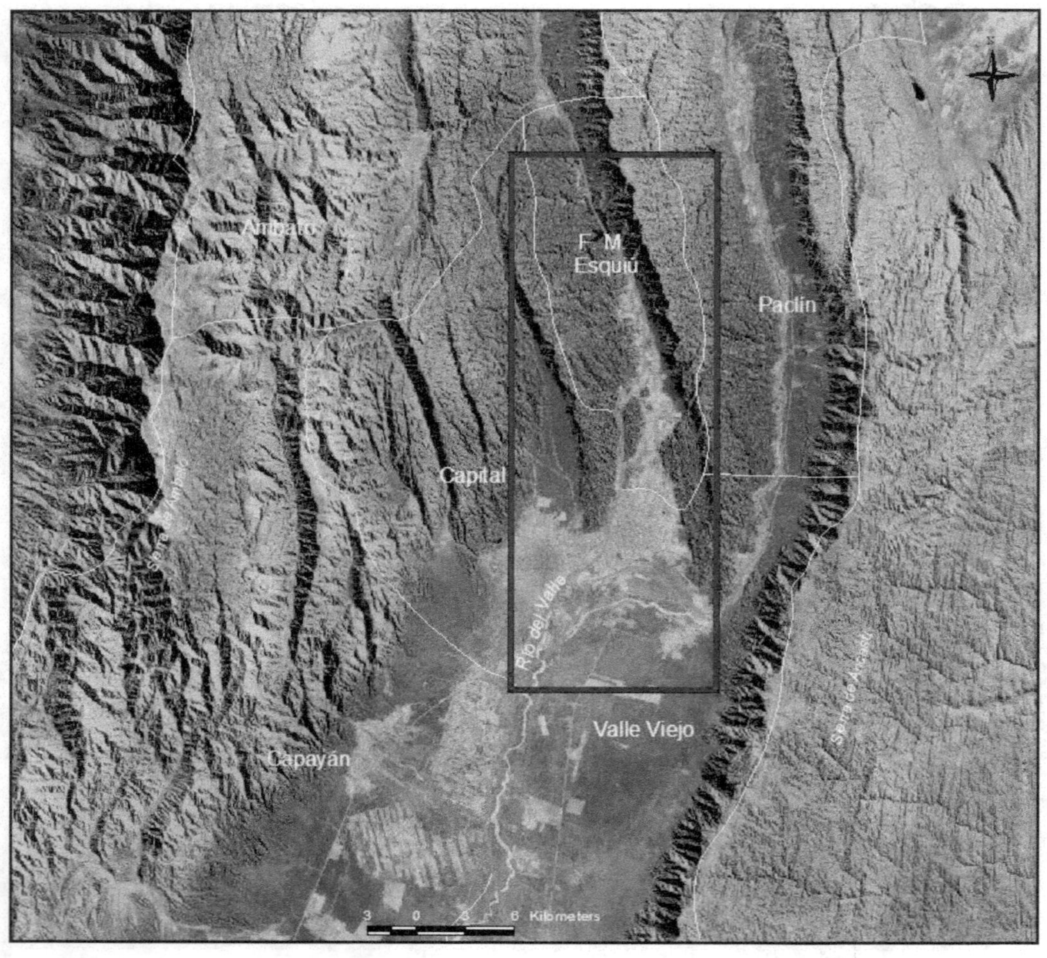

Principales centros de población esclava en 1812

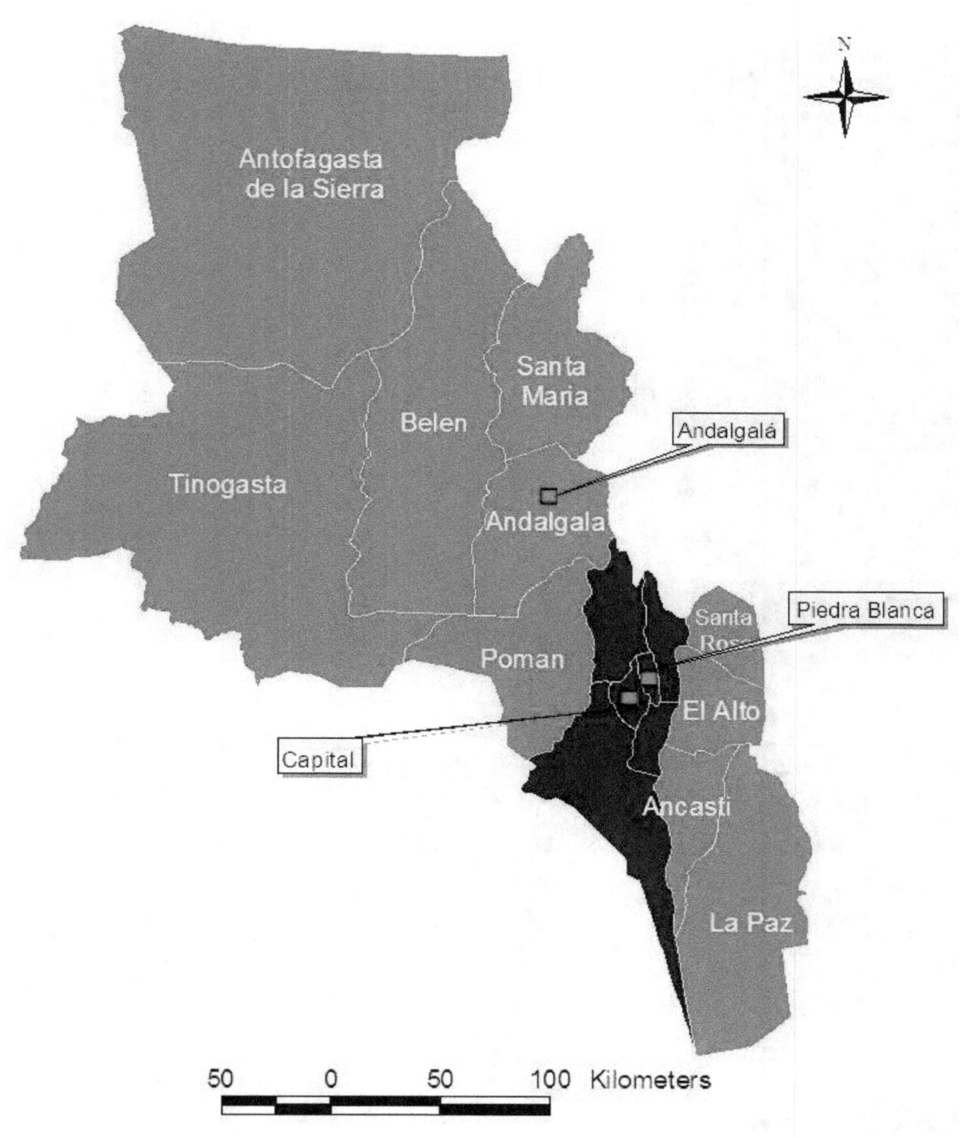

Principales centros de población mulata-parda y zamba libre en 1812

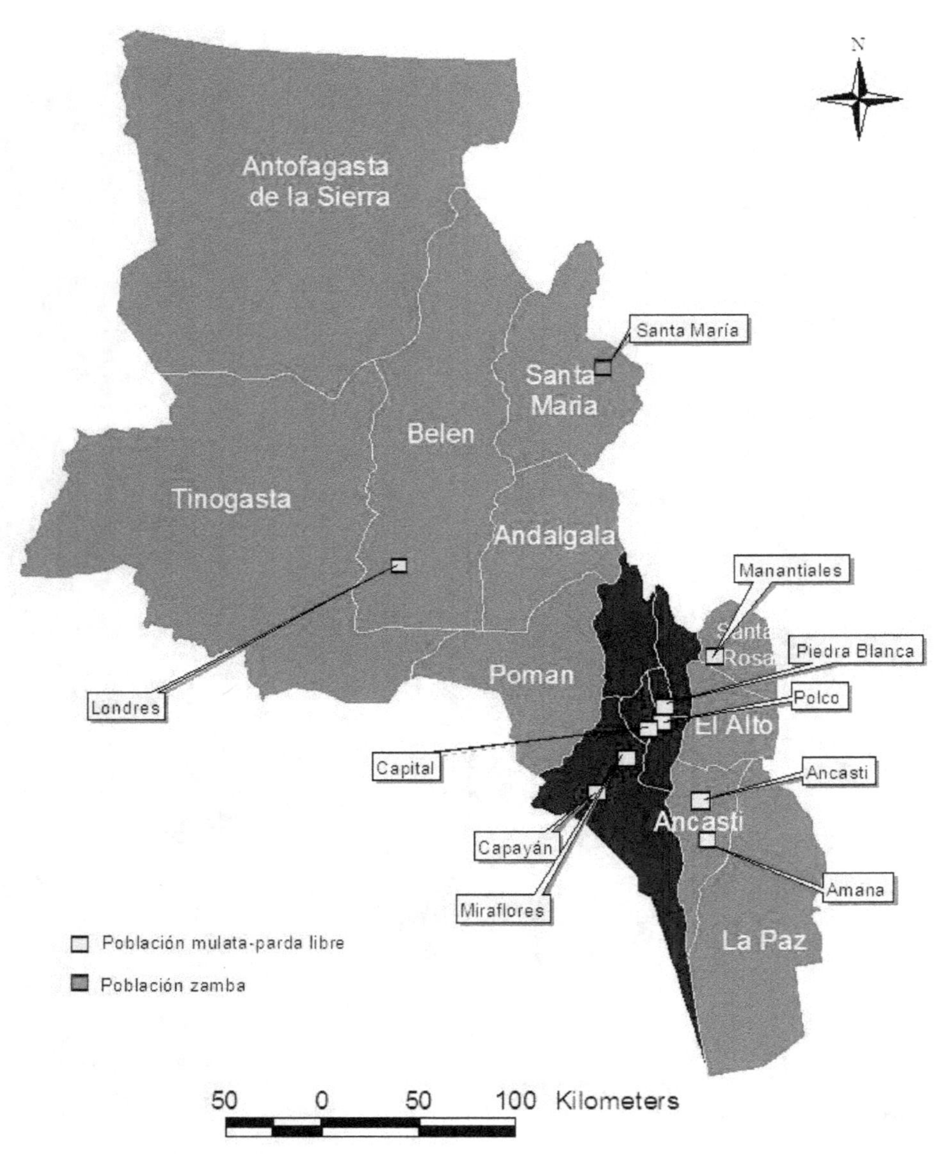

III

HISPANOCRIOLLOS

Los hispanocriollos constituían el sector privilegiado en la sociedad colonial. Ubicados en la cúspide de la jerarquía social, éstos eran concebidos en la ley como "españoles", y en tal sentido, como parte del "mundo español". El concepto mismo de español no era unívoco, y fue quedando claro a lo largo del tiempo, así como el estilo de vida, pero la aplicación continuó siendo sumamente ambigua.[1] Inicialmente este sector estuvo formado por peninsulares de distintas regiones de la metrópoli: castellanos, extremeños, andaluces, vascos y navarros; también por americanos o criollos, extranjeros[2], e incluso por algunos mestizos (el término "blanco" raramente aparece en el lenguaje popular u oficial hasta fines del siglo XVIII). En el periodo colonial tardío se advierte una cierta confusión en su aplicación, pero mediante un consenso práctico, el mundo español incluía a todos aquellos que hablaban bien el castellano, se vestían y comportaban, más o menos, de acuerdo al estilo europeo. Éstos (hispánicos en la terminología de Lockhart) se auto designaron como "gente de razón" o "gente decente", para diferenciarse del resto de indios y negros, lo que implicaba tácitamente detentar una serie de cualidades morales como ser buen cristiano, servidor del Rey, legítimo y de sangre "pura". Cuando se usaba un nombre sin ningún agregado étnico, se asumía que éste pertenecía a la categoría mencionada, que emplearía como signo de una posición alta, en lugar de la designación étnica, el nombre de un oficio u ocupación, un título académico o militar, el *don* o en el caso de las mujeres el estado civil.

En el círculo más alto se hallaba sólo un pequeño número de familias prominentes, ya de antiguo establecidas "quienes a ojos de todos representaban la quin-

---

[1] James LOCKHART. "Organización y cambio social en la América española colonial", en *Historia de América Latina,* 4 Barcelona, editorial Crítica, 1990: 64-108 (la cita corresponde a la p.83).

[2] A partir de 1596 fueron considerados extranjeros en las Indias los que no eran naturales de Castilla, León, Valencia, Cataluña, Navarra, Andalucía e islas de Mallorca y Menoría.

taesencia de la nobleza".[3] La base del dominio ejercido por este sector durante los primeros siglos coloniales fue la asociación entre la propiedad de la tierra, el control de la mano de obra y una organización que permitía y ordenaba tal dominio. Esta relación conformaba un conjunto patrimonial cuya reproducción y transmisión se organizaba, aunque no se agotaba en él, a partir del grupo de parentesco; lo que se reconoce históricamente como *casa*. En este sistema de vínculos se expresaban de manera articulada y codificada las principales jerarquías y principios reguladores de esa sociedad colonial, condensados en dos significantes básicos de enorme gravitación: la tierra y la sangre. La noción de "casa" remite a una edificación o infraestructura donde coexistían la residencia doméstica (*solar*) y la producción agropecuaria, y donde corresidían un conjunto de personas no necesariamente emparentadas, pero si vinculadas legalmente y sujetas a aquellas instalaciones.[4]

En la base del "mundo español" estaban los llamados plebeyos (no tenían "don"), que eran mayoría dentro del sector. Los "plebeyos hispánicos" tuvieron una importancia crucial en la economía y en la evolución sociocultural. Entre ellos había personas modestas que vivían holgadamente y eran respetadas; algunos artesanos, empleados, labradores, pequeños comerciantes, que no habrían pensado en reclamar el rango de "nobles" para sí mismos. En el medio, se ubicaban aquellos que habiendo alcanzado una cierta prominencia o posición se convertían de alguna manera en nobles a sus propios ojos y a los del resto. Estos solían usar la terminología nobiliaria común,

---

[3] J. LOCKHART, 1990: 67; un muy buen balance de las principales líneas de investigación desarrolladas en torno a la problemática de las elites hispanoamericanas lo encontramos en: M. BERTRAND. "Los modos relacionales de las elites hispanoamericanas: enfoques y posturas". *Anuario del IHES,* 15: 61-80, Tandil, Universidad del Centro de la Provincia. de Buenos Aires, 2000. Además están los trabajos de: John KICZA. *Empresarios coloniales, familias y negocios en la ciudad de México durante los Borbones*, México, FCE, 1986; Fréderique LANGUE. "Las elites en América española, actitudes y mentalidades". *Boletín Americanista,* 42-43. Barcelona, Universidad de Barcelona; Para el noroeste argentino y entre la producción más reciente citamos a: Sara MATA. *Tierra y poder en Salta. El Noroeste Argentino en vísperas de la Independencia.* Colección Nuestra América. 9. Diputación de Sevilla, España, 2000; Cristina LÓPEZ (comp.) *Familia, parentesco y Redes Sociales.* Instituto de Estudios Geográficos, Universidad Nacional de Tucumán, 2003; Roxana BOIXADÓS. "Familia, herencia e identidad. Las estrategias de reproducción de la elite de La Rioja colonial (gobernación del Tucumán, siglo XVII y principios del XVIII. *Revista de Demografía Histórica XIX, II,* segunda época, ADEH, Zaragoza, 2001b; MIATELLO, LORANDI Y BUNSTER. "Cambios económicos y conflictos en la elite del Tucumán Colonial". En Ana María LORANDI. *El Tucumán colonial y charcas.* Facultad de Filosofía y Letras. Universidad de Buenos Aires, Tomo II, 1997: 129-153. Para Catamarca: Gabriela DE LA ORDEN DE PERACCA. "Familia y poder en Catamarca colonial. Los Nieva y Castilla (1630-1730)". *Memoria Americana.* Cuadernos de Etnohistoria, Buenos Aires, UBA, 2001: 95-137. Marcelo GERSHANI OVIEDO. *Una familia de la sociedad colonial catamarqueña. Los Herrera y Cartagena. Siglos XVI al XVIII.* Tesis de Licenciatura. Facultad de Humanidades, Universidad Nacional de Catamarca, 2002 (inédito). "*Dos señoras de la sociedad colonial catamarqueña: doña Simona de Pedraza y doña Juana Carrizo de Andrada (o Carrizo de Pedraza). Aportes documentales sobre filiación, ascendencia y posteridad. Siglos XVII y XVIII*". Boletín N° 32 del Centro de Estudios Genealógicos y Heráldicos de Córdoba. Córdoba. 2005. *La conformación del patriciado criollo y su relación con la elite dirigente en Catamarca (siglos XVI-XX).* Tesis de Maestría en Historia Regional Argentina. Facultad de Humanidades. Universidad Nacional de Catamarca, 2009.

[4] CHACÓN JIMÉNEZ F. & J. HERNÁNDEZ FRANCO (eds). *Poder, familia y consanguinidad en la España del Antiguo Régimen.* Barcelona, Antrophos, 1992.

aunque tímidamente (por ejemplo el "don") y sus pretensiones se verían reflejadas en su matrimonio, su séquito y su residencia. Lo nobiliario, según Lockhart, se podía equiparar con prominencia, puesto que del mismo modo que un individuo podía ser más o menos prominente, podía ser también, más o menos noble, y una gran proporción de la población hispánica se ubicó en algún lugar de esta escala. Sin embargo, no se redujo el concepto a un sinsentido. Por el contrario, la distinción era el modo por el cual se percibía la prominencia, dando a la persona así considerada una ventaja en la obtención de posiciones y acceso a conexiones.[5]

La dicotomía noble-plebeyo termina siendo insuficiente para estudiar al "mundo español", porque, incluso, el segmento más estrecho de él, integró un amplio espectro social y numerosas distinciones sociales. Por ejemplo, una serie de clasificaciones tangibles y frecuentemente más informativas sobre la sociedad o un individuo se pueden distinguir en las variadas categorías funcionales u ocupaciones existentes. Incluso aquí, cabe una advertencia sobre el alto grado de diferenciación económica y de status dentro de una misma ocupación. Los Protocolos de Escribanos y las fuentes judiciales son indispensables para mostrar esta variedad. En las páginas que siguen nos proponemos acceder a la composición y diversificación social de los hispanocriollos catamarqueños y especialmente a las variaciones que se operaron a lo largo del siglo XVIII. A priori, sostenemos que compartieron estilos de vida y redes de relaciones sociales. Estas incluían la confianza en los vínculos familiares, una participación casi unánime en asociaciones religiosas y militares; junto a una amplia gama de experiencias informales que contribuyeron a una experiencia común y colectiva.

Los primeros hispanoscriollos del Valle

Durante el siglo XVII la mayor parte de los hispanos del Valle eran "criollos".[6] Gaspar Guzmán nos dice al respecto, que de los ciento cincuenta vecinos de los que hablan los documentos de la fundación de la ciudad y que han sido individualizados, casi todos eran criollos, y no sólo hijos, sino nietos y bisnietos de españoles peninsulares. Todavía más: en la nómina del primer cabildo elegido para dicha fundación todos son criollos sin excepción.[7] Esta primera población se irá modificando determinada por un lado, por el mestizaje que se realiza con los indios, los nuevos apor-

---

5 LOCKHART, 1990: 84.

6 "Criollo" significaba en la colonia, "español nacido en América". A finales de la colonia y sobre todo en el periodo pos-independiente integra la versión blanqueada del mestizaje: los "mestizos" de indio y de blanco, por sucesivas decantaciones purificadoras de mezclas entre si, se convierten en "criollos".

7 Gaspar GUZMÁN da la nómina de estos primeros pobladores criollos en: "Los cabildos de Catamarca". Diario *La Unión*, 1970 y en su clásico libro *Historia colonial de Catamarca*, Buenos Aires, Milton Editores, 1986: 293. Además: Armando Raúl BAZÁN. *Historia de Catamarca*. Buenos Aires, Editorial Plus Ultra, 1996, cap. III. y Elsa ANDRADA de BOSH. *Para una historia de la ciudad. Catamarca*. Municipalidad de la Capital, 1983. cap. I.

tes de éstos y los africanos; y por otro, debido a los sucesivos arribos de españoles peninsulares y extranjeros, que se perciben significativamente en la segunda mitad del siglo XVIII.

La presencia mayoritaria de criollos en el Valle se debía probablemente a la tardía fundación de la ciudad. "Cuando esta se concreta hacía ya decenios que la presencia del español había afirmado sus raíces étnicas en el Tucumán, por lo que muchos de los que hasta aquí llegan son criollos de la tierra" afirma G. Guzmán. Incluso hay mestizos entre los capitanes más notorios como son los casos de Gaspar de Medina, Vera y Aragón y Vera y Mejía de Miraval. En los tramos más bajos de la escala social este fenómeno debió de haber sido aún más abundante y frecuente.[8]

El predominio de criollos no impidió que se produjera un fenómeno de diferenciación social que obedeció a diversas circunstancias: casamientos ventajosos, nivel de educación, aptitudes personales, y sobre todo al acceso a mercedes de tierras y encomiendas de indios.[9] Precisamente esta situación distingue a los vecinos feudatarios de los simples moradores. Estos últimos, no obstante representar mayoritariamente a este sector, estaban destituidos del derecho de vecindad. Figuraban aquí los criollos más humildes y algunos mestizos, que no habían tenido el beneficio de mercedes, ni de tierras de pan llevar. Esto los obligaba a trabajar para vivir en la agricultura de tierras marginales o en la cría de ganado. En la ciudad vivían los vecinos con patrimonio que se trasmitían los oficios políticos y empleos militares. Armando Bazán afirma que los feudos importantes eran escasos y estaban concentrados en pocas manos; lo que hizo que se fuera operando un proceso de concentración económica, "donde la riqueza era privilegio de unos pocos y la pobreza era compartida por la mayoría".[10]

Entre los vecinos feudatarios, el medio principal de vida constituía la explotación rural de fincas y estancias que sus propietarios habían heredado de las mercedes y encomiendas concedidas a sus antepasados. Participaban de todos los derechos políticos y de las cargas que comportaban la calidad de vecino. Eran elegibles para las funciones públicas y votaban en los cabildos abiertos que periódicamente se convocaban para tratar los asuntos públicos. Debían acudir a su costa a la defensa de la ciudad, en caso de guerra con los indios y abonar a la Real Hacienda los tributos que ella exigía, los propios y arbitrios municipales y diezmos para la Iglesia. En las primeras centurias los encomenderos y propietarios de mercedes del Valle vivían en San Miguel o en La Rioja, o bien en sus estancias o haciendas. Esto se debía (como lo explicamos en las páginas anteriores) a que la ciudad de San Fernando fue fundada después de un difícil proceso de traslados y refundaciones de la antigua ciudad de Londres y recién surge como centro urbano en las primeras décadas del siglo XVIII. Se reconocen

---

[8] Gaspar GUZMÁN, 1985: 293.
[9] Armando BAZÁN, 1996: 115.
[10] *Ibídem*, 116.

como efectos de esta situación una serie de mercedes de tierras tempranas y escasas que se subdividirán paulatinamente. A su vez, una creciente cantidad de hispanos criollos "moradores" que adquirirán propiedades rurales por diversos medios, tales como dotes, donaciones de grandes propietarios, compras de "sobrantes" de mercedes, instalaciones en tierras "vacas" y sin riego. Se producirá, también, una merma gradual de encomenderos y los que quedaban, disponían de poca mano de obra por lo que necesitarían recurrir a los desnaturalizados de Calchaquí, a los cautivos del Chaco y a los esclavos africanos.[11]

Los censos de población

Los censos de población dan una aproximación cuantitativa de esta primera diferenciación dentro del grupo hispanocriollo. En el censo levantado en 1780 por don Francisco de Acuña, uno de los hombres de mayor significación social y política de entonces, divide a esta población en "nobles" (con don) y en "reputado por español" (sin don).[12] Sobre una población de 1464 individuos para la ciudad, los primeros sólo suman 190 del total y entre ellos, encontramos algunos herederos de mercedes y encomiendas, también comerciantes, como es el caso del mismo Acuña, profesionales, sacerdotes y militares.[13]

Entre los segundos, que son mayoría, se advierte una mayor ambigüedad. Aquí hay probablemente mestizos y descendientes de africanos con algún grado de marginalidad, pero sobre todo hispano criollos con diferentes status sociales. Incluso, algunos de éstos aparecen en otras fuentes con don y se adscriben como "patricios". Es el caso de Mariano Tejeda, militar y comerciante, quien en un juicio que lleva adelante contra el Alcalde de Primer Voto del Cabildo se define como "patricio".[14] Agustín Patiño, mercader tratante, y luego casado en la ciudad, tiene una tienda en la esquina de las calles que actualmente se llaman Esquiú y Rivadavia. En varios pleitos que entabla con la familia Mercado y Reinoso lleva el don y figura también como patricio.[15] Otro caso es el Manuel Flores, originario de los reinos de España, avecindado primeramente en Buenos Aires, llegó a Catamarca con mercaderías traídas del puerto. Se casó en el Valle y se entregó al comercio de mulas y de su transporte al Perú. Lleva don y se auto adscribe como "noble", pero no figura en el nómina de Acuña.[16] José Vasconzuelo tampoco está en la lista del padrón y aparece reiteradamente con don. "Práctico en cirugía y medicina", fue llamado a atender graves dolencias de un grupo de esclavos

---

[11] MIATELLO, LORANDI Y BUNSTER, 1997: 129-153 (la cita corresponde a la p. 137).

[12] CENSO DE 1780. Censo privado cedido por los descendientes de don Francisco de Acuña.

[13] Gabriela DE LA ORDEN de PERACCA. *Un desconocido censo de población de Catamarca, 1779- 1780.* Universidad Nacional de Catamarca, 1994.

[14] AHC. Sección Judicial. Caja 10. Expediente 445. Año 1777.

[15] AHC. Sección Judicial. Expediente 301. Año 1762.

[16] AHC. Sección Judicial. Expediente 407. Año 1772.

cedidos en donación para un colegio y algunas enfermedades venéreas.[17]

Es decir, que la utilización del *don*, es bastante más amplia que la empleada por don Francisco en el relevamiento del censo. Esta verificación no nos resulta extraña si tenemos en cuenta que Acuña es un "miembro conspicuo de la sociedad catamarqueña" y en su mirada de los "otros" influye tanto el corporativismo social, como una evaluación más "conservadora" de las categorías sociales. Su calidad de peninsular "noble" lo ubica en el vértice del estas clasificaciones y también del rango social.

GRÁFICO 1

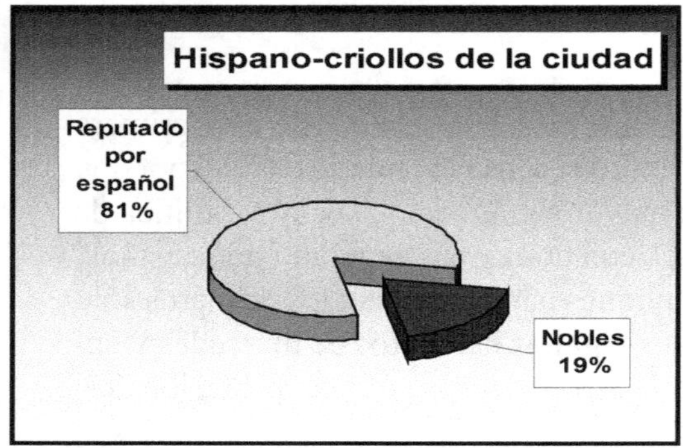

Fuente: Censo privado de 1780. Total de la muestra: 993

Volviendo al análisis de la fuente censal, se observan en el Valle, variaciones interregionales en la distribución de este sector. Son mayoría en el distrito de Valle Viejo y en menor medida en Piedra Blanca. También es pareja la proporción entre los denominados "nobles" y los "reputados por españoles", a diferencia de lo que se observaba en la ciudad. Valle Viejo, que tuvo un poblamiento temprano y con una actividad agrícola ganadera muy importante, presenta el índice más alto de hispanos (65%). En Piedra Blanca esta representación baja un poco (60%), pero este distrito tiene la particularidad de ser el único partido donde el porcentual de "nobles" es equilibrado con el resto de los "reputados por españoles" (los esclavos, como era de suponer, también alcanzan índices altos, incluso con respecto a la ciudad. No resulta extraño que sean estos poblados de colonización temprana y de una considerable gravitación política, económica y social, donde se concentre la mayor cantidad de población hispanocriolla del Valle.[18]

Para esa misma época contamos con el resumen del Censo de 1778 publicado por el P. Larrouy; aquí el grupo "español" representa el 16% del curato Rectoral, que es el índice más bajo en relación a los grupos de indios, negros, mulatos, zambos,

---

[17] AHC. Sección Judicial. Expediente no 221, año 1775.
[18] Gabriela DE LA ORDEN DE PERACCA, 1994: 32-39.

esclavos y libres.[19] Esta parroquia (recordemos que abarca la zona del Valle Central) concentra la menor proporción de hispanos en relación a las otros curatos de Ancasti, Concepción del Alto y Belén (quien a su vez tiene una muy baja representación de población de "color" como lo vimos en el capítulo anterior). Ahora, el sector "español" que apenas supera el tercio de la población de Catamarca, tendría la proporción más alta entre las ciudades del actual noroeste argentino. El condicional tiene que ver con las prevenciones que tenemos cuando trabajamos estos registros estadísticos, y sobre todo cuando se trata de resúmenes, como en este caso.

CUADRO 1

HISPANO-CRIOLLOS EN 1778 y 1812		
CURATOS	1778	1812
Rectoral	1.006	3.653
Ancasti	1.832	1.144
Concepción del alto	1.275	1.519
Belén	44	1.065
TOTAL	4.567	7.381

Fuente: Maeder: 1970: 236

GRÁFICO 2

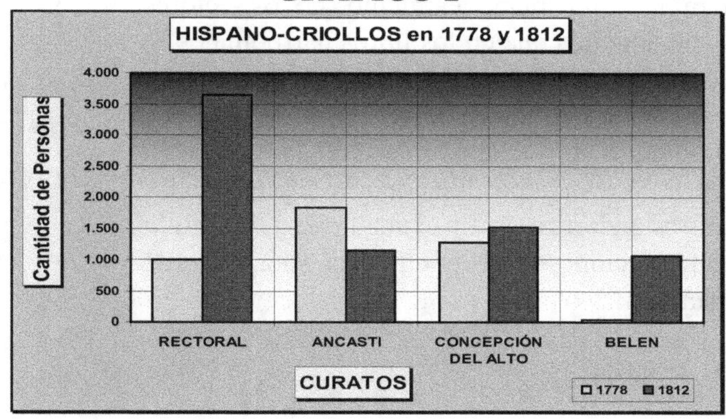

En pleno proceso revolucionario el Primer Triunvirato ordenó la confección de un censo, que en el caso de Catamarca se inició en el mes de febrero de 1812. Los 35 padrones que lo componen están organizados de acuerdo a los modelos distribuidos por las autoridades nacionales, aún cuando faltan los estados o resúmenes generales. La información relevada es muy rica y comprende los nombres y apellidos de cada

---

[19] P. Antonio LARROUY. *Documentos del Archivo de Indias para la historia del Tucumán, siglo* XVII. Tomo II, Tolosa, 1927: 380-382.

persona, sexo, edad, patria, profesión, estado civil, clase o condición social; también indicaciones particulares sobre establecimientos eclesiásticos y número de religiosos. Las profesiones/ocupaciones y clases sociales no fueron comprendidas en todos los casos (tampoco está el detalle del trabajo de las mujeres). El padrón correspondiente a Piedra Blanca en ningún caso registra "españoles" con *don,* no obstante pertenecer varios de ellos a la "linajuda sociedad catamarqueña" en palabras de Manuel Soria.[20] El genealogista Jorge Vera Ortiz, en un estudio detallado del partido de Piedra Blanca, da una lista de hispanos que de acuerdo a numerosas fuentes, pertenecerían a la gravitante elite chacarera y en todos los casos figuran con don. [21] Este autor señala, también, para el partido de Polco, una frecuente diferencia de edad con las declaradas en el censo. Cotejando los años en que nacieron, fueron bautizados, y registrados en los libros parroquiales de bautismos, llega a la conclusión que éstos tenían alrededor de dos o tres años más del que fueron anotados. Según el autor esto traduce la relativa importancia que se daba por entonces al año de nacimiento de las personas.[22]

Cuando nos detenemos en los porcentuales encontramos que la población "española" representa en 1812 algo más del 35% en toda la jurisdicción. Para la ciudad la proporción es más o menos similar, alcanzando un 34% para la fecha, en tanto en el Rectoral la cifra aumenta a un 40%.Estas variaciones respecto al censo anterior, va en relación opuesta a los esclavos y libres, que disminuyen notablemente de acuerdo a los datos proporcionados por este mismo censo. El "aumento" de hispanoscriollos se debería, al ingreso de peninsulares y extranjeros que llegaron en estas décadas, como lo veremos en las próximas páginas; también a un "blanqueamiento" de los sectores medios y bajos, algunos de los cuales son aquellos que en los libros parroquiales se encuentran sin identificación étnica; estos podrían ser descendientes de mestizos/as y pardos/as, que por sucesivas decantaciones de mestizajes se convierten en "españoles". Hay varios ejemplos de estos *pasajes*, aunque no podemos mensurar la incidencia de este proceso en la variación estadística. Sï resulta posible conocer algunas de las modalidades y dada la frecuencia llegar a estandarizarlas. En el cuadro 2, del capítulo VI, se pueden ver algunas de estas combinaciones correspondientes a los hijos de padres mixtos, siendo uno de ellos español/a.

Pardo libre/española = española
Parda libre/español = español
Español/mestiza = español

De modo que las variaciones cuantitativas se deben en gran medida de las ambigüedades clasificatorias. Éstas son resultado a su vez de continuas hibridaciones, pero

---

[20] Manuel SORIA. "Los primeros once años de vida nacional", en *Autonomía catamarqueña. Homenaje en su primer centenario.* Catamarca, 1921: 44-5.

[21] Jorge VERA ORTIZ. "Piedra Blanca en el Censo de Catamarca de 1812" (inédito).

[22] Jorge VERA-ORTIZ. "Polco en el Censo de Catamarca de 1812", *Boletín del Instituto Argentino de Ciencias Genealógicas*, 233, septiembre-octubre de 2004.

también de un nuevo rango de jerarquía de acuerdo al grado de "españolidad", es decir la intensidad bajo la cual una persona estaba incluida dentro del sector hispánico. Las categorías de mestizaje que estamos viendo, aunque en general a simple vista parecen referirse principalmente al cruce biológico, habrían tenido connotaciones culturales y sociales importantes como lo veremos en los próximos capítulos.

Actividades y rangos

En la fecha del censo encontramos radicados en la ciudad a 7 clérigos –doctores o maestros-, 6 frailes franciscanos, y 5 legos, todos peninsulares a excepción de D. Francisco Navarro, oriundo de Montevideo; además de 2 frailes dominicos y un lego criollo. La gravitación del clero se vinculaba en esta jurisdicción con una institución rica y respetada como era la orden franciscana. La misma, establecida tempranamente luego de una efímera evangelización jesuítica, estaba representada por el antiguo e ilustre convento de la capital. Desde la expulsión de los padres de la Compañía, la única escuela de primeras letras y cursos de Gramática y Humanidades estaba sostenida por ésta orden. Lo propio sucedía con la educación de la mujer, atendida en esa época por el colegio de Educandas bajo la dirección de las hermanas carmelitas.[23] Se sumaba a ello el santuario de la Virgen del Valle, con un enorme influjo en toda la población local y regional.

De las fuentes surge claramente que el sector hispano destinaba bienes y capitales a las instituciones religiosas de la jurisdicción. La tan proclamada "piedad" de la época se expresaba en la aceptación de ciertas obligaciones para con la comunidad que eran cumplidas con miras al reconocimiento en esta vida y en la otra. Basta con repasar la información que proporcionan tanto el P. Olmos como G. Guzmán para encontrar las numerosas donaciones que realizaron para la instalación de las órdenes religiosas. [24] Los padres jesuitas se instalaron en el Valle por la donación realizada por el matrimonio Segura Agüero, y el General Luis José Díaz (andaluz, soltero) quien hizo posible su ubicación en la misma ciudad en 1744, cuando sumándose a las donaciones de algunos vecinos y del cabildo de la ciudad, donó tierras y rentas suficientes para su funcionamiento. Son numerosos, también, los documentos citados por Larrouy dedicados al sentir mariano catamarqueño donde señala las donaciones en bienes y esclavos que realizaban a la Virgen morena.[25] Recordemos los casos citados en el capítulo anterior. No son menores las misas, herencias y capellanías que se legaban a nombre de la Iglesia. Otro tanto ocurre con las cofradías, que actuaban en

---

[23] Armando BAZÁN, 1996: 67-76.

[24] Gaspar GUZMÁN, en el capítulo XVIII de su libro, se refiere la instalación de las órdenes religiosas: Franciscanos, Jesuitas, Mercedarios y Carmelitas (1985:288-291). Asimismo, el Pbro. Ramón Rosa OLMOS. *Historia de Catamarca,* Catamarca, editorial La Unión, 1957: 92-104.

[25] P. Antonio LARROUY. *Santuario de Nuestra Señora del Valle. Historia de Nuestra Señora del Valle. Primera parte: Nuestra Señora del Valle en el siglo XVII.* Buenos Aires, 1916.

las iglesias parroquiales o en capillas de vecindario.[26] Las órdenes mendicantes como los dominicos, los franciscanos y las hermandades eran instancias para la satisfacción de las obligaciones piadosas y para la administración de la caridad.

No resulta extraño, entonces, la presencia del clero en las asambleas políticas; para la elección del primer diputado en 1810 asistieron 8 sacerdotes, y entre ellos figuraban el cura y vicario Dr. Bernabé Antonio de Aguilar y los prelados como "vecinos caracterizados"[27] Es más escaso el número de profesionales y de funcionarios en la ciudad. Ejercía su profesión un solo médico el Dr. José Antonio Gorbarán, chileno (casado con doña Josefa Palacios, catamarqueña), quien fuera luego un decidido partidario del movimiento emancipador. Los únicos doctores en leyes eran sacerdotes y actuaban además dos notarios, don Victorino Ferreira y don José Andrés Ferreira, cordobeses ambos y al parecer hermanos. El primero desempeñó las funciones de escribano público desde mayo de 1810 hasta su muerte ocurrida en 1813.[28] En la nómina de funcionarios rentados figuraban además del escribano del cabildo, el teniente gobernador don Domingo Ortiz de Ocampo, riojano quien se recibió del cargo en abril de 1812, según el nombramiento hecho por el primer triunvirato. Fue el primer teniente gobernador que tuvo Catamarca pues ese cargo había sido creado para sustituir las funciones de los comandantes de armas y de las juntas subalternas. Como tesorero de la jurisdicción se desempeñaba el joven don Nicolás Avellaneda y Tula, de 26 años quien con el tiempo llegaría a ser el primer gobernador de la provincia al declararse la autonomía en agosto de 1821.[29]

Si retomamos el Censo de 1812, podemos verificar, también, que el comercio era para entonces una actividad extendida y gravitante en la ciudad: 19 comerciantes, de los cuales 7 eran peninsulares, otros 7 americanos o de otras provincias, y los 5 restantes originarios del lugar (tan solo 4 de todos los mencionados son solteros, prevaleciendo en el conjunto los casados mayores de 40 años). Si a éstos le sumamos las autoridades de la administración, algunos religiosos, otros profesionales, algunos labradores, y pulperos que eran cabeza de familia, y que mantuvieron criados indígenas o esclavos, tenemos representada la elite urbana de esta pequeña ciudad.[30]

De todas las ocupaciones, la de comerciante es la más difícil de otorgar una valoración social más o menos fija dentro del "mundo español" catamarqueño. Si nos

---

[26] Félix BRIZUELA DEL MORAL. *Historia de las mercedes de tierras en Catamrca. Siglos XVI al XIX.* Catamarca, CEDENIT, 2003.

[27] *Libros Capitulares de Catamarca*, compilados y anotados por Manuel SORIA, 1809-1815. Catamarca, tomo V, 1909.

[28] *Ibídem.*

[29] Armando Raúl BAZÁN y Ramón Rosa OLMOS. "La ciudad de Catamarca en 1812", en *Primer Congreso de Historia Argentina y Regional*. Academia Nacional de la Historia, 1973: 465-478 (la cita corresponde a la p. 474); además, Ernesto MAEDER. "El Censo de 1812 en la historia demográfica de Catamarca", en *Anuario*, del Instituto de Investigaciones Históricas de la Universidad Nacional de Rosario, 10, 1970: 231-249.

[30] *Ibídem*, p. 472.

dejamos conducir por el "don", casi todos lo llevan, pero los testamentos hablan de claras diferencias entre unos y otros. Incluso restringiendo la noción de comerciante, tal y como los propios hispanos lo hacían, a alguien involucrado en el comercio de larga distancia, de artículos de elevado valor en el mercado (normalmente de estilo u origen europeo), nos encontramos con que la persona así definida se diferenciaba del pequeño negociante local, conocido entre otros términos como "tratante". Humilde, incluso analfabeto, el tratante comerciaba principalmente con aquellos bienes que circulaban dentro de la economía regional, careciendo de capital y de las extensas redes a larga distancia de que disfrutaba el comerciante. Sin embargo, cuando había una elevada demanda de productos locales disponibles, tal y como algunas veces ocurrirá, el tratante podía avanzar hacia niveles más altos del comercio y de la sociedad.[31]

CUADRO 2

STATUS SOCIAL Y OCUPACIÓN DE LOS HISPANOCRIOLLOS DE LA CIUDAD					
OCUPACION	**Peninsulares (don)**	**Americanos (don)**	**Catamarqueños**		**Total**
			(don)	**(sin don)**	
Administración	3	4	1	-	8
Religiosos y legos	17	1	3	-	21
Comerciante	7	7	5	-	19
Profesional	-	3	-	-	3
Labrador	4	1	3	18	26
Jornalero	-	-	-	2	2
Pulpero	-	2	3	3	8
Artesano	1	1	2	2	6
Oficios	-	-	-	6	6
TOTAL	32	19	17	31	99

Fuente: Censo de 1812. AGN. X, 43-10-6

Los artesanos, al igual que los tratantes, eran pequeños minoristas y trataban con géneros manufacturados localmente. En el escalón más bajo de la estructura, estaban los trabajadores temporarios, ocupados por corto tiempo, migrantes muchos de ellos, que realizaban las tareas que requerían una menor destreza, especialmente durante los períodos álgidos del trabajo estacional. Estos trabajadores temporarios compartían las actividades en el Valle con el resto de las "castas y naturales".[32] La agricultura y los oficios artesanales (platero, herrero, albañil, carpintero) empleaban por lo general a los hispanocriollos más humildes, pero también había labradores entre

---

[31] Gaspar GUZMÁN, 1985:297-300.

[32] Estos peones y jornaleros no aparecen diferenciados en la ciudad, pero sí los encontramos en los otros distritos del Rectoral.

aquellos con "don" (8 con don y 18 sin don). Resultaba que esta actividad no merecía en la ciudad la misma estimación que en Piedra Blanca, que como dijimos, era la villa más adelantada por su población, comercio y edificación. Aquí encontramos labradores ricos, provenientes de las familias principales. El ejemplo más notorio es la del vecino don Nicolás de Sosa, quien vivía en esta zona junto a su mujer, 6 familiares y 31 esclavos a su servicio.[33]

El ejemplo de Sosa nos introduce en una nueva diferenciación socio-espacial. Por el proceso descrito en el capítulo anterior, los descendientes de los conquistadores se establecieron principalmente en la zona de Las Chacras, cuya gravitación se mantendrá y consolidará en las centurias posteriores.[34] La capital aparece más influida por los cambios ocasionados en la segunda mitad del siglo XVIII, como consecuencia del arribo de nuevos españoles peninsulares y extranjeros, que se instalaron principalmente en la "traza" de la ciudad. Vinculados al comercio la mayoría de ellos, como a las tareas burocráticas, tendrán acceso luego a la calidad de vecinos a través de los matrimonios que llevaron a cabo con las hijas de las familias más antiguas.

Manuel Soria, un estudioso de la sociedad del Valle, nos ilustra sobre estos contrastes cuando describe a la "...linajuda sociedad de las Chacras que alternaba con la no menos aristocrática de la Capital, concurriendo las familias a los saraos y jolgorios dados en la casa de doña Justa Rivera de Soria y Medrano; en Polco en la mansión del Comandante de Armas don Francisco de Acuña y en Piedra Blanca en la casa solariega de los Segura...".[35] Agrega más adelante que concurrían allí los caballeros calzando zapatos con hebillas de plata, medias de seda, calzón de paño de Segovia, camisa de pechuguilla, casaca atrensillada, luciendo su trenza negra o rubia sobre la espalda, los jóvenes (todos con don): Nicolás Avellaneda y Tula, Vicente Bascoy, Segundo Fernando Soria, Mauricio Navarro, Gregorio González, Francisco Ramón Galíndez, Manuel Agote, Pío Isaac Acuña, Manuel Navarro, Alejandro Segura, Carlos Olmos. A los señores "nobles y doctos de la Ciudad y Chacras" se le sumaban otros: Juan Ignacio Soria, Gregorio Ruzo, el clérigo Ignacio de Arce, José Antonio Olmos de Aguilera, Victoriano Ferreyra, Feliciano de la Mota Botello, Gregorio Segura, Francisco de la Vega.

"...En invierno rodeando amorosamente rojos carbones encendidos y en verano en el patio de la casa, respirando la fresca brisa ambateña, perfumada con aromas de

---

[33] CENSO DE 1812. AGN. X, 43-10-6. Padrón del partido de Piedra Blanca. Además el trabajo citado de Armando BAZÁN y Ramón Rosa OLMOS, 1973: 465-478. La relación de ocupaciones es la siguiente: 125 labradores, 83 peones y 27 comerciantes, lo cual queda demostrado que aquí la labranza estaba en el primer puesto.

[34] Debido a la importancia que adquiere el distrito de Piedra Blanca, se separó del Rectoral y se convirtió en cabecera de su propia parroquia en 1794.

[35] Manuel SORIA. "Los primeros once años de vida nacional, en *Autonomía catamarqueña. Homenaje en su primer Centenario*. Buenos Aires, 1920.

jasmines, comentando la prisión del Rey, o la excomunión fulminada contra Mota Botello (don Feliciano) acusado de no escuchar misa y leer libros prohibidos traducidos al frances..."[36]

Esta nómina resulta un buen ejemplo de los cambios registrados en esta sociedad vallista (y o capitalina) relacionada con la revalorización del origen peninsular en la consideración social y en el ascenso económico de los recién llegados.

Arribo de peninsulares, americanos y extranjeros a fines del XVIII

De modo que al estamento social (de hispanocriollo y/ o español) ya casi consolidado al promediar el siglo XVII, se le sumará en la nueva centuria un nuevo aporte de peninsulares, a quienes se los percibirá significativamente en la segunda mitad del siglo. Esto permitirá resguardar el promedio del mestizaje que por entonces se había extendido considerablemente en el conjunto de la población.[37]

Estos migrantes, tratantes y comerciantes los más de ellos, llegaron al Valle con el incentivo del negocio y de las ganancias. Arribaron desde la península, del puerto de Buenos Aires, Santa Fe, muchos de Córdoba, y hasta algunos del mismo Cuyo, los que trajeron para quedarse o ya de paso, productos y negocios diversos. Algunos lo hicieron con sus arrias de mulas para las invernadas de La Dorada, Vilizmán, Colpes de Ambato, Hualfín, Laguna Blanca, para "pasarlas" a Chile, a Bolivia o al Perú. Introdujeron también esclavos que cambiaban por productos de la tierra.[38] Llegaron para comprar algodón, lienzo, aguardiente, vinos, pasas, trigo, harina, ají, suelas, monturas y ponchos. Un lugar en donde se vendían estas mercaderías era en Piedra Blanca, en la casa de Alonso Barrionuevo y sus sucesores por varias generaciones y luego también en la de los Palacios, Narváez, Varela, Segura, sus parientes y deudos. Estas casas se encontraban ubicadas en la parte norte del pueblo, en lo que hoy se llama La Tercena, y, sea por permiso oficial o simplemente por encargo de las autoridades, ese punto se llama así porque quiere decir precisamente, lugar donde se venden productos con autorización del gobierno.[39]

Resulta muy interesante conocer la lista de los artículos que trajeron estos mercaderes: joyas, perlas, oro en barra, plata en todas las formas, libros a precios bastante altos, guitarras españolas, violines ingleses y siempre numerosas cuerdas, que dan una idea clara de la difusión de la música y de los instrumentos. Además de las telas

---

[36] *Ibídem,* fojas 2 y 3.

[37] Referente a este tema ver el capítulo VI.

[38] Gaspar GUZMÁN, 1985: 315.

[39] También aparece en la documentación de la época otra Tercena en la villa de Ancasti. Es también como la de Piedra Blanca, estanco de tabaco y venta de naipes, sobre todo a fines del siglo XVIII el tercenista en este último lugar es Juan Chamorro.

y géneros de España, Italia, Inglaterra, Holanda, trajeron confecciones, que avisan de los detalles, y de cómo eran los atuendos de los hombres y de las mujeres. Vendían también armas, tanto de fuego: escopetas, trabucos, pistolas y espadas, espadines, sables y puñales; y como se dijo antes, muchos esclavos, tal el caso de Feliciano Torres, vecino del Perú, comerciante de mulas y esclavos[40] y el de José Goytía, tratante y especializado en la venta de esclavos.[41]

Se ubicaron, como ya lo dijimos, por lo general en la traza de la ciudad, o en la zona de Piedra Blanca que se constituyó en un centro comercial importante.[42] Levantaron allí sus tiendas, llevaron a cabo actividades comerciales, contribuyendo con ello al crecimiento del lugar.[43] Pero quizás, y a los fines de esta investigación, lo más relevante es verificar los parentescos establecidos por parte de los españoles peninsulares, portugueses, algunos italianos, alemanes, franceses y también peruanos y chilenos que llegaron hasta Catamarca y se quedaron.

A la postre, el comercio del Valle quedó bajo el control de estos migrantes de primera y segunda generación; algunos de ellos consiguieron imponerse a las familias hispanocriollas e incluso a linajes tan antiguos como los descendientes de los primeros fundadores de la ciudad. Fueron comerciantes, por ejemplo, los últimos peninsulares que serían autoridades de la provincia en el periodo colonial, como don José Villegas Terán, comerciante fuerte, Coronel de Milicias, Comandante de armas de la ciudad, primero, y después del nuevo ordenamiento de la Gobernación Intendencia, Subdelegado General de la Real Renta de Correos, primer Diputado por el comercio al Consulado de Buenos Aires. Se casó en Catamarca con doña Clara Gardel, hija de Martín Gardel Zuvirriaga, también comerciante y de doña Gerónima Navarro Quiroga Guzmán, creando la primitiva familia Terán de Catamarca con una prolongada descendencia en Tucumán, Salta y otras provincias. Murió en Catamarca en 1794.[44]

Otro destino individual, es el de don Francisco de Acuña Coelho y Torrado.[45]

---

[40] AHC. Sección Judicial. Expediente 279, año 1760.

[41] En un expediente de 1780 constan estas actividades; por ejemplo, la venta de un esclavo a don Francisco Javier Castro por 300 pesos de plata sellada. Otro vendedor de esclavos de la misma fecha es Francisco Alvárez, que en una operación vende al padre Francisco Solano Ceballos, dos esclavos de Angola bautizados por 500 pesos. (AHC. Sección Judicial. Expedientes no 499, año 1780).

[42] Gaspar GUZMÁN explica que llegaron, además, otros españoles peninsulares como los Recalde, Dulce, Molas, del Viso, Escobar, García Madueño, Chamorro, Augier, Esquiú; franceses como Mauvecín e italianos como Antonio Vizzoni, cuyos descendientes se emparentarán con los hispanocriollos del lugar, como los Agüero, Nieva Castilla, Segura, Barros Sarmiento, que a su vez habían llegado desde La Rioja con los Olmos de Aguilera, Correa de Silva, Barrionuevo, Mercado y Reinoso. Todas estas familias tuvieron una gran significación en la vida política, social y económica de Catamarca (1986:137-155).

[43] Elsa ANDRADA de BOSCH en su estudio referido a la historia de la ciudad describe el avecindamiento de los nuevos comerciantes llegados en la segunda mitad del siglo XVII (1983: 71-100).

[44] Citado por Gaspar GUZMÁN, 1985: 327; Manuel SORIA, 1920: 143 y Elsa ANDRADA de BOSH, 1983: 71.

[45] Todos los autores que han escrito sobre Catamarca lo mencionan. Ver: Padre Ramón Rosa OLMOS. *Historia de Catamarca*. Catamarca, 1957: 111-112; Gaspar GUZMÁN, 1986: 327; pero principalmente el estudio

Llegado aquí como comerciante, se desempeñó como funcionario por espacio de treinta y tres años. Fue el último gobernante de Catamarca en el periodo hispánico. Había nacido en Galicia en 1752. Se casó en esa ciudad con Trinidad de Vera y Aragón, y se radicó en Polco (Valle Viejo) para administrar la fortuna de su esposa, que le había tocado en herencia. Acuña se dedicó a acrecentarla con el trabajo de la tierra y la explotación ganadera que exportaba a Chile. Abrió una importante casa de negocio en Valle Viejo, para la venta de artículos que importaba del país trasandino. En 1782 fue nombrado Comandante de Armas de Catamarca y Ministro de la Real Hacienda. En 1796, conservando los mismos cargos, fue designado diputado al Consulado de Buenos Aires. De su actuación como tal, quedó un interesante informe (de 1803) sobre la situación económica de Catamarca. Fue asimismo, Notario Familiar del Santo Oficio, Sargento Mayor de la Plaza, Defensor Fiscal de las Temporalidades y Alcalde ordinario de 1er voto de la ciudad. En abril de 1780, ordenó que se cumpliese lo dispuesto por el Virrey Vértiz referente al relevamiento de un censo "de la Ciudad y su jurisdicción, (al que ya se hizo referencia) con distinción de castas sociales y estado de todas las personas de ambos sexos, sin excluir a los párvulos".

En 1807, en ocasión de producirse la Segunda Invasión Inglesa, Acuña llevó un contingente de 500 voluntarios para la defensa de Buenos Aires. Cuando ocurrieron los acontecimientos de Mayo fue elegido primer Diputado a la Junta Revolucionaria, pero su diploma fue rechazado por su condición de peninsular. En 1811, retirado de la vida pública, se trasladó a su propiedad de Polco, donde pasó sus últimos años dedicado al cuidado de sus intereses agrícolas y ganaderos. Falleció en 1815 a la edad de 63 años. Entre sus hijos se cuentan tres sacerdotes, un abogado y un licenciado en leyes, todos egresados de la Universidad de Córdoba. De ese tronco, proviene la familia Acuña que tiene tanto que ver en el desenvolvimiento político de Catamarca.

Otro ejemplo es el de don Gregorio Ruzo (yerno del anterior), peninsular, oriundo del Arzobispado de Santiago, en Galicia. Se estableció primero en Buenos Aires, desde donde arribó a Catamarca en la última década del siglo XVIII.[46] En esta ciudad fue administrador de Rentas de Correos y Teniente Tesorero de Real Hacienda en 1794. También Alcalde de 1° Voto en 1797. En ese año compró a la familia Guzmán un solar al frente de la plaza principal donde estableció su tienda.[47] Falleció octogenario y fue sepultado en San Francisco el 30-7-1838. De su casamiento con doña Clara Acuña tuvo varios hijos. Uno de ellos, don Eusebio Gregorio Ruzo, será uno de los princi-

---

de Elsa ANDRADA de BOSCH. "Don Francisco de Acuña y su tiempo". *Boletín de la Junta de Estudios Históricos de Catamarca,* 1997:175-20.

[46] Elsa ANDRADA de BOSH, *Para una historia de la ciudad, cit.,* 1970: 41-42.

[47] Según Elsa Andrada de Bosch la palabra "tienda" no tenía el mismo significado que le asignamos hoy. Se llamaba así a algunas habitaciones con puertas a la calle, total o relativamente independiente, de la casa principal. Tenían generalmente una "trastienda", y a veces su propio patio. En algunos casos estaban ligados a la casa principal por una puerta que comunicaba a la trastienda con el patio de aquella, y era el ámbito donde se desarrollaban las actividades del dueño de casa, entre las cuales ocupaba importante lugar el comercio (1970: 34).

pales promotores de la autonomía de Catamarca en 1822. Fue quien creó la legislatura provincial y auspició la sanción de la primera Constitución catamarqueña.[48]

Podemos señalar varios casos más: por ejemplo el de don Francisco Rafael Augier, quien se casó con doña Ignacia Correa Soria y Medrano.[49] Augier, fundador de esta familia en Catamarca, tuvo en un principio negocio de tienda en Piedra Blanca y luego se instaló en la ciudad frente a la plaza principal. También está don Domingo López de Barreda, que llegó a fines del siglo XVIII. Este comerciante-empresario de mucha fortuna había nacido en Arequipa, Perú. Entre otras actividades se dedicó a la venta de esclavos, lo que realizó en la ciudad de San Fernando en varias oportunidades.[50] López de Barreda será autoridad del cabildo y uno de los hombres que trabajó en la Revolución, agregando a su actividad, cuantiosas donaciones para los ejércitos de la Patria.[51] Por último, señalamos la presencia de don Manuel de Fábregas, catalán barcelonés, hombre de cierta cultura, comerciante fuerte en la ciudad. Se casó con doña Juana Navarro y Velasco, pasando a integrar esta importante familia colonial. Llegó a ser alcalde y ocupó otros numerosos cargos en el cabildo de la ciudad.[52]

Hasta aquí todos los nombrados tuvieron una actividad común, la de haber llegado como comerciantes, haberse casado con mujeres provenientes *de la lina-juda sociedad catamarqueña* como decía Manuel Soria en su escrito y la de haber tenido una participación política y social activa en el siglo posterior. Pero valga una aclaración: no todos los que llegaron y se asentaron, fueron comerciantes fuertes, gobernantes y políticos. Encontramos también comerciantes menores, tratantes y artesanos que llegaron a la ciudad y se instalaron en ella. De la lista que resultaría muy larga citaremos sólo algunos casos, como Agustín Patiño, mercader tratante, que instaló una tienda en la esquina de las calles que actualmente se llaman Esquiú y Rivadavia.[53] Antonio Villagra, natural de los reinos de España fue también mercader tratante y estába asentado en el Valle. Se casó con Francisca Espeche de Santa Cruz, y en el año 1777 murió repentinamente en el camino entre aquel pueblo y la ciudad. En las diligencias posteriores se comprueba que había traído mucha mercadería de Córdoba para surtir su negocio chacarero.[54] Juan Alltumé, español, también mercader tratante, casado con María Concepción Mojica de igual nacionalidad, muere en 1778.[55] Mariano Vidal, mercader, natural de Barcelona, deudor empedernido, pues consta que por deudas está varias veces preso. Tiene instalada una tienda y una pulpería que le tratan de embargar. Su esposa Josefa Avellaneda (hija de don Ignacio) protesta por el

---

[48] *Ibídem* p.41.
[49] G. GUZMÁN, 1985: 313-327.
[50] AHC. Protocolo de Escribanos, año 1810.
[51] G. GUZMÁN, 1985: 327.
[52] *Ibídem*, p. 326.
[53] AHC. Sección Judicial, Expediente 301, Año 1762.
[54] AHC. Sección Judicial, Expediente 490, Año 1780.
[55] AHC. Sección Judicial, Expediente 466, Año 1778.

remate de la casa, ya que es uno de sus bienes dotales.[56]

A esta nómina habría que agregarle para hacerla completa la influencia de mercaderes portugueses o simplemente portugueses que arribaron con los oficios más diversos y las ocupaciones más variadas. Gozaron de diferentes valoraciones sociales, concomitantes, seguramente, con la política de las respectivas monarquías. Llegaron al Valle, como lo habían hecho desde dos siglos atrás en todo el Tucumán. Un documento esclarecedor, conservado en el Archivo Nacional de Sucre, publicado en 1990 da cuenta de esta presencia a principios del siglo XVII.[57] En Santiago del Estero (en ese momento sede de la gobernación), vivían 35 portugueses en relación a 48 vecinos españoles. Entre ellos hay un cirujano y también un maestro de gramática, pero siempre la actividad más frecuente es la de mercader. Otros son artesanos, vaqueros y agricultores. El caso más notorio es el de Gaspar Rodríguez, natural de un pueblo de Braganza. Después de 45 años en Indias y en mérito a sus largos servicios, había alcanzado el grado de capitán y la calidad de vecino encomendero. Otros de sus compatriotas se habían casado con mujeres de familias principales.[58]

También era significativa la presencia portuguesa en La Rioja, donde habitaban 16 individuos de esa nacionalidad. El más importante es Gonzalo Tixera, natural de Oporto, que había adquirido derecho de vecindad y se desempeñaba como regidor del Cabildo. Otros eran mercaderes tratantes y artesanos. En Jujuy moraban además doce portugueses. Ninguno de ellos tenía la calidad de vecino pero algunos poseían bienes como es el caso de Antonio Martínez de Acevedo, quien declara ser propietario de siete esclavos. La ciudad de Talavera estaba poblada por 40 vecinos encomenderos servidos por 6.000 indios tonocotés y lules. En esa próspera ciudad, la presencia lusitana era significativa. El padrón registra 17 individuos. Algunos se habían casado con hijas de conquistadores lo cual les permitió acceder al derecho de vecindad. Los datos conocidos ponen en evidencia que los portugueses de Talavera eran los mejores posesionados del Tucumán. Más reducida era la presencia portuguesa en San Miguel y en Salta. El caso más sorprendente lo constituye la presencia solitaria de un portugués en la remota ciudad de San Juan Bautista de la Ribera, fundada en la jurisdicción de Londres, hoy Catamarca. Este lusitano se llamaba Francisco Acevedo, era nativo de Lisboa y gozaba de la condición de vecino encomendero.[59]

Gaspar Guzmán, con datos obtenidos en el Archivo Judicial de Catamarca, registra los nombres de varios mercaderes tratantes de origen portugués que vivieron

---

[56] AHC. Sección Judicial. Expediente 457, Año 1778.

[57] Jorge Lima GONZÁLEZ BONORINO. "Registro de los portugueses en la Gobernación del Tucumán". *Boletín del Centro de Estudios Genealógicos de Buenos Aires,* 4. Buenos Aires, 1990. Citado por Armando Bazán, 1997: 124.

[58] Armando BAZÁN, 1997: 124.

[59] *Ibídem*, 124-125.

en Catamarca durante el siglo XVIII.[60] Entre ellos se encontraba Juan Macedo, quien llegó desde Santiago del Estero, casado con Antonia Muñoz, también portuguesa y se establecieron en Obanta cerca del camino real, desde Córdoba al norte, en tierras de los Guamán Tito Inca. Luego de un tiempo se dispersaron por la zona y dieron origen a la familia Macedo de Catamarca. Pantaleón Araujo, portugués también y mercader tratante, sobre todo de negros esclavos, se estableció definitivamente en el Valle donde compró a Francisco y Gerónima Guzmán y Castro, en Piedra Blanca a mediados del siglo XVIII, las tierras de la Isla, llamada también de los Castro. Luego se lo vió en numerosos actos comerciales y jurídicos que lo mostraban como activo hombre de empresa.[61]

Otros portugueses citados por el autor son: Pedro Cabral de Melo, que llegó desde Chile y se asentó en la Sierra de Ancasti; Cayetano Carmona que vino de Tucumán con mercaderías diversas; José Ferreira Carnero; Miguel González Viaña, que originó una importante familia en Tucumán y Santiago del Estero; José Cardoso que se casó con una criolla descendiente a su vez de portugueses, Gregoria Figueredo, de Anjulí. Cardoso era mercader tratante y a su muerte, las autoridades quisieron secuestrar sus bienes por tratarse de "un súbdito de país enemigo". Estos fueron defendidos por Antonio de Guzmán, segundo marido de doña Gregoria.[62] En otro documento se ve a un vecino de la ciudad demandado por un portugués, que se dirigía a las autoridades en son de defensa, llamándole (al portugués) en tono peyorativo "lusitano traficante".[63]

En los últimos años de la colonia, se advierte una mayor apertura para los portugueses quienes se incorporaron en los cabildos y fueron autoridades militares en las colonias americanas. Un caso de primera significación en Catamarca es la de don Feliciano de la Mota Botello, aunque santafecino de nacimiento, es de innegable procedencia portuguesa por padre y madre; actuó desde antes de 1810 como autoridad

---

[60] G. GUZMÁN le dedica una capítulo de su libro a los portugueses que llegaron en la colonia y se instalaron en Catamarca (1985: 328-333). Allí aparecen numerosos nombres, actividades y los sucesivos parentescos que tuvieron en el Valle.

[61] *Ibídem*, p. 327. También están los casos de: LEONARDO ACOSTA: Es un portugués que deja descendencia en Catamarca. Mercader tratante se casa en Piedra Blanca con Gregoria Villalobo primero y con María Almonacid de Pomancillo. Este Acosta cuyo apellido completo es Acosta y Pimentel, es el antecesor de la familia Acosta ubicados en la actualidad en Collagasta y también en Piedra Blanca. BERNARDO DE MINGUILLA: lusitano, mercader tratante, llega a Catamarca y se queda definitivamente. Se casa y llega a ser autoridad en algunos cabildos de la ciudad, dedicándose al mismo tiempo al comercio de tienda (AHC. Sección Judicial. Expediente no 276, año 1759). JOSË SANTOS CASTRO: natural de Oporto. Alcanza a ser autoridad, juez de comisión y en muchos expedientes lo citan como testigo, seguramente por el motivo muy importante de tener una hermosa caligrafía. Se casa con Catalina Vergara con la que no tiene sucesión. Muere en 1767 y deja sus bienes para el sobrino de su mujer Luis Astudillo que estudia para sacerdote en Chile y que será uno de los religiosos que llevarán adelante los registros parroquiales de la Iglesia Matriz. JOSË PALMERO DE BULMEIRA, maestro de herrería y también ejerce el comercio en pequeña escala. Se establece finalmente en Belén adonde muere en 1755 (AHC. Sección Judicial, Expediente no 236, año 1755).

[62] *Ibídem*, p. 328.

[63] *Ibídem*.

en el cabildo de la ciudad y puede ser considerado el principal beneficiario político del proceso revolucionario Llegó a Catamarca como mercader, junto con su padre José de la Mota, comerciante que permaneció en al ciudad hasta su muerte ocurrida en 1778. Su hijo que se convirtió en un fuerte comerciante y hombre de empresa, se casó con doña Maximiliana Robín, con quien tuvo descendencia. [64]

Con el tiempo logró una buena fortuna que lo convertiría en uno de los hombres más ricos de la ciudad. Al producirse la revolución se hallaba en Buenos Aires y allí tomó contacto con los miembros del nuevo gobierno, especialmente con Mariano Moreno, con quien estaba relacionado por negocios. En el mes de setiembre llegó su designación como comandante de armas, cargo en el que reemplazó a Francisco de Acuña, quien lo detentaba desde hacía treinta años. Deseoso de afirmar su autoridad solicitó se le confiriera un grado militar, petición que fue resuelta favorablemente por la Primera Junta que juzgó pertinente acordarle el grado de teniente coronel. Mota Botello desde un primer momento demostró una firme adhesión a la causa revolucionaria, desplegando gran actividad para hacer que Catamarca contribuyera con un auxilio de hombres y pertrechos al ejército auxiliar del Alto Perú. Su carrera política proseguirá como teniente gobernador de Catamarca desde 1815 a 1817. El directorio lo promovió enseguida a gobernador intendente de Tucumán en reemplazo de Bernabé Aráoz. Actúó hasta 1819 en que el propio Aráoz lo derrotó en una asonada.[65]

Esta nueva oleada de peninsulares, americanos y extranjeros, además de representar un movimiento de población mayor y más duradera, fue sobre todo un mecanismo común del proceso de renovación familiar. Este es el papel del recién llegado en casi todas las sociedades hispanoamericanas. En la mayoría de los casos, el inmigrante soltero elige por esposa a una mujer nacida en la colonia, con frecuencia de la mitad de su edad, que podía proporcionarle el ingreso en una familia local, a cambio de su capital comercial. Aun cuando el capital no fuera demasiado grande, la dote de su esposa, en bienes o en dinero, era considerada una correcta retribución por su abolengo europeo. Para este varón, el matrimonio podía ser un vehículo de considerable movilidad social. En tales niveles, aquellos que disponían de cierta riqueza o posición –funcionarios, comerciantes- se casaron por lo general dentro del rango superior de la sociedad colonial. En los niveles más bajos, los nuevos artesanos, comerciantes modestos y tratantes, después de alcanzar una posición económica, se casaron con las hijas de algunos criollos u otras mujeres de nivel similar a ellos. O lograron acceso a los límites más altos del grupo predominante local. Entre estos dos tipos de absorción, sería difícil de encontrar, a fines del siglo XVIII, una familia hispano criolla del Valle que no hubiera sido penetrada de esta forma más de una vez. El proceso de entrada y renovación, funcionó con diversos grados de escala en toda la

---

[64] Véase a Ramón Rosa OLMOS, 1957:127; Gaspar GUZMÁN, 1986: 332 y a Armando Raúl BAZÁN, 1996: 156-7.

[65] Armando Raúl BAZÁN. *Historia del Noroeste Argentino*. Buenos Aires, Plus Ultra, 1986: 232-234.

América española. Una familia prominente, de cualquier parte de América española colonial tardía fue propensa a unir lo viejo y lo nuevo, yendo las líneas maternales hacia los primeros colonizadores de la región, y las paternales hacia los recién llegados de diversas épocas.

Podemos concluir afirmando que las distintas oleadas de migrantes constituyeron una fuerza estable para el mantenimiento y crecimiento del sector hispano y permitió cambios y ajustes, mientras seguirán reteniendo el carácter esencial del panorama local. El sentido de cohesión familiar fue englobando diferentes niveles, (así como diferentes linajes), cuyas modalidades continuaremos profundizando en los próximos capítulos. Éstas incluían la confianza en los vínculos familiares, una participación casi unánime en asociaciones religiosas y similitudes en el cumplimiento de las obligaciones militares; junto a una amplia gama de experiencias informales que contribuyeron a una experiencia común y colectiva. Debemos subrayar, por último, una característica muy destacada de este sector, como fue el uso abundante de auxiliares: personas que realizaban muchas de las funciones de bajo y medio nivel, pero que desde el punto de vista étnico no integraban el "mundo español". Nos referimos a los esclavos, mulatos libres e indígenas que vivían y trabajaban dentro del mundo hispánico. Estos constituyen elementos más que significativos y dinámicos de todo el complejo "español", a los que les prestaremos especial atención en los próximos capítulos.

IV

INDIOS DEL VALLE

"Valle muy poblado de indios" decía el primer mapa criollo en los comienzos de la conquista. A pesar de esta enunciación y hasta no hace mucho tiempo, era muy poco lo que se conocía sobre este conjunto gravitante de la población catamarqueña. En los últimos años este vacío historiográfico ha comenzado a modificarse, y ahora contamos con una serie de estudios locales y regionales que posibilitaron un avance significativo en el conocimiento de las comunidades indígenas. La mayoría de estas investigaciones subrayan las complejas transformaciones que vivieron estas comunidades, cuyo correlato fue un agudo proceso de homogeneización de las identidades étnicas. Ana María Lorandi, en este sentido sostiene, que la desnaturalización indígena (que comenzó con el incario y se acentuó en el siglo XVI y XVII) determinó, en gran medida, la evolución de estas comunidades en los siglos posteriores. [1] Según la autora, una acumulación de factores, tales como el servicio personal, las desnaturalizaciones posteriores a las rebeliones calchaquíes, y la subordinación del estado colonial a los intereses señoriales de los encomenderos, no dejó resquicio para la vida comunitaria y propició una deculturación extrema en las sociedades indígenas. [2]

Por su parte, Silvia Palomeque, le concede a la historia prehispánica y a la relación con el incario un lugar preponderante. [3] Según la autora, una tradición de

---

[1] Ana María LORANDI, "El servicio personal como agente de desestructuración en el Tucumán colonial". *Revista Andina*, 6. (1), Cuzco, l988: 135-173; "Mestizaje interétnico en el Noroeste argentino". *500 años de mestizaje interétnico*. Osaka, Nacional Museum of Ethnology, 1992: 150.

[2] Recomendamos además dos volúmenes colectivos. Uno compilado por Ana María LORANDI. *El Tucumán colonial y Charcas*. Facultad de Filosofía y Letras. Universidad de Buenos Aires, 1997, tomo I y II (nos fue muy útil el trabajo de Ana E. SCHAPOSCHNIK sobre "La confrontación de datos al interior de un cuerpo documental", tomo I). La otra compilación corresponde a Judith FARBER MAN y Raquel GIL MONTERO. *Los pueblos de indios del Tucumán colonial. Pervivencia y desestructuración*. Buenos aires, Universidad Nacional de Quilmas, 2001 (destacamos en esta compilación el trabajo referido a Catamarca de Alejandra ANELLO. "Familia indígena y sociedad en el Curato de Londres, Catamarca, terminado el siglo XVII").

[3] Silvia PALOMEQUE. "El mundo indígena siglos XVI-XVIII". Enrique TANDETER (dir.). *La socidad*

negociación y de resistencia frente al estado Inca, habría sentado las bases de la negociación – o de la resistencia- posterior, frente a los conquistadores. La lógica de este modelo subraya que las mayores dificultades para acceder a los recursos naturales habrían alentado el intercambio y con ello la formación de estructuras políticas más complejas. Esto explicaría la desintegración de los pueblos de las planicies cordobesas, sociedades con estructuras políticas más simples por autoabastecerse de recursos, y la mayor resistencia relativa de algunos grupos santiagueños, hábiles negociadores con el incario y luego con el conquistador español.[4] Por su parte, Judith Farberman y Roxana Boixadós, a través del estudio comparado de la Visita de Luján de Vargas a las encomiendas del Tucumán a fines del siglo XVII, analizan los fenómenos de perduración y desestructuración de los pueblos de indios de toda la región.[5] El análisis macro regional les permite a las autoras deslindar una variedad de respuestas nativas, relacionadas con tiempos diversos, intensidades variables y en contextos locales.[6] La importancia de la Visita fue advertida por Gastón Doucet, quien le dedicó dos sólidos trabajos introductorios que sirvieron de base a varias investigaciones.[7]

Este documento ha sido analizado además, en sendos estudios de caso, entre los que destacamos el realizado por Roxana Boixadós y Carlos Zanolli para la Rioja y Jujuy[8]. Asimismo, los de Judith Farberman para Santiago del Estero[9], Josefina Piana de Cuestas para Córdoba[10], Estela Noli para Tucumán,[11] y Gabriela de la Orden de Peracca, Norha Trettel, Marcelo Gershani Oviedo (junto a otros investigadores) para Catamarca.[12]

---

colonial, tomo II de la *Nueva Historia Argentina*, Buenos Aires, Sudamericana, 2000: 9-57.

[4] Judith FARBERMAN y Roxana BOIXADÓS. "Sociedades indígenas y encomienda en el Tucumán a fines del siglo XVII: un análisis comparado de la Visita de Luján de Vargas". *Revista de Indias*, Vol. LXVI, núm. 238, 2006: 601-628 (la cita corresponde a la p. 602).

[5] *Ibídem.*

[6] *Ibídem*, p. 604.

[7] Gastón DOUCET. "Los autos del visitador Don Antonio Martínez Luján de Vargas". *Revista de Historia del Derecho*, 8, Buenos Aires, Instituto de Investigaciones de Historia del Derecho, 1980; "Introducción al estudio de la visita del oidor Don Antonio Martínez Luján de Vargas a las encomiendas de indios del Tucumán2. *Boletín del Instituto de Historia Argentina y Americana Dr. Emilio Raviganani*, XVI: 26, Buenos Aires, 1981.

[8] Roxana BOIXADÓS y Carlos ZANOLLI. *La visita de Luján de Vargas a las encomiendas de la Rioja y Jujuy (1693 y 1694).* Buenos Aires, Universidad Nacional de Quilmes, 2003.

[9] Judith FABERMAN. "Encomenderos, indígenas y estado colonial. La Visita de Luján de Vargas a Santiago del Estero (1693)". En XVII Jornadas de Historia Económica, Tucumán, 2000: 8-10.

[10] Josefina PIANA DE CUESTAS. *Los indígenas de Córdoba bajo el régimen colonial. 1570-1620.*, Córdoba, ed. del autor, 1992.

[11] Estela NOLI. "Algarrobo, maíz y vacas. Los pueblos de indios de San Miguel y la introducción de los ganados europeos (1600-1630), *Mundo de Antes,* num. 1, Tucumán, 1999:31-67 e "Indios ladinos del Tucumán colonial: los carpinteros de Marapa", Andes, 12, Salta, 2001:139-172.

[12] Con referencia a los pueblos de indios y encomiendas de Catamarca son varios los trabajos que se realizaron en los últimos años y el detalle de los mismos se puede ver en la bibliografía general. La mayor parte de las investigaciones referidas al Valle (de Gabriela de la Orden de Peracca, Marcelo Gershani Oviedo, Nora Trettel, José Luis Parodi, Alicia Moreno) fueron reunidos en el libro: Gabriela DE LA ORDEN DE PERACCA (coord.). *Los Pueblos de Indios en Catamarca Colonial.* Facultad de Humanidades, SECyT, Universidd Nacional de Catamarca, Secretaría de Estado de Cultura de la Provincia de Catamarca, 2008. De la misma autora/coordinadora: *Pueblos indios de Pomán. Catamarca Siglos XVII al XIX,* Buenos Aires, Editorial

Todos estos estudios constituyen un marco de referencia para el presente análisis, en el que nos proponemos examinar los procesos de cambios de las sociedades indígenas vallistas durante las últimas décadas coloniales.[13]La visita nos permite captar las diversas situaciones por las que atravesaba la población encomendada, algunas décadas después de las grandes desnaturalizaciones. Partimos de allí para explorar el desenvolvimiento demográfico y social de esta población durante el siglo XVIII y primera década del XIX. Destacamos que es poco lo que se conoce sobre este periodo y menos aún sobre los aspectos demográficos que nos muestran los censos de población y los padrones de indios.[14] A pesar de las prevenciones que tenemos cuando abordamos estas fuentes, intentaremos trazar un cuadro específico de los indios del Valle, su relación con el resto de las parroquias catamarqueñas y también, en la medida de lo posible, con las jurisdicciones vecinas.

La colonización temprana y las poblaciones indígenas

Cuando llegaron los españoles, el Valle estaba habitado por los indios diaguitas. Esta población compartía una misma lengua, llamada kaka o kakana, y conformaban un conjunto heterogéneo de poblaciones unidas por un substrato lingüístico común y un patrón cultural semejante, pero con particularidades que marcan una diversidad intraétnica. Estos grupos se ubicaban en el espacio que comprendía además del Valle, a las actuales provincias de La Rioja, Catamarca y los sectores occidentales de Tucumán y Salta, con las cuales mantenían relaciones con diferentes grados de complejidad política y cultural.[15]

El padre Larrouy cuando traza la historia de los pueblos que existieron en la jurisdicción, desde el momento inicial de la Conquista hasta finales de la colonia, enumera para el Valle un conjunto de 16 pueblos acerca de los cuales pudo obtener probanzas. A estos les asigna un conjunto de 3.200 almas, siendo algunos de ellos Chumbicha, Collagasta, Huillapima, Facha-Facha, Coneta, Choya, Motino, Autigasta y Gauycama, nombres que se han conservado en la toponimia regional.[16] En los otros valles, situados al oeste de las sierras de Aconquija y Ambato (en la jurisdicción de Londres), individualiza otros 30 pueblos, con una población estimada, en 1607, de 8 a 10 mil almas. En esta zona se encontraba la mayor cantidad de indios, siendo los

---

Dunken, 2006. Hay trabajos también sobre Catamarca en: Cesar GARCÍA BELSUNCE. *La temprana población colonial (hasta 1750).* Historia de la Población, 5-6. Academia Nacional de la Historia, 2008.

[13] Agradezco a Gastón DOUCET el material que me acercó referente a la *Visita* de Luján de Vargas a Catamarca. Esto me permitió armar un cuadro que presento al final del libro como anexo, el cual contiene el detalle de las 72 encomiendas de esta jurisdicción.

[14] César, GARCIA BELSUNCE, *cit,* 2008. Este libro publicó dos trabajos referidos a Catamarca y uno de ellos al periodo tardío.

[15] Ana María LORANDI, 1992:13.

[16] Armando BAZÁN, *Historia de Catamarca,* Buenos Aires, Plus Ultra, 1996: 31.

pueblos más importantes los de Yocabil y Aconquija, con alrededor de 1.000 habitantes cada uno. En el actual departamento de Tinogasta se hallaban Fiambalá, Sungigasta, Tinogasta, Pituil, Abaucán, Singol y Aguacán. En Pomán estaban Tucmanahaho (borde occidental del Salar de Pipanaco), Pipanaco, Pisapanaco, Colpes, Sahuil y Siján. En Andalgalá ubicamos a los Aconquija, Malli, Guachasche, Guasán, Andalgalá y Biligasta. En el Valle Calchaquí, parte sur correspondiente al actual departamento Santa María, se emplazaban Yocabil e Ingamana. Otros pueblos formaban parte del Valle Vicioso, que pasó a la jurisdicción riojana desde la real Cédula de 1679 cuando se fundó la ciudad de Catamarca. Entre los mismos podemos citar a Yuctava, Amoyamba, Palcipa, Orgagasta, Amangasta y Guaymoco.[17]

Tras el Gran alzamiento calchaquí, los indígenas vencidos fueron diezmados y los sobrevivientes extrañados en masa y repartidos en distintas ciudades. Los del sur del Valle Calchaquí sufrieron la mayor fragmentación étnica y familiar. Al Valle le tocaría en esta distribución un número importante de "piezas", según escribía el Gobernador Mercado y Villacorta, que por capitulada composición hacía entrega de "trescientos y cincuenta [familias] a la ciudad de la Rioja y valle de Catamarca, para el beneficio de las viñas y algodonales que abastecían a la provincia".[18] La orden era encomendarlos y evitar que se reagruparan para prevenir cualquier intento de rebelión. Bajo estas condiciones, explica Lorandi, se vieron rápidamente obligados a realizar intercambios matrimoniales con otros indígenas encomendados y con los africanos que desde fines del siglo XVII reemplazaban la mano de obra faltante. De modo que la política de desnaturalización dotó de mano de obra segura a vecinos con o sin encomiendas previas. La profunda alteración del mapa étnico, ya modificado desde la intervención incaica y la conquista, complejizado aún más por el proceso de mestizaje en marcha, recibió nuevos elementos a partir de la emergencia de la frontera chaqueña y pampeana a fines del siglo XVII. Las guerras en estas fronteras trajeron en distintos momentos familias y piezas cautivas de filiación mocoví, toba y pampa, sumamente distintas de las poblaciones indígenas locales.

De modo, que a los indios diaguitas (originarios y trasplantados) se le sumarían los indígenas del Chaco Gualamba. En esta oportunidad emprendió la campaña el gobernador Ángel de Peredo y sólo del Valle salieron más de noventa hombres, a su costa, con armas y todo lo necesario. Como contrapartida recibirá más de seiscientas almas según lo explica el propio Gobernador. Cantidades precisas consigna Larrouy en función de los datos que le proporciona un expediente de la Escribanía de Hipotecas del Archivo Histórico de Córdoba. De 1916 personas que formaban familias enteras y 257 "piezas" sueltas, corresponden al Valle 590 personas y 2 piezas sueltas.[19]

---

[17] *Ibídem.*

[18] *Carta del Gobernador don Alonso Mercado y Villacorta, en* P. Antonio LARROUY, *Santuario deNuestra Señora del Valle.* Primera parte, Tomo I, 1916: 267; LORANDI, 1992:15.

[19] *Carta del Gobernador don Ángelo de Peredo a la reina gobernadora de España, representando la conveniencia de mudar al valle de Catamarca la ciudad de San Juan Bautista de la Rivera... Esteco, 10 de*

En ambos trasplantes, fueron los indígenas cautivados en combate los más damnificados. Repartidos como piezas entre los soldados (hombres, mujeres y niños por separado) y en especial entre aquellos que no eran propietarios ni tenían mayores recursos, éstos vivieron la más aguda condición de servidumbre y desestructuración. Si bien todas las ordenanzas prohibían la esclavitud y el servicio personal, en la práctica esta norma no fue respetada y menos aún en los casos de repartos individuales. Estos indios fueron asignados a las labores domésticas o artesanales, en las chacras del entorno de las ciudades, o en condición de *yanaconas* en las haciendas donde fueron establecidos.[20]

En Catamarca tanto la rebeldía indígena como los tiempos de avance de la conquista retrasaron hasta bien entrado el siglo XVII el pleno funcionamiento de la economía colonial. Esos dos elementos le habrían otorgado a Catamarca características particulares. Según Farberman y Boixadós, esta situación, sumada el aislamiento derivado de las grandes distancias que la separaban de los circuitos mercantiles y del patrón de asentamiento en altura de algunos grupos indígenas, habría configurado un sistema de explotación despiadada sobre la población nativa.[21]

Encomiendas y sociedades indígenas hacia fines del siglo XVII: La visita del Oidor Martínez Luján de Vargas

La *visita* de Luján de Vargas nos informa sobre la fracción "encomendada"de la población indígena. Resulta difícil, por ello, estimar el peso cuantitativo y las

---

octubre de 1673. (LARROUY, 1916: 95-96).

[20] Gastón DOUCET (en "Notas sobre el yanaconazgo en el Tucumán". *Revista de Investigaciones Jurídicas,* 6, México, 1982: 263-299) explica que el vocablo *yanacona* servía en el Tucumán para designar a *los indios de servicio.* Entre ellos el autor diferencia a los yanaconas de encomienda que serían aquellos que perteneciendo a una encomienda se hallaban al servicio del encomendero. Estos indios lo servían en su casa, o en sus chacras y estancias y allí residían. Eran servidores permanentes y en un principio aquel servicio era la única prestación a la que estaban obligados, es decir que no debían pagar tributo, situación que luego con Alfaro quedó excluida. Estos indios no necesariamente perdían los lazos que los unían a las comunidades (servían al encomendero en su condición de miembros del pueblo). Otro caso era el de los yanaconas que habían sido desarraigados de sus pueblos para servir a personas que no eran encomendados de éstos. Así quedaban separados del repartimiento al que habían pertenecido y también podía ocurrir que fuesen llevados fuera de la jurisdicción de la ciudad, dentro de cuyos términos estaban sus pueblos de origen. Esta práctica provocaba la desmembración de los repartimientos porque le eran segregados los indios dados en calidad de yanaconas. Por último están los indios capturados en acciones de guerra y repartidos luego como gente de servicio, por lo general entre los mismos españoles que habían tomado parte de aquellas.

[21] FARBERMAN y BOIXADÓS, 2006: 608 y 614. La entidad "pueblo" suponía algún tipo de estructura urbana, organizada en torno a la capilla, y por el otro, una comunidad, que era también de creyentes, y se sostenía como tal a través de la participación colectiva de los oficios religiosos. Implicaba también la presencia de la tierra de la comunidad, a la que el cuestionario aludía indirectamente, inquiriendo sobre la partición de las cosechas comunitarias entre feudatarios y tributarios. Las autoras agregan a ello dos elementos más, casi siempre presentes en estas estructuras: las autoridades políticas y la identificación étnica (que todavía sobrevive, incluso en algunos repartos localizados en tierras privadas).

condiciones de reproducción de los indios libres que vivían en las ciudades o en los "márgenes"de los pueblos de indios, mucho más visibles en las fuentes del siglo XVIII. Hecha esta primera aclaración pasamos a la segunda, que se refiere específicamente a las encomiendas de indios. Conviene distinguir aquí entre las radicadas en tierras comunales ("encomiendas pueblo"), de las asentadas en tierras de particulares. Esta diferencia, para las autoras arriba mencionadas, resulta esencial, ya que por lo general, las segundas desvinculaban a sus tributarios de sus principales bases de reproducción material. Por caso, raramente los indios de las haciendas y estancias disponían de tierras para su usufructo. En el momento de la visita, las encomiendas en tierras privadas superaban a las encomiendas-pueblo, siendo Córdoba y Catamarca cabeceras en este sentido. Ambas, y por razones diferentes inclinaban la balanza a favor de la "yanaconización". En Catamarca, por ejemplo, de 72 encomiendas sólo 5 estaban reunidas en pueblos, mientras que las restantes estaban asentadas en tierras de particulares (79%). El detalle de las mismas se puede ver en el cuadro general que presentamos al final del libro (anexo) sobre el total de las encomiendas.[22] En Santiago del Estero y Jujuy el panorama se invierte. Solo en estas cabeceras la casi totalidad de la población se encontraba en pueblos con tierras propias, a la vez que son inexistentes las encomiendas de desnaturalizados.[23]

El objetivo de Luján de Vargas era el de controlar la observancia de las ordenanzas, (de Alfaro y luego la recopilación de 1680) dictadas para regular las relaciones entre encomenderos y encomendados. Para ello, recibía a los *indios de la encomienda de*, y en el caso de que éstos formularan cargos, examinaba al titular o administrador del feudo. A tales fines el funcionario se asentó en cada una de las ciudades del Tucumán, y se dispuso a recibir los testimonios de los indios y encomenderos de cada jurisdicción. Interrogó a los tributarios sobre la base de un cuestionario fijo de cinco puntos: 1-Cuántos eran, si tenían pueblo y capilla para celebrar misa y si se les enseñaba la doctrina cristiana. 2-Qué tributo pagaban y cuál era su composición. Si el encomendero compartía las cosechas de las sementeras comunitarias con los indios.3-Si se hacía hilar a las mujeres y si el encomendero tenía a su servicio mujeres y muchachos. 4- Si se les infligían malos tratamientos y 5- Si se alquilaban o prestaban indios para viajes de carreterías. El tono del cuestionario tenía que ver con una preocupación fundamental, vinculada a la preservación del pueblo de indios como estructura. El Oidor sabía de la vulnerabilidad de los repartimientos, constantemente amenazados por la dispersión de las migraciones y por el avance sobre las tierras comunitarias.

Luego de escuchar a unos y a otros, el magistrado dejó registrado sus impresiones, y las declaraciones de partes. Gastón Doucet reproduce los autos que dictó el

---

[22] La información del cuadro fue proporcionada por Gastón DOUCET a quien agradezco una vez más su generosidad. La investigación fue realizada en el Archivo de Indias, Sevilla y fue volcada en una gran cantidad de fichas de donde extraje los datos. Este capítulo luego fue revisado por el mismo Doucet, siendo sus comentarios sumamente útiles.

[23] FARBERMAN y BOIXADÓS, 2006: 606.

magistrado en el curso de esta misión. Estos autos fueron denominados en la época Autos de doctrina y Auto general, respectivamente. Ambos documentos reflejan importantes aspectos de la situación de los indios tucumanos a fines del siglo XVII y constituyen valiosos testimonios de la realidad indígena de entonces. Además, de ser estas fuentes, el último cuerpo de normas relativas al régimen de la encomienda que se pomulgara en el Tucumán. Martínez Luján de Vargas no dictó un solo acto dirigido a toda la gobernación, sino que, en el curso de la *visita*, los fue expidiendo sucesivamente en cada una de las ciudades de provincia. Si bien existen diferencias entre los textos correspondientes a cada ciudad, se da entre ellos (según Doucet) una sustancial identidad. Esta aclaración, explica el por qué al hacer referencia a los mismos, en varias ocasiones lo hacemos en singular. Básicamente, el Auto de doctrina no es más que la reiteración de una norma preexistente, cuyo cumplimiento procuraba asegurar mediante el dictado de algunos nuevos preceptos y la imposición de algunas sanciones a los infractores. [24]

En Catamarca, el auto de doctrina fue dictado el 19 de agosto de 1693. Se dispuso que una copia del mismo fuera puesta, no en el oficio del cabildo como en las otras ciudades, sino en la Caja Real. Otro tanto sucedió con el Auto General. Es de presumir que esta diferencia obedecía a la precaria situación que en aquel momento tenía este municipio, que aunque fundada en 1683, la ciudad de San Fernando del Valle de Catamarca no fue efectivamente establecida hasta el año 1695.

Del auto general surge una serie de violaciones a la legislación vigente, que se extendía con algunas diferencias a toda la gobernación. El magistrado se encontró con que el servicio de las encomiendas se desarrollaba al margen de lo dispuesto en las leyes generales e incluso en las dictadas particularmente para la gobernación. En el Tucumán, el servicio personal seguía siendo la base del régimen de la encomienda, y buena parte de los indios sometidos a éste se habían convertido en una especie de peones forzados, desarraigados de sus pueblos de origen y reducidos en las haciendas de sus amos. El servicio personal existía en la mayor parte de los repartimientos "tucumanenses", donde en vez de pagar tributo como ordenaban las leyes, los indios trabajaban para sus encomenderos, por lo general en tareas agrícolas, sin ninguna estipulación y sin recibir los primeros un salario fijo. Las chacras de comunidad previstas en aquellas mismas Ordenanzas, en las que los indios debían poner el trabajo y el encomendero, las semillas y aperos, y cuyas cosechas debían repartirse por mitad entre unos y otros, eran prácticamente desconocidas en la gobernación. Doucet, en relación con ello, matiza esta tendencia con el caso de Jujuy que parece haber constituido una excepción. De acuerdo con lo que dejan ver los autos de la visita, en aquella ciudad, el funcionamiento de la institución de la encomienda se asemejaba más al vigente en regiones como el Perú, donde regía efectivamente el sistema estatuido por la Corona.

---

[24] G. DOUCET, 1980, (2).

En su descargo, los encomenderos argumentaron ignorar las leyes respectivas y afirmaron continuar con las costumbres vigentes desde antiguo. El servicio personal no era nada más que una vieja práctica que reproducían de sus antecesores. Aquellos que tenían familias de calchaquíes o chaqueños desnaturalizados, señalaban que esos indios les habían sido dados precisamente para el servicio de sus haciendas, los llamados *yanaconas* a los que ya hicimos referencia. La inclinación de los indígenas a la ociosidad, a la embriaguez y a la mentira fueron otros de los argumentos que emplearon para justificarse.

¿Qué hizo Martínez Luján de Vargas frente a la situación que se le presentaba? Actuó prudentemente según Doucet. A pesar de que muchos de los encomenderos habían cometido transgresiones que las leyes castigaban con pérdida del feudo o con otras sanciones graves, el funcionario se limitó sólo a imponer penas pecuniarias; en muy pocos casos condenó a encomenderos acusados de maltratar a sus indios a la privación de sus repartimientos, y esto cuando lo hizo, fue sólo en forma temporaria. Hizo pagar a los indígenas lo que se les debía por su trabajo, les hizo señalar tapias cuando estaban reducidos en las haciendas de sus encomenderos y éstos no se las habían dado, y ordenó la construcción de capillas donde no existían y el arreglo de las que estaban caídas. Y en las sentencias y en los autos que dictó el funcionario, dejó prevenida la forma en que debía obrarse con los indios en el futuro.

El servicio personal de las mujeres en las chacras y haciendas de los enco-menderos dominaba en las encomiendas de los desnaturalizados y en los pueblos desarticulados. La modalidad era a través del hilado femenino. En el curso de la visita, el funcionario comprobó y castigó varios casos de trabajo ilícito de las indias, a las cuales los encomenderos le repartían algodón para que lo hilaran; con frecuencia esta práctica se seguía con las mujeres casadas que cobraban con el hilado el resultante del tributo correspondiente a sus maridos. Concretamente, en Catamarca, Bartolomé Ramírez de Sandoval, vecino de la ciudad, (quien había hecho del hilado del algodón un lucrativo negocio) tuvo que responder en un expediente de apenas unos años an-tes, a 18 demandas interpuestas por las mujeres de los pueblos de Siján, Pipanaco y Pisapanaco, que le cobraron 63 pesos en salarios.[25] También así lo declaran los indios de Juan de Soria y Medrano y de Andrés de la Vega y Castro, quienes dicen hilar en forma compulsiva (encomienda 1 y 37 en el cuadro final del libro). No era raro, tampoco, que se hiciese trabajar a los menores de dieciocho años y a los mayores de cincuenta, considerados por la legislación como reservados y no como tributarios.

Luján de Vargas dejó, también, establecidas varias medidas para superar la falta de asistencia religiosa y doctrinaria de los indios. Había comprobado que era casi nula en la mayoría de las encomiendas de la gobernación. Esto hizo que en varias circunstancias no le tomara juramento a los indios, porque advirtió que no sabían ni siquiera persig-

---

[25] Citado por Armando BAZÁN, 1996:118.

narse. Los indios mocovíes de la encomienda de Bartolomé López Romero declararon en Catamarca, que aunque les enseñaban a rezar, no habían podido aprender, agregando que sólo había una india que conocía las cuatro oraciones (encomienda 36).Comprobó además, que en varios repartimientos catamarqueños no había tampoco capillas (en Collagasta, Simogasta y Tabigasta, encomiendas 70,71 y 21 respectivamente), y otras estaban en pésimo estado. Ordenó que se pusieran los ornamentos en las correspondientes a los pueblos de Ingamana y Colpes (encomiendas 43 y 48).

La legislación ordenaba que los domingos y días de fiesta, los indios debían concurrir al templo de la Compañía de Jesús o a la Iglesia Mayor para ser adoctrinados. En nuestra jurisdicción eran los respectivos curas de naturales los encargados de la doctrina y ésta se impartía en la Iglesia Matriz. El régimen sólo era aplicable para los indios que se encontraban en las "ciudades de españoles" y en sus contornos y no en los pueblos cuya enseñanza y asistencia espiritual era responsabilidad de los curas doctrineros. Se reitera la obligación de asistir los domingos y feriados a misa en las ciudades y todos aquellos que fuesen hallados en las calles, en los juegos (no se precisa cuáles eran éstos) o en los lugares de venta de bebida serían castigados. En el auto de Catamarca no se hace una referencia precisa al consumo de la chicha (como sucede en el caso de Santiago, San Miguel, Salta y Córdoba que se prohibía la venta de bebidas alcohólicas en las pulperías) a pesar de que se conoce por otras referencias el problema que constituía en esta zona el consumo del alcohol. Al parecer los indios eran admitidos en las pulperías para venderles vino y aguardiente con que se embriagaban, del que resultaba un grave perjuicio.

Otra circunstancia que se repetía una y otra vez, tenía que ver con la vieja práctica de sacar a los indios de la gobernación, para emplearlos en viajes, o en la conducción de carretas y ganado, especialmente hacia el Perú. Contra este abuso, desde el siglo XVI se habían tomado una serie de medidas por considerarse la principal causa de la despoblación de los repartimientos tucumanenses. Resultaba de ello, que gran parte de los indios no vivían en los pueblos, sino que estaban reducidos en las estancias y chacras de los encomenderos y en muchos casos, no tenían libertad para contratarse con otras personas por impedírselos los feudatarios. Esta verificación (servicio personal) aparece repetidas veces, lo mismo que los malos tratos y castigos corporales recibidos por aquellos (encomienda 13, 43, 70 y otras).

Los indios de acuerdo a la legislación, tampoco podían ser llevados a otros lugares (sólo podían hacerlo hasta la primera población de españoles que encontraran en el camino) y en relación a ello, en el auto de Catamarca se fijaba, que fueran restituidos a sus respectivos pueblos varios de ellos: los de Villapima de Diego Navarro, establecidos en Capayán; los de Bartolomé Ramírez de Sandoval que habían sido llevados desde la reducción de San Pablo hasta la hacienda de Tinogasta del encomendero. Otro tanto ocurría con los indios del pueblo de Simogasta de Luis Quiroga y Guzmán (encomiendas 3, 4 y 71 respectivamente).

Otra cuestión importante estaba relacionada con los pobleros o mayordomos que los encomenderos acostumbraban tener en sus repartimientos. Alfaro había prohibido en el Tucumán la existencia de pobleros, (bajo pena, para el encomendero, de perpetua privación de su feudo y de quedar por diez años inhabilitado para obtener otro, y de diez años de galeras y doscientos azotes para el que aceptase el empleo). Luján de Vargas no aplica estos castigos, pero advierte sobre la necesidad de asegurar un mecanismo de control sobre los indios, para mantenerlos en orden y especialmente para poner freno a las borracheras. Dispone así, que en tanto los pueblos solían excederse en sus embriagueses, sea la justicia mayor o alcalde ordinario quienes debían visitar dichos pueblos, particularmente al tiempo de sembrar y recoger las sementeras y sobre todo la algarroba. Es decir, sólo si había "necesidad precisa" para ello.

¿Qué más nos dice el Auto de Doctrina sobre los indígenas catamarqueños? En 45 de las 72 encomiendas los indios dicen no tener tierras, y en tres casos afirman poseerla, pero sin agua (indios ladinos del pueblo de Motimo, Choya y una no identificada: 7, 25 y 37 respectivamente). Asimismo, un número importante de indios no se encuentra en los pueblos, sino trabajando en las chacras y haciendas de los encomenderos, que en dos casos, ni siquiera estos tienen tierra. Nos remitimos a la encomienda de mocovíes y calchaquíes de Juan González Pacheco, quien hacía trabajar a los indios de la encomienda, en las chacras y fincas que arrendaba. En segundo lugar, está Juan García con indios mocovíes que es un maestro herrero y tampoco tiene tierra. La encomienda solo está compuesta por un indio que trabaja en la herrería y una india, en el laboreo del hilado (encomienda 21 y 33).

En cuanto al origen de los indios catamarqueños, encontramos que 12 encomiendas son de indios originarios de la región, aunque no todos residían en sus pueblos, sino que habían sido trasladados por diversos motivos; 20 eran de tributarios calchaquíes, con un promedio de dos indios de tasa por encomienda, aunque hay dos casos de 7 y de 11; 10 encomiendas tenían calchaquíes y mocovíes o calchaquíes y originarios y 9 sólo de mocovíes.[26] De la fuente se desprende, también, que la mayoría de los mocovíes eran mujeres, y que en un caso donde hay tobas (que no se registran como taseros) se habían casado con mujeres mocovíes, mientras los calchaquíes de la misma encomienda están casados entre sí. Pero cabe una aclaración: según Ana María Lorandi, los calchaquíes casados eran de más de cuarenta o cincuenta años, lo que indicaría que fueron desnaturalizados con sus familias o siendo jóvenes y lograron conservar la tradición de un matrimonio intraétnico. Lo cierto es que cuando estas familias tienen hijos en la segunda generación, la convivencia con los mestizos de tobas y mocovíes facilitarían los matrimonios interétnicos.[27] Es por ello que en los padrones más tardíos aparece cada vez menos la identificación étnica, siendo muy común la denominación de "indio" por oposición esta vez, a la de negroo mulato, esclavo o libre.

Se observa que en el elenco de los encomenderos (un total de 68) hay españoles

---

[26] LORANDI, 1992:155-156.
[27] *Ibíd.*

pobres, muchos de ellos soldados o miembros periféricos de familias principales. Además, son numerosos los encomenderos y escasos los indios: el promedio de tributarios por encomienda es el más bajo de la región, que ni siquiera llega a cuatro (en 17 casos sólo tienen un tributario).La que tiene más, suma un total de 26 tributarios y corresponde al pueblo de Ingamana. De las cinco encomiendas-pueblo de Catamarca, solamente ésta tenía una población cercana al centenar de habitantes; en tanto que buena parte de las restantes, por su entidad, no merecían ese nombre. En rigor, y como ya lo adelantamos, los pueblos se concentraban principalmente en los alrededores del fuerte de Andalgalá (centro norte de la actual provincia), donde fueron reducidos los grupos rebeldes después de los alzamientos diaguito-calchaquíes. En contraste, el valle central registra el mayor número de encomiendas de desnaturalizados sitiados en las propiedades de los encomenderos. Estos grupos de desnaturalizados solían anexarse a encomiendas, o pueblos preexistentes o "completarse" con algunas piezas chaqueñas.[28] Estos dos núcleos de población (zona de Andalgalá, y valle de Catamarca) están muy distantes y desconectados los unos de los otros, lo que hace muy difícil su administración y control eclesiástico. La *descripción* de 1692, incluso, registra que el pueblo Tinogasta jamás fue visitado por el cura a causa de la distancia. O sea, que aislamiento y desestructuración parecen caracterizar a las poblaciones indígenas catamarqueñas, lo cual habría redundado en una explotación despiadada de los tributarios. Al parecer, y siguiendo a Farberman y Boixadós, en ninguna cabecera tucumana los castigos, abusos y maltratos revistieron tal grado de violencia como en esta jurisdicción. En una docena de encomiendas se registraron castigos disciplinadores, azotes y otros crueles maltratos.[29]

Cuando comparamos las encomiendas de Catamarca con las de las jurisdicciones vecinas, encontramos que la mayor o menor magnitud de la población indígena de cada distrito no guarda relación con el número de encomiendas que ésta tenía. Por ejemplo, de las siete ciudades de la gobernación, la que cuenta con el mayor número de repartimientos era Catamarca, pero ésta ocupaba el quinto lugar en cuanto a la cantidad de tributarios; mientras que Santiago del Estero, cuya población india superaba ampliamente a la de cualquier otra, le correspondía un cuarto lugar. [30] Este caso es particular, porque estos pueblos no fueron afectados por la desnaturalización, como había ocurrido con varias de las otras ciudades. Aquí, Judith Farberman encuentra una perduración de los pueblos de indios, teniendo en cuenta el número de indios encomendados, la existencia de la base material de la comunidad, como era la tierra y la asistencia espiritual de los tributarios en capillas locales. En Santiago, los declarantes indígenas afirman habitar en pueblos que mantenían su forma. A ello habría que agregarle, acorde a las ordenanzas, el sistema de autoridades, caciques y alcaldes. [31]

---

[28] FARBERMAN, Y BOIXADÓS, 2006:611. Luján de Vargas registró en Catamarca 18 encomiendas mixtas con tobas y mocovíes.

[29] *Ibídem*, p. 612.

[30] DOUCET, (1980 (1): 220). Para la Rioja la Visita consigna 380 tributarios, para Catamarca 264, en Santiago del Estero 559, 317 para Salta y para Jujuy 190. Los totales de las jurisdicciones (excluida Córdoba) es de 2.004 tributarios. Aclaramos que a estas cifras son tomadas con mucha prevención..

[31] Judith FARBERMAN, 2000: 8-10. Agrega la autora que a medida que la desestructuración de los pueblos

Otra observación, que se desprende de la *visita*, es un número relativamente alto de huérfanos, en especial entre las mujeres. Esta situación es generadora de una serie de conflictos, porque al casarse con indios de otras encomiendas, van a ser consideradas por el encomendero afectado, como robos de mano de obra, dado el cambio de residencia de la mujer. La tensión, que se producía por el control de la mano de obra, sucedía también con las mujeres esclavas, como lo veremos más adelante.

A modo de síntesis, podemos finalizar esta primera parte afirmando que la visita demuestra que el servicio personal continuaba siendo un práctica común entre los encomenderos; al tiempo que observamos la considerable declinación de las encomiendas y posiblemente del poder de los encomenderos, obligados ahora a disputar dicho control y la producción indígena, con sectores antes subordinados a la elite. Cuando volvemos a tomar a estos indígenas ochenta años después (con los padrones de indios y censos de población) encontraremos una continuidad en las formas de apropiación de la mano de obra, una caída brusca del número de encomiendas, y sobre todo, un avance en el proceso de desarticulación, mestizaje e hibridación.

Pueblos indios del Valle de Catamarca durante el siglo XVIII

¿Qué sabemos de los pueblos de indios y encomiendas catamarqueñas durante la primera mitad del siglo XVIII? Todavía muy poco. Contamos con datos más "precisos" recién para la segunda mitad del siglo, a través de los padrones de indios, censos de población y libros parroquiales. De la primera fuente mencionada surge que la población originaria es bastante escasa y que la mitad de los pueblos tributa directamente a SM (9 de 18 pueblos en 1786). Cuatro de éstos con forasteros se ubican en el Valle central. En todos los casos, declaran tener tierras y en ningún caso cacique. En cuanto a las encomiendas, se verifica una manifiesta disminución de las mismas. De las 72 que había en Catamarca en ocasión de la visita de Martínez Luján de Vargas, perduraron sólo 9 en 1786 y 7 en 1807. Y de acuerdo a las declaraciones de las autoridades estaban a punto de extinguirse.[32]

En el Valle de los dieciséis pueblos que mencionaba Larrouy quedaban sólo tres: Choya, Collagasta y Villapima.[33] Además de los indios de la encomienda del finado

---

fue avanzando, no siempre estos elementos estaban reunidos. Incluso, había algo más: el modelo ideal del pueblo suponía la no intrusión de los españoles en la territorialidad indígenas, recortada por el poder a partir de la política de reducción.

[32] AGN. Documentos Diversos. Sección Colonia, Serie XV. *Revisitas y Padrones.* Intendencia de Salta, años 1786-1806. Legajo 32, folios 30 y 36.

[33] Entre la primera y última recaudación (1786 y 1807) se observa en estos tres pueblos y en la respectiva encomienda, un leve aumente de 110 pesos, equivalente a 22 indios más (28 y 50 respectivamente). Esta situación puede atribuirse a un mayor control fiscal por parte del Estado. No obstante ello, lo recaudado en la región significa el 11% del total de la primera revisita y el 7% de la segunda.

D. Alexo de Vega, que residían en la chacra de Polco. Se verifica, que en todos ellos conviven originarios y forasteros (calchaquíes y mocovíes), tienen tierra y agua, y en ningún caso, cacique. El servicio de los mismos estuvo dirigido a la recolección (leña, miel, algarrobo, cera), al hilado y tejido de algodón o al trabajo agrícola, con el que pagaban su tasa al encomendero. En el caso de los Choya debido a su cercanía de la ciudad, estuvieron también sujetos a mitas de plaza y a la construcción de obras públicas, como caminos, acequias, cabildos e iglesias. Nora Trettel y Marcelo Gershani Oviedo distinguen una cierta escala en el proceso de ocupación de las tierras que va, desde la usurpación directa del territorio en el caso de los Choyas, a una ocupación parcial y desplazamiento del conglomerado indígena en los Villapimas y la supervivencia del pueblo con sus tierras, hasta bien entrado el siglo XIX, en los Collagastas.[34] Veamos a continuación una breve referencia de cada uno de ellos.

Choya. Este pueblo fue encomendado tempranamente, permaneciendo la titularidad de la encomienda a lo largo de tres generaciones. Luis de Medina fue el primer encomendero del pueblo, le sucedió su yerno Luis de Hoyos. Mientras éste usufructuaba de los beneficios de la encomienda, Fernando de Mendoza Mate de Luna, fundaba la ciudad de San Fernando en 1683. En un principio, el pueblo estuvo ubicado en el sur del río El Tala y al oeste del Ongalí. Más tarde fue desplazado de este sitio al trazarse la nueva ciudad, la cual se fundó sobre las sobras del pueblo indio. En el acta de fundación se le reservaron tres marcos de agua, ubicándola a una legua del mismo. Cuando diez años después se completó la fundación, ésta quedaría situada a solo media legua del pueblo y con el tiempo sucedió lo que era inevitable: la ciudad absorbió al pueblito, y la acequia grande a la chica.[35] Con este desplazamiento, Choya perdió la bocatoma del Río El Tala, lo que incidió profundamente en la vida de la comunidad. Además, la cercanía y el intenso contacto con la ciudad fueron derivando en un claro proceso de *hispanización/ladinización.* Según Trettel y Gershani Oviedo, su vulnerabilidad quizás estuvo en esta situación y en la escasa población que contribuyó a menoscabar los esfuerzos por conservar la tierra.[36]

Cuando Martínez Luján de Vargas lo visitó el pueblo tenía 6 indios de tasa, que apenas ascenderán en las décadas siguientes. En esa oportunidad, declararon tener tierra y agua, además de la presencia de indios forasteros (los mencionados calchaquíes). Además afirman que no pagaban tributo en plata al encomendero (Alexo de la Vega) sino en servicio personal. Sostenían que sembraban sementeras para dicho encomendero en las tierras de la comunidad y cumplían servicios en su viña y chacra.

---

[34] Nora TRETTEL y Marcelo GERSHANI OVIEDO. "La problemática de la familia en tres pueblos de indios del Valle Central de Catamarca. Choya, Collagasta y Villapima en la segunda mitad del siglo XVII. *La Temprana población colonial.* Historia de la población, 5-6, Academia Nacional de la Historia, 2008:70-72.

[35] LARROUY, 1914: 21.

[36] TRETTEL y otros, 2005:11; Marcelo GERSHANI OVIEDO. "El pueblo de indios Choya en el Valle de Catamarca. Siglos XVII y XVIII. En Gabriela DE LA ORDEN DE PERACCA (coord.). *Los pueblos de indios en Catamarca Colonial,* Universidad Nacional de Catamarca, 2008:161-190.

Medio siglo después se encuentran allí cuatro familias permanentes y una década después aparece poco menos que desierto. El cacique del pueblo, se había establecido en propiedad ajena, en el actual Choya para estar más cerca de la bocatoma de la acequia. Según Larrouy, el dueño de esas tierras, "el bondadoso Maestre don Francisco Cubas y Nieva", lo deja allí, y llega a ser Enrique, "ladino en lengua castellana", el fundador de hecho del nuevo Choya, o Choya de arriba. [37]

Entre la primera y última Revisita se da un leve aumento de tributarios y familiares. Mantiene eso sí sus tres marcos de agua, que se los reconoce el Cabildo de la ciudad en 1799, y luego se los confirma la Audiencia de Buenos Aires.[38] La novedad es que estos indios tributan directamente a su Majestad y la población está compuesta ahora de originarios y forasteros con tierras. [39] Posiblemente habrían llegado algunos indios provenientes de otras parroquias. Esta presunción se basa en un alegato judicial del año 1821, en que el síndico procurador de Catamarca declaraba, que residían en Choya algunos individuos de manera clandestina y, según la autoridad, se habían introducido para aprovechar la abundancia del riego. Algunos años después, todavía se encuentra algún habitante en el pueblo viejo, que luego fue desterrado definitivamente. Hacia el año 1870, moría en Catamarca, muy viejo, Juan Esteban Sánchez, conocido con el apodo de Totorita. Era, según el P. Larrouy, el último de los indios de Choya.[40]

Collagasta. A doce km. al noroeste y a la vera del Río del Valle se asentaba el pueblo de indios de Collagata (actualmente ubicado en el departamento de Fray Mamerto Esquiú). Una de las primeras noticias que tenemos del mismo proviene de un expediente judicial citado por Larrouy, del año 1644, en cuyo proceso declaran los indios Domingo Apata, quien no sabe decir su edad, pero por su aspecto tendría unos 80 años, poco más o menos, y Miguel Bilipalacma (ídem, 70 años), ambos naturales del pueblo de Collagasta.[41]

Algunos años más tarde por orden del gobernador Jerónimo Luis de Cabrera, se levanta un padrón que dio como resultado un conjunto de 8 indios de tasas y un total de 56 personas; tenían cacique y poseían tierras propias.[42] Cuando Martínez Luján de Vargas visitó el pueblo, los indios que se encontraban dijeron tener tierras (pero no capilla) y acusaron al encomendero de haberlos obligado al servicio personal, el que deberá pa-

---

[37] P. Antonio LARROUY. *Los indios del Valle de Catamarca.* Facultad de Filosofía y Letras. Publicaciones de la Sección antropología, 14. Buenos Aires, 1914: 21.

[38] En Catamarca, como también en La Rioja, y sin duda en todas las jurisdicciones que tenían el riego artificial, el marco valía 4 naranjas, y la naranja 4 pajas. Ver al respecto: BAZÁN, 1996: 132-133.

[39] AGN. *Revisitas y Padrones.* Intendencia de Salta, Legajo 32. folios 30 y 36. Esta fuente contiene padrones de pueblos o reducciones de indios. Estos fueron realizados por unidades domésticas, consignándose en la mayoría de los casos nombre y apellido, situación fiscal de los indios, edad, autoridades étnicas. La revisita se inicia en la zona del Valle central, continua luego por los pueblos del oeste y del este y suma un total de 18 reducciones indígenas. Revisita de 1786: 6 indios tributarios y 23 con familia. Revisita de 1802: 5 indios tributarios y 23 con familia. Revisita de 1807: 10 indios tributarios y 49 con familia.

[40] Papeles de la familia Cubas que fueron publicado por el P. Antonio LARROUY, 1914: 42-43.

[41] P. Antonio LARROUY, 1914: 45-46.

[42] *Ibídem*, Padrón de 1688, p. 44.

garles por el trabajo realizado.[43] Al fundarse la ciudad de Catamarca, el Gobernador del Tucumán entregó la encomienda de Collagasta a un benemérito de la zona, don Nicolás de Barros Sarmiento. Esta situación trajo una serie de conflictos que se superaron unos años después cuando se confirmó la merced a don Laurencio Carrizo de Andrada. A partir de entonces, el pueblo permaneció encomendado por cuatro generaciones a los descendientes de esta familia (desde fines del siglo XVII y durante todo el siglo XVIII) [44] Los padrones de indios nos muestran un aumento de los indios de tasa a medida que nos acercamos a la última década colonial. En todos los casos hay originarios y forasteros con tierras y éstos tributan al encomendero don Diego Barros.[45] La calidad de este espacio geográfico llevó a diversos conflictos en torno a la propiedad de la tierra y el agua comunal. En este caso, a diferencia de los Choya, la estrategia de los naturales, según Trettel y Gershani Oviedo, fue el de litigar ante las autoridades.[46]

Villapima. Este pueblo se encuentra a unos 35 kilómetros al sur de la ciudad de Catamarca (actual departamento de Capayán). Desde los inicios estos indios eran los encomendados de Tula Cervín, y lo serán luego de su hijo Diego Gómez de Pedraza. Ramírez de Velasco dio a finales del siglo a Tula Cervín una merced de tres leguas por una y media, "una legua próxima, río arriba" del pueblo. Esta estancia (probablemente la de San Pablo hoy) junto con la de Capayán formaron parte de la dote de doña Luciana Bazán, hija de Tula Cervín. Un siglo después, en su estancia de Capayán, Diego Navarro de Velasco tenía a 24 indios de tasa y reservados del pueblo de Villapima, cuyo cacique era Fernando Sigamba. Martínez Luján de Vargas comprobó en su *visita* que los indios no estaban en el pueblo, sino en Capayán, donde los había llevado su anterior encomendero, y donde fueron visitados por el funcionario. Allí declaran tener tierra, no así cacique y entre ellos hay originarios y forasteros. Dos décadas después, el nuevo encomendero (Alonso Navarro hijo del anterior) tenía algunos indios menos y estas cifras con pequeñas variaciones se mantienen en las sucesivos padrones.

Encomienda del finado Alexo de Vega: No está organizada como pueblo de indios, porque no tiene autoridades étnicas ni capitulares. Estaba ubicada en el actual Polco. La misma contaba a fines del siglo XVII, con 5 indios de tasa y un total de 22 personas. Este número se mantuvo en los padrones de indios de finales de la colonia. Aquí también hubo indios originarios, junto a forasteros con tierras. No hay cacique.

El detalle en cifras de estos pueblos lo podemos ver en los cuadros 1, 2 y 3 que presentamos a continuación. La información corresponde a la primera *Revisita* de 1786 y a la última de 1807.[47]

---

[43] Información proporcionada por Gastón DOUCET. Ver en el anexo, al final del libro, la encomienda número 70.
[44] TRETTEL y otros, 2005: 6.
[45] AGN. *Revisitas y Padrones*. Revisita de 1786 y 1802.
[46] TRETTEL y otros, 2005: 12.
[47] AGN. *Revisitas y Padrones*, Intendencia de Salta, años 1786-1806. Legajo 32, folios 30 y 36.

CUADRO 1

1786 CATAMARCA PUEBLOS DEL VALLE CENTRAL (RECTORAL)					
PUEBLO DE INDIOS	Choya su sm	Collagasta (Diego de Barros)	Villapima (Bernabé Correa)	Encomienda Alexo de la vega)	TOTAL
Cacique	-	-	-	-	-
Tributarios	6	7	10	5	28
Ausentes	-	6	3	-	9
Próximos		2	6	2	10
Niños	5	12	10	1	28
Casados	4	10	5	2	21
Solteros	-	13	11	7	31
Viudos	3	1	2	-	6
Niñas	2	9	12	5	28
Reservados	3	7	1	-	11
TOTAL	23	67	60	22	172

Fuente: AGN, Revisitas y Padrones. Intendencia de Salta, Legajo 32, folios 30 y 36

CUADRO 2

TOTAL DE HABITANTES DE LOS PUEBLOS DEL VALLE CENTRAL					
TRIBUTARIOS	Choya	Colla gasta	Villa pima	Enco mienda	TOTAL*
Tributarios 1786	6	7	10	5	28/316
Tributarios 1807	10	24	12	4	50/357
Total indios 1786	23	67	60	22	172/1382
Total indios 1807	49	120	65	19	253/1841
* corresponde a los pueblos y encomienda del Valle y su relación con el total de la jurisdicción					

CUADRO 3

PUEBLOS DE INDIOS DEL VALLE					
PUEBLOS DE INDIOS	Choya	Collagasta	Villapima	Encomienda	TOTAL
Cacique	-	-	-	-	-
Niños	8	25	12	1	46
Niñas	10	19	15	3	47
Próximos	2	5	4	1	12
Ausentes	2	2	1	1	6
Tributarios	10	24	12	4	50
Casados	10	15	9	4	37
Solteros	5	22	5	5	37
Viudos	1	5	5	-	11
Reservados	1	3	2	-	6
Total	49	120	65	19	253
En Choya está incluido un cholo casado con originaria					

Respecto a la vida familiar se observa un claro equilibrio de los sexos, veri-ficándose, asimismo, un predominio de la organización familiar, nuclear, presidida por un varón; no faltan las mujeres como jefas de hogar, tanto en calidad de viudas como de madres solteras. Es el caso de Petrona Arce del pueblo de Choya, quien tiene cuatro hijos naturales: Manuel, Balvina, Inocencio y Petrona. No ocurre lo mismo con los indios de la encomienda de Polco; allí predominan las mujeres y son parejos los hijos legítimos y naturales. También, hay indios provenientes de Santiago del Estero, (Martín Vega casado con Casilda Díaz) y otros que están en Buenos Aires, como el caso de Juan Vega, hermano del anterior. Asimismo, hay huérfanos, una parda libre y un cholo. Todo indicaría que los indios de esta encomienda presentan un cuadro más diferenciado que el anterior, con mayor similitud a los indígenas de la ciudad; allí observamos desequilibrio entre los sexos, un mestizaje amplio y una mayor movilidad e ilegitimidad.[48]

El promedio de hijos por familia es del 2,3, representando los ilegítimos y huérfanos un porcentaje cercano al 27.2, que es más bajo que el que encontramos entre los indios que vivían fuera de los pueblos, sea en la ciudad como en las haciendas y estancias de los españoles. El mestizaje no aparece determinado en esta fuente, sino sólo de manera ocasional. A modo de ejemplo, citamos el caso del alcalde de Choya Mariano Díaz casado con María Agustina Solórzano Pereira, que es mestiza. También a José Francisco Ega, casado con Petrona Barrionuevo, también mestiza con dos hijos. Si se pensara en un patrón familiar podríamos agregar que el matrimonio temprano parecería ser la norma. O mejor dicho, la edad en que se tuvo el primer hijo. El con-dicional tiene que ver con que no siempre aparece la edad de la madre, pero cuando ésta está indicada, se observa dicha tendencia, tanto en las mujeres casadas como en las solteras. Veamos algunos casos:

Juan Gregorio Díaz de 28 años casado con Francisca Góngora de 27 años con dos hijos, Manuel de 13 y Juan de 8 (pueblo de Choya).

Petrona Arce, soltera de 30 años con cuatro hijos: Manuel de 14, Balbina de 13, Ino-cencio de 9 y María Petrona de 7 (pueblo de Choya).

Juan Alberto Zarate de 25 años, casado con Feliciana Barrionuevo de 20 años y un hijo llamado José Santos de 4 años (pueblo de Collagasta).

La estructura familiar con fuerte presencia femenina, podría estar vinculada a la participación de las mujeres en actividades económicamente importantes, como eran la agricultura y especialmente la artesanía doméstica de los tejidos.[49] También encontramos escasez de varones solteros, lo que reflejaría la emigración de solteros a las haciendas y a la ciudad. Incluso, también, podía ser el resultado de una presión

---

[48] Volveremos sobre este tema en el capitulo VI.

[49] Esta actividades están mencionadas en diferentes fuentes, tanto en la visita ya citada de Luján de Vargas, como en las del siglo XVIII y XIX correspondientes a las *Revisitas* de Indios.

por los sacerdotes españoles sobre los indios para que se casasen jóvenes y así incrementar el pago del tributo.

En estas fuentes, son continuas las referencias de las migraciones de indios a la ciudad. Esta situación llevó a las autoridades a exhortar a los dueños o capataces de tropa que no sacaran para peones de ellas a los tributarios, sin dejar pagados o afianzados sus tributos y además teniendo en cuenta la obligación de restituirlos a su origen o domicilio o "satisfaciendo los tributos que adeudaban hasta la edad de la reserva..."[50]. Insistían, además, en la dispersión indígena y en las dificultades que tenían para hacerse del tributo. Explicaban que los foráneos superaban a los originarios, situación que acentuaba la dispersión por la inconstancia del domicilio, en tanto la reunión en parajes facilitaba la recaudación. A ello se sumaba, las características del territorio dilatado y lleno de montes, que albergaban a los indios, que huyendo de la autoridad se ocultaban y no aparecían en 5 o 6 años. [51]

CUADRO 5

1807 ORGANIZACIÓN FAMILIAR DE LOS TRES PUEBLOS DE INDIOS DEL VALLE				
PUEBLOS DE INDIOS	Choya	Collagasta	Villapima	Encomienda
Familias nucleares	8	7	16	31
Familias extendidas	1	2	4	7
Jefas de familia	2	2	6	10
Jefas de familias extendidas	-	2	2	4
Total de familias	11	13	28	52

Revisita de 1807

CUADRO 6

1807 TOTAL HIJOS DE LOS TRES PUEBLOS DEL VALLE				
PUEBLOS DE INDIOS	Choya	Collagasta	Villapima	Total
Total de hijos	23	26	83	132
Promedio de hijos por flía	2.0	2	2.9	2.5
Hijos ilegítimos	4	5	27	36, 27

La población indígena y los censos de población de finales de la colonia

En el censo de 1778 observamos disparidades numéricas con los padrones de indios ya citados, pero una total coincidencia en el bajo porcentaje de indios que tenía

---

[50] AGN. Documentos Diversos. Sección Colonia, Serie XV. *Revisitas y Padrones*. Intendencia de Salta, años 1786-1806. Legajo 32, folios 30 y 36.

[51] *Ibídem.*

el Valle central.[52]La mayor representación, como ya hicimos referencia, la tenían las parroquias de Belén y el Alto, ubicadas en la zona del oeste catamarqueño. Si extendemos la comparación con las jurisdicciones vecinas, constatamos a su vez, que Catamarca presenta el índice más bajo de población indígena del Tucumán colonial. [53]

Las diferencias numéricas se profundizarán en las décadas siguientes. Los totales de la última revisita indígena poco tienen que ver con las cifras proporcionadas por el censo de 1812.[54] Esta situación nos indica que la mayoría de los indios censados viven fuera de los pueblos de indios, y que, seguramente, buena parte de éstos ya son mestizos. Aquí el dato relevante es el crecimiento considerable de esta población y la presencia significativa de indios "libres" en el ámbito de la ciudad y en las poblaciones del valle central. Adelantándonos al desarrollo del capítulo VI, donde trataremos más profundamente estas cuestión, señalamos que en gran medida el "crecimiento" de la población "libre" se debe a un extendido proceso de mestizaje e hibridación. Diferentes fuentes y sobre todo los Libros parroquiales de Bautismos y Matrimonios dan cuenta de las uniones de mulatos con indias y mestizas. ¿Cómo figuran los hijos nacidos de estas uniones? En el censo de 1812, encontramos 300 niños de la ciudad y de algunos pueblos del Rectoral (Polco, Piedra Blanca y Valle Viejo) que figuran como "indios". De modo que el crecimiento de los indios libres se debería en parte al aumento de la población "zamba" englobada bajo la denominación de "indios". Esta situación explicaría las considerables variaciones entre los censos mencionados, tal como se puede ver en las taxonomías de padres e hijos que presentamos a continuación:[55]

> pardo libre/india = indio
> parda libre/indio = indio
> esclavo/india = indio
> español/india = indio

---

[52] CENSO DE 1778. (Publicado por el P. LARROUY, *Documentos del Archivo de Indias para la Historia del Tucumán, siglos XVIII.* Tolosa, 1927: t II, 380-382). Observamos que el respectivo censo presenta fuertes disparidades numéricas con los padrones de indios citados: 2815 y 1382 (censo y primera revisita). En el Valle la cifra se triplica: 673 y 201 respectivamente. Las diferencias entre las fuentes nos indican que la mayoría de la población empadronada como indios en 1778 vivía fuera de los pueblos de indios.

[53] En el Rectoral de Catamarca, es decir todo el Valle en su acepción más amplia, de Chumbicha a Singuil, había un total de 6451 habitantes: españoles 1025; indios 673; mulatos, negros y zambos libres, 4225; ídem esclavos, 528. De acuerdo a este censo el porcentaje más bajo de población indígena de todo el Tucumán lo tenía Catamarca con solo 18% y un 24% el Valle.

[54] CENSO DE 1812. (AGN., X ,43-10-6. *Padrones de San Luis, Catamarca y Montevideo, 1812-1814*). Un estudio detallado del mismo lo encontramos en Ernesto MAEDER. "El Censo de 1812 en la historia demográfica de Catamarca". *Anuario* del Instituto de Investigaciones Históricas de la Universidad Nacional de Rosario, 10, 1970: 217-248.

[55] *Ibídem.* Asimismo, estimamos muy probable que en el Censo de 1778 los descendientes de estas uniones estén incluidos en el grupo de los mulatos, pardos y zambos libres.

CUADRO 7

TOTAL INDÍGENAS POR CURATOS		
CURATOS	1778	1812
Rectoral	673	873
Ciudad		2599
Anejos		3.472
Concepción del Alto	937	976
Ancasti	200	1.522
Belén	1.005	1.194
Total	2.815	7.164

Fuente. E. MAEDER, 1970: 238

Otra novedad que nos muestra esta fuente de principios de la República, es la concentración de buena parte de los indios libres en el valle central. Las migraciones (forzadas o voluntarias) a esta región y más concretamente en el área urbana, parecen ser una característica de este periodo. Tan sólo en la ciudad y anejos encontramos el 36% de indígenas de toda la jurisdicción. Aquí se concentran en el barrio de La Merced, donde ejercen con destreza oficios como carpinteros, albañiles, sastres, compitiendo en este último rubro con los mulatos.[56] En el resto de la parroquia son sobre todo labradores, peones y jornaleros en estancias y chacras.[57] Aclaramos al respecto que estas actividades no son estáticas, sino que habría un pasaje frecuente de una ocupación a otra. La mayoría de estos trabajadores los encontramos en Piedra Blanca y Valle Viejo, situación que guarda una estrecha relación con el perfil intensamente productivo de la zona. También hay domésticas indígenas en proporciones semejantes a las mulatas y pardas libres. Otro dato relevante que surge de esta fuente es la presencia de numerosas familias multiétnicas conformadas por indios, mulatos y mestizos, que muy probablemente acentuaron el proceso de *hibridación, mestizaje y ladinización* que ya observamos desde tiempos atrás. La ladinización, en el sentido de la capacidad de expresarse en la lengua "de Castilla", coincide con un mayor grado de hispanización que lentamente irá borrando las huellas de las lenguas nativas para dejarlas presentes en algunos topónimos y apellidos.

Podemos finalizar este capítulo afirmando, que más allá de los inconvenientes y prevenciones en el análisis de las fuentes, éstas coinciden en señalarnos transformaciones importantes en el conjunto de las comunidades indígenas. Todo el Valle central será testigo de una transculturación aguda desde épocas tempranas, que se

---

[56] Armando BAZÁN y Ramón OLMOS. "La ciudad de Catamarca en 1812". *Primer Congreso de Historia Argentina y Regional.* Academia Nacional de la Historia, 1973:465-78.

[57] Florencia GUZMÁN. "Agricultura y familia en el Valle de Catamarca", en Cristina LÓPEZ (comp.). *Familia, Parentesco y Redes Sociales,* Universidad Nacional de Tucumán, 2003: 103-138. De este estudio surge que el 33% de los labradores de ValleViejo son indios y el 60% está casado; el 59% de los peones de Piedra Blanca también son indios ; el 50% de los jornaleros están localizados en la ciudad, principalmente en el barrio de La Merced, y de éstos el 82% son indios y el 58% solteros.

debía tanto a las desnaturalizaciones como al servicio personal; también, a las migraciones forzadas y voluntarias; al traspaso de los indios a las estancias y a la ciudad; a la extinción de las encomiendas y a un extendido proceso de mestizaje y ladinización. Si nos retrotraemos a los siglos anteriores encontramos que aquí hay un espacio colonizado desde las jurisdicciones vecinas por estancias y haciendas, donde buena parte de la población indígena de esa zona fue gradualmente instalada en ellas y los pueblos desestructurados. El resultado es un predominio de piezas sueltas y algunos grupos familiares, desmembrados de sus pueblos originarios. A fines del siglo XVII, raramente aparecen los caciques, y la población está desmembrada y radicada en tierras ajenas. La coexistencia y convivencia forzada de poblaciones de origen diferente (diaguitas, calchaquíes, mocovíes), incluidos los africanos y descendientes, fue creando las condiciones para un mestizaje basado en la pérdida de identidades comunitarias. Si a ello le sumamos la cercanía y atracción que ejercía la ciudad, encontramos aquí un nuevo dinamismo en todo el sistema económico y social. Las migraciones de indígenas a la ciudad, con el consecuente proceso de ladinización, constituyen, a su vez, un problema central para evaluar el impacto de las transformaciones culturales de estas sociedades indígenas. La hibridación y el mestizaje son facetas dinámicas de los procesos de movilidad, integración y resistencia, sobre los que volveremos en los próximos capítulos.

V

NEGROS Y MULATOS, ESCLAVOS Y LIBRES

Decíamos que la población negra (africanos y descendientes) fue muy significativa en Catamarca durante el periodo colonial, de igual manera que en el resto de las ciudades del Tucumán. Convivían aquí en proporciones y situaciones variables con la población hispanocriolla e indígena, y con los crecientes mestizajes derivados de las mismas. El impacto prolongado del temprano tráfico se refleja a principios del siglo XIX en una declinación de los esclavos y en un importante crecimiento de los sectores libres. Las fuentes son estas décadas difusas y bastantes imprecisas, como resultado de un extendido mestizaje, asociado a procesos de movilidad social y a una variada gama de colores, como mulato, pardo, zambo y cholo. El Valle, con porcentajes muy altos de población libre de color, adquiere singularidad, tanto en la jurisdicción, como en el resto de las ciudades vecinas.

El propósito de este capítulo es el de analizar los cambios observados en el conjunto de esta población de finales de la colonia, referentes al color, a la condición y al status. Me guía además el objetivo de indagar en la diversidad regional y local, con la finalidad de matizar la reflexión acerca de la "declinación", "desaparición" e "invisibilización" del aporte negro a la población catamarqueña. O mejor dicho, el de iluminar el proceso de mestizaje y su contribución en la configuración de las identidades colectivas. ¿En qué medida el mestizaje influyó en los procesos adaptativos y en la reproducción interna de los africanos? En ese caso, ¿qué nos dicen las diferencias regionales?[1]

---

[1] La historiografía "negra" se ha ampliado considerablmente en las últimas décadas. Aquí sólo citaremos algunos trabajos clásicos, varias compilaciones y algunos libros más recientes. Entre los primeros destacamos el de Marta GOLDBERG. "La población negra y mulata de la ciudad de Buenos, 1810-18140, en De*sarrollo Económico,* 16, 1976: 75-99 y el de Reid ANDREWS. *Los Afroaergentinos de Buenos Aires*, Buenos Aires, Ediciones La Flor, 1989. Las siguientes compilaciones reúnen buena parte de las últimas investigaciones: Revista de *África y Asia*, 2. Sección de Estudios de Asia y África. Facultad de Filosofía y Letras. UBA, 1993; Dina PICOTTI (comp.). *El negro en la Argentina. Presencia y negación.* Buenos Aires, Editores de América Latina, 2001; *Los Afroandinos de los siglos XVI al XX,* UNESCO, 2004; Leticia MARONESE

Se advierte en la mayoría de las investigaciones sociodemográficas una sostenida tendencia a combinar el análisis de censos y padrones de la segunda mitad del siglo XVIII, que suelen estar acompañados del examen de registros parroquiales, testamentos, protocolos y otras fuentes que presentan una aproximación multidimensional de la población y el mestizaje, tanto de los esclavos como de los negros y mulatos libres. A medida que avanzamos hacia el siglo XIX esta población se desdibuja en las fuentes censales y parroquiales, así como en el conjunto de la producción histórica. Por ello, uno de los desafíos que tenemos por delante es el de revertir esta cuestión.

La población negra en las ciudades del noroeste argentino: un debate abierto

1. Estimar la distribución de la población negra no es una tarea fácil. Existe una constante migración de los esclavos a los grupos de color libres. Por este motivo, es importante tomar en cuenta ambos sectores a fin de determinar el impacto final del tráfico en término de distribuciones poblacionales. Este procedimiento presenta problemas en cuanto a definir qué se entiende por persona "negra". Cuando utilizo el término de hombre libre, sigo definiciones corrientes en América Latina, que por lo general se refieren a personas liberadas en algún momento de su vida, o a personas libres, cuyos antepasados fueron esclavos y aún conservan rasgos fenotípicos claramente definidos relacionados con el color. Sin embargo, en lo que hace a la terminología general del color y las clases, a menudo resulta difícil de determinar el tamaño de la población de origen africano, cuando aparecen confundidos entre las castas. Las castas "afromestizas" (entendiendo por ellos a los mulatos, pardos y zambos) conforman junto a las "indomestizas" (mestizos, cholos) las "castas y naturales" en los libros parroquiales de las ciudades del noroeste y la "población de color" en la ciudad de Buenos Aires. En los censos de población y otras fuentes coloniales, las uniones que provienen de ambas castas son incorporadas en algún caso dentro de los primeros, y en otro, entre los segundos, lo cual dificulta cualquier intención de distinguir y restringir el estudio sólo a los descendientes de africanos.[2]

(com.). *Buenos Aires negra: Identidad y Cultura.* Temas de Patrimonio Cultural, 16, Buenos Aires, 2006; Marisa PINEAU y Florencia GUZMÁN (comp.). *África y africanos en la Argentina. Investigaciones y debates actuales.* Editorial de la Universidad Nacional de Quilmes (actualmente en prensa). Por último, algunos libros más recientes: Alejandro FRIGERIO. *Cultura Negra en el Cono Sur. Representaciones en Conflicto.* Universidad Católica Argentina, 2000; Mario RUFER. *Historia negadas. Esclavitud, violencia y relaciones de poder en Córdoba a fines del siglo XVIII.* Córdoba, Ferreira editor, 2005; Miguel Ángel ROSAL. *Africanos y afrodescendientes en el Río de la Plata. siglos XVIII al XIX.* Buenos Aires, Dunken, 2009; José Luis GROSSO. *Indios muertos, negros invisibles. Hegemonía, Identidad y Añoranza.* Universidad Nacional de Catamarca, 2008; Lea GELER. *Andares negros, caminos blancos. Afroporteños, Estado y Nación. Argentina a fines del siglo XIX.* Buenos Aires, Prohistoria, 2010. Silvia MALLO e Ignacio TELESCA (edit.). *"Negros de la Patria". Los afrodescendientes en las luchas por la independencia en el antiguo Virreinato del Río de la Plata.* Buenos Aires, Paradigma Indicial, 2010.

[2] Gonzalo AGUIRRE BELTRÁN en su clásico libro *La población negra en México* califica a los españoles americanos, criollos o mestizos predominantemente blancos, con el término de *euromestizos,* y a los simplemente denominados mestizos, que son híbridos preponderantemente indígenas, con el de *indomestizos.* A la población mulata/parda preponderantemente negra las designa con el calificativo de *afrometizos.* El

El resumen del Censo General de 1778, publicado por el P. Antonio Larrouy referido al Obispado del Tucumán, parece ser un claro ejemplo de esta situación.[3] Aquí, los negros, mulatos, pardos, y zambos representaban el 44.5% del Noroeste (la población indígena el 36.5 y los españoles el 19%). Suman unos 38.085 sobre una población de 85.528 habitantes. Son mayoría en varias de estas ciudades, con un índice aproximado al 64% en Tucumán, 54% en Santiago, 52% en Catamarca y el 46% en Salta. Esta última tiene la proporción más alta de esclavos y Tucumán, la de negros libres. En censos posteriores, esta población desciende en representación a un 17% en 1789 y al 16% en 1795. Esta declinación presenta marcados contrastes entre las ciudades: descenso significativo en Salta, Santiago del Estero y Tucumán. Cierta estabilidad en los porcentajes en la ciudad de Catamarca y un aumento de los mismos en la ciudad de La Rioja.

¿Cómo analizar estos cambios? Para algunos investigadores este descenso se debe a un error de base.[4] Los datos publicados por el padre Larrouy, y reproducidos por Jorge Comadrán Ruiz[5], no deberían tomarse en cuenta debido a que los mestizos no fueron consignados (englobados seguramente entre los descendientes de africanos) y la población indígena tendría un recuento deficiente. El resultado origina un engrosamiento en los afromestizos y un subregistro de los indomestizos. Con este criterio, los censos posteriores, más que indicar una notable declinación de los africanos y descendientes presentarían cifras más "reales" de esta población, que rondaría alrededor de un 17% entre esclavos y libres.Catamarca sería una excepción en este caso, porque aún en los censos posteriores presenta un porcentaje que es el doble de la población promedio del resto de las ciudades mencionadas. En casi todos los casos, el recuento de los esclavos no manifiestan mayores problemas ya que estos generalmente aparecen consignados en las fuentes (con algunas excepciones como en el censo de 1771 de Catamarca en el que unos cien esclavos fueron clasificados como domésticos y criados, sin alusión a su condición). Es en el sector libre donde se advierten las mayores desigualdades. Los inconvenientes se plantean, sobre todo, con aquellos individuos con varias generaciones de mestizaje tanto con blanco (hispanocriollo) como de indio. Los juicios por disenso que se encuentran en el Archivo del Arzobispado de Córdoba y que corresponden a estas jurisdicciones, mencionan

---

autor afirma que los afromestizos de todos los resultados del mestizaje son los que se encontraban en una situación de mayor "indeseabilidad". La presencia de sus caracteres negroides llevó a éstos a procurar formar parte de los indomestizos. Las características heredadas de la madre habrían facilitado su aceptación dentro del mundo indígena (1974: 246-247, 265-274)

[3] CENSO DE 1778. El resumen correspondiente al Obispado del Tucumán fue publicado por el P. Antonio LARROUY. *Documentos del Archivo de Indias para la Historia del Tucumán, siglo XVIII*, Tolosa, T. II, 1927: 380-382. Además, en Edberto Oscar ACEVEDO, *La Intendencia de Salta del Tucumán en el Virreinato del Río de la Plata.* Universidad Nacional de Cuyo, 1966: 323-9. Estos datos corresponden a las ciudades de Salta, Jujuy, San Miguel de Tucumán, Santiago del Estero y Catamarca.

[4] Eduardo ROSENZVALG. *Historia social de Tucumán y del azúcar.* Universidad Nacional de Tucumán, 1986: 24-31, ("Polémica sobre la dimensión real de la esclavitud negra en Tucumán")

[5] Jorge COMADRÁN RUIZ. "La población de la ciudad de Catamarca y su jurisdicción al crearse el Virreinato". *Primer Congreso de Historia de Catamarca* ,t II, 1965: 97-123

una y otra vez los continuos problemas derivados de la adscripción y autoclasificación étnica. Así también lo expresan los encargados de llevar a cabo los censos y padrones de indios. ¿Con qué grado de aproximación se podía clasificar a un pardo, de un mestizo o de un zambo? ¿Era clara la línea divisoria entre estas categorías? [6]

Estudios etnográficos sobre las poblaciones negras señalan las dificultades de las clasificaciones en contextos de contactos interétnicos. Es posible, por ejemplo, que una persona tenga rasgos similares a los europeos pero que su pelo sea más negroide que europeo. En tal caso, la categoría que le corresponde en la sociedad en función del color queda determinada por la textura de la piel. Este individuo se situará por encima de una persona que tenga una tez similar y un pelo "bueno", pero cuyos rasgos sean más africanos. Una persona morena con pelo "bueno" y facciones "buenas" queda por encima de una persona de tez clara que tenga facciones y pelo "malos".[7] Encontramos un número grande de tales combinaciones también en nuestras sociedades coloniales, que nos dan cuenta de la confusión de los atributos de color, raza y clase, de los que se hacen eco (sobre todo) los expedientes judiciales y las fuentes de escribanías. Aparecen en estos documentos numerosas referencias a "esclavas de color blanco", "esclavas apardadas", "esclavos chinos", "mulatos de color blanco", "mulatos de ojos apardados", "pardos azambados".

No obstante estas dificultades y algunas prevenciones que debemos tener cuando estudiamos esta población, se verifica en los últimos años un avance cualitativo en el estudio de la misma. Incluso, podríamos enunciar algunas tendencias para las ciudades del noroeste argentino: una población hispanocriolla minoritaria respecto a la población india y negra, (como ya vimos, denominada en las fuentes de la época como *castas y naturales*). Mulatos y pardos que generalmente superan a los negros, y poblaciones libres que exceden a los esclavos. Se advierte además la preponderancia de una población criolla de color, que se ubica por encima de la africana, y que representa buena parte esta población. Esta presencia criolla nos indica más un crecimiento por reproducción que por ingreso de nuevos esclavos. Incluso los protocolos de fines del XVIII también revelan que las operaciones comerciales corresponden mayoritariamente a un circuito del Tucumán, que al ingreso de africanos provenientes del puerto de Buenos Aires. En Catamarca, el estudio realizado por Mirta Arzumendi de Blanco llega a una conclusión semejante en cuanto al origen de los esclavos. Entre 1778 y 1812 se realizaron 139 compraventas, lo que da un promedio de cuatro por año, cifra muy inferior respecto de la ciudad de Tucumán, lo que nos indica la dinámica y vitalidad de una plaza respecto a la otra. La autora encuentra también un crecimiento de las transacciones en la década de la revolución: en 1806 hay 17 operaciones de negros. En

---

[6] En el capítulo siguiente desarrollaremos este tema. Una versión anterior se puede leer en Florencia GUZMÁN. "De colores y matices: los claroscuros del mestizaje". Sara Mata de López. *Persistencias y cambios: Salta y el Noroeste Argentino, 1770-1840.* Rosario, Prohistoria, 1999:15-40.

[7] Manuel MORENO FRAGINALS. *África en América Latina.* UNESCO, Siglo XXI, 1996, 3 edición. 1994: 378-397.

este caso, también se trata de esclavos criollos, pero a diferencia de la ciudad vecina, cuenta con 8 negros angolas y 7 negros "bozal"; no obstante, que éstos representan una cantidad menor en el conjunto de las operaciones, nos indican que todavía se realizaban compras directas de esclavos en la última década de la colonia.[8]

La constatación de una mayoritaria población criolla de color es una variable importante a tener en cuenta en las trayectorias de "asimilación". Los negros/mulatos/pardos criollos hablan la lengua castellana y tienen un conocimiento sobre la sociedad que les permite ciertas cuotas de independencia y trasgresión. "De bozales salen santos se decía." El grado de transculturación, "deculturación" y "domesticación", en palabras de Moreno Fraginals, habría redundado en una propensión mayor hacia el mestizaje.[9]

2. La jurisdicción de Catamarca presenta un matiz importante en la distribución espacial de los esclavos, con relación a las ciudades del noroeste. En éstas encontramos un perfil urbano más predominante. En tanto aquí, si bien hallamos una presencia significativa de esclavos en la ciudad, no son pocos los que se ubican en las poblaciones semiurbanas. Incluso, hay esclavos en el oeste catamarqueño, en el Mayorazgo de Huasán, donde Díaz de la Peña concentra 100 de los 700 esclavos que tiene la jurisdicción en 1778.[10]

Una explicación posible, también en este caso, puede deberse a la tardía fundación de la ciudad de San Fernando que se efectiviza a fines del siglo XVII y concreta el establecimiento de los vecinos y residentes recién en la segunda mitad del siglo XVIII. Antes de ello, como lo vimos en los capítulos anteriores, las poblaciones semiurbanas cercanas a la ciudad ya tenían un poblamiento activo y una producción importante tanto de algodón, vino y aguardiente, que gozaban de gran reconocimiento en el resto del Tucumán. El incremento de habitantes que presenta la ciudad de Catamarca y su jurisdicción en este periodo, (que en gran medida se debe al crecimiento de las poblaciones del valle central), no logra variar sustancialmente los porcentajes de la población esclava y libre presentados en el resumen publicado por Larrouy. Mientras en las ciudades vecinas se produce una "disminución" importante de esta población, aquí los negros y mulatos representan el 40% del total de población.[11] ¿Cómo interpretamos este predominio? Una respuesta la da Ariel de La

---

[8] Mirta Arzumendi de BLANCO. "Blancos y negros en Catamarca, 1778-1812. *Boletín de la Junta de Estudios Históricos, Catamarca*, 2003:82. De la misma autora: "El mestizaje en Catamarca (1812-1869). La sociedad criolla". *Boletín de la Junta de Estudios Históricos de Catamarca*, 1995-1996, Ano XII, 1997: 97 106. *Bozal* se llamaba al negro recién llegado de su tierra y negro *ladino*, por extensión de la voz ya aplicada a los moros que además de su lengua sabían el español y que durante la época de la Reconquista fueron apellidados *moros latinizados o ladinos*. Al indio bilingüe también se lo llamaba *indio ladino* (Gonzalo AGUIRRE BELTRÁN. *La población negra en México, cit.,* 1972:160-175).

[9] Manuel MORENO FRAGINALS, *cit.,* 1994: 3-33.

[10] Florencia GUZMÁN, "Matrimonio, mestizaje y familia en el Valle de Catamarca, 1770-1810."Tesis de Doctorado. Universidad Nacional de La Plata, 2002. Inédita.

[11] Edberto O. ACEVEDO, 1956: 326-7.

Fuente, cuando afirma que no se podía hacer agricultura en el Valle de Catamarca si no se contaba con esclavos.[12] Una baja proporción de indígenas en toda esta zona (ubicados sobre todo en el oeste catamarqueño), un desarrollo agrícola intensivo y una alta densidad poblacional (particularmente en el "oasis" de Las Chacras), sumado a la superposición de los ciclos productivos, a salarios altos entre la población libre con un alto poder negociador y una gran demanda de trabajadores durante algunos meses del año, sólo podía resolverse con personal permanente y el contrato de "libres" para las tareas estacionales; política implementada exitosamente por los Padres de la Compañía de Jesús en otras ciudades del Tucumán.[13] Todo parece indicar que en las zonas de regadío este patrón se repite, debido a los requerimientos de una producción que necesita trabajo estable claramente disponible.[14]

Una segunda explicación y que puede complementar a la anterior, se relaciona con el "color" de la población. Si trasladamos la constatación que realizan M.Goldberg y S. Mallo en la campaña bonaerense quizás podamos dilucidar esta situación.[15] Las autoras encuentran que en las zonas de colonización más antigua la mayoría de la población es mulata- parda y, a la inversa, son negros en las poblaciones más recientes. El correlato en la ciudad de Catamarca sería que con un poblamiento que se acrecienta notablemente durante las últimas décadas coloniales, el sector de los negros/mulatos prevalece todavía sobre los pardos, lo cual apareja la mayor visibilidad que registran los censos. Contrasta esto con las ciudades vecinas donde esta población proviene de un tráfico más antiguo y probablemente de más centurias de mestizajes e hibridación. El censo de 1812 de Catamarca ya presenta un panorama más cercano al de estas ciudades, como consecuencia de una exogamia determinante en el conjunto de los grupos afromestizos. Los migrantes que llegan al Valle (según surge de las partidas de matrimonios) y entre ellos, un número importante de mulatos y pardos libres, pueden haber contribuido a reforzar el color en algunos casos, como a debilitarlo cuando se mestizaron con la población indígena e hispanocriolla.[16]

3. Otra diferencia que presenta Catamarca es el número de esclavos de los jesuitas y la influencia de los Padres en el patrón de comportamiento familiar. Ya se

---

[12] Ariel DE LA FUENTE. "Aguardiente y trabajo en una hacienda catamarqueña colonial: La Toma, 1767-1790", en *IEHS*, 3, Universidad Nacional del Centro, 1988: 91-121.

[13] Carlos MAYO. *La Historia agraria del Interior. Haciendas jesuíticas de Córdoba y el noroeste.* Buenos Aires, Centro Editor de América Latina, 1994: 1-2.

[14] También es el caso de Mendoza, San Juan y algunas zonas de Córdoba, donde la esclavitud es importante en los cultivos de riego.

[15] Marta GOLDBERG y Silvia MALLO. "La población africana en Buenos Aires y su campaña. Formas de vida y de subsistencia (1750-1850)". *Temas de África Asia.* Sección de Estudios de Asia y Africa. Universidad de Buenos Aires, 1993: 15-69.

[16] De las partidas de Matrimonios de Catamarca para el periodo 1770-1779 y 1790-1799, las uniones exogámicas suman 128 contra 27 endogámicas. Solo encontramos 7 parejas de esclavos que corresponden a un mismo propietario. (Florencia GUZMÁN. "De colores y matices, los claroscuros del mestizaje", en Sara MATA DE DE LÓPEZ. *Persistencias y cambios: Salta y el Noroeste Argentino, 1770-1840.* Rosario, Prehistoria, 1999: 36).

sabe que los padres de la Compañía fueron unos de los principales propietarios de esclavos en todo el Tucumán. El sector esclavo es, en rigor, la clave según Carlos Mayo, para entender el esquema y el proceso de producción que singulariza a aquellas vastas explotaciones agrarias, repartidas en esta región. Los esclavos producen su propia manutención, tejen, cultivan y pastorean el ganado. Afectados a todas las actividades productivas, pero sobre todo al sector artesanal, los negros reparan y fabrican herramientas, calzan hachas y en la estancia de San Ignacio de Santiago del Estero, levantan carretas, fabrican mesas, taburetes y sillas.[17] Otra dato fundamental con relación a ello es que las poblaciones esclavas de las estancias jesuíticas tienden a reproducirse en función de una sutil política demográfica de la Compañía. Éstos se esmeraron por mantener un notable equilibrio entre los sexos, para lo cual agruparon a los esclavos en familias.[18] En el largo plazo, la reproducción de los esclavos en estas haciendas era una buena inversión porque les permite a los Padres una independencia del mercado de trabajo y una diversificación de la producción. En el corto plazo, la existencia de mujeres y niños no deja de ser importante, en tanto cumplen roles productivos diversos.[19]

En la Rioja, los Jesuitas reunieron el mayor número de esclavos de todas las ciudades del noroeste, vinculados entre otras actividades a una producción vitivinícola intensiva (en Nonogasta encontramos cerca de cien esclavos dedicados a esta actividad y a la producción de trigo). En toda la jurisdicción suman unos cuatrocientos aproximadamente y constituyen el 40% de la población del Rectoral (en Catamarca los esclavos de los jesuitas representan tan sólo el 9% del total de esclavos). Esta diferencia es fundamental para inferir la influencia que la política de la Orden mantuvo en el patrón de comportamiento familiar en cada una de estas ciudades. Cuando los Padres fueron expulsados habían conformado en La Rioja unas 52 familias de esclavos, que fueron luego vendidos por las temporalidades y pasaron a formar parte de las haciendas y hogares hispanocriollos.[20] Rastreados en el tiempo encontramos que éstos mantienen el patrón de una alta tasa de matrimonios con relación a los otros esclavos, y una ilegitimidad todavía más baja. Pero percibimos ya una tendencia exogámica que incluye en su interior a cónyuges libres. Se advierte así que el destino de estos esclavos no es muy diferente del camino recorrido por los otros esclavos riojanos, y por el resto de los sectores subalternos, concerniente a un mestizaje extendido y a una cada vez mayor "invisibilización" étnico racial.

---

[17] Carlos MAYO, 1994: 37-51.

[18] *Ibídem*, p. 12.

[19] Florencia GUZMÁN. "El destino de los esclavos de la Compañía: el caso riojano", en Dina PICOTTI, Dina (comp.). *El negro en la Argentina. Presencia y negación, cit.*, 2001: 87-108. Para Catamarca además el trabajo citado de Ariel DE LA FUENTE, 1988: 110-112.

[20] Florencia GUZMÁN. *Familia, mestizaje y matrimonio en el Valle de Catamarca, 1760-.1820.* Tesis de Doctorado, Universidd Nacional de La Plata, 2001: 99-105, inédita.

Esclavos y libres en el Valle de Catamarca: contrastes interregionales

Los esclavos llegaron a Catamarca antes de la fundación de la ciudad. Varios documentos nos señalan esta presencia en números nada desdeñables. Gaspar Guzmán afirma que en 1614 había 48 esclavos en la estancia de Quimilpa y da cuenta a su vez, de transacciones comerciales de esclavos desde el siglo XVII en adelante.[21] El autor destaca la labor desarrollada por los comerciantes y tratantes, algunos de ellos portugueses, que cumplen funciones de agentes locales en el tráfico de esclavos, como son los casos de Pantaleón Araujo, Antonio Villagra y Francisco Alvarez.[22] De todos, el comerciante más importante parece haber sido Domingo López de Barreda quien llega a la ciudad a fines del siglo XVIII y entre sus actividades figura la compra y venta de esclavos. Este comerciante de mucha fortuna, había nacido en Arequipa, Perú. Avecindado definitivamente en esta jurisdicción, será luego autoridad del cabildo y uno de los más entusiastas trabajadores por la causa de la Revolución de Mayo. [23]

1. Los censos de población de finales de la colonia nos muestran que la presencia esclava y libre es cuantitativamente relevante. El censo de 1771 es el primero en revelar esta significación. A pesar de que éstos aparecen aquí confundidos entre los criados y domésticos, (lo cual explica las diferencias con los censos posteriores) se puede entrever la distribución de los mismos. Se ubican tanto en el curato Rectoral (Valle central) y en el curato de Belén. En esta última parroquia se encuentran los dominios del general Luis José Díaz, de considerable gravitación política y social. Había obtenido en 1740 la Merced de Huasán, dando origen al famoso y enorme Mayorazgo que ya cuenta en la época del censo con 102 esclavos, hecho que lo acredita como el vecino más acaudalado de Catamarca en esa época.[24] Ese mayorazgo, que recayó en la línea sucesoria de sus sobrinos por carecer el instituyente de hijos propios, comprendía fincas y estancias ubicadas en Andalgalá, Singuil (la única localidad dentro del Valle) y Antofagasta de la Sierra, zona ésta que recibió en merced del gobernador del Tucumán, Fernández Campero, en 1764. En su testamento se declaran varias casas, viñas, ganados, otra gran cantidad de bienes, y sobre todo, de esclavos.[25]

En el censo de 1778 (fuente general para todo el Obispado del Tucumán y también de los curatos catamarqueños) se observan cambios a nivel cuantitativo, aunque se mantiene la distribución de los esclavos. Suman un poco más de setecientos y

---

[21] Gaspar GUZMÁN. *Historia Colonial de Catamarca.* Buenos Aires, Milton Editores, 1985:295

[22] *Ibídem*, capítulo XX.

[23] AHC, Protocolo de Escribanos, año 1810.

[24] Gaspar GUZMÁN afirma, que se puede comparar esta cantidad con 90 yuntas de bueyes, 30 mulas y 40 cabezas de ganado vacuno (1985:295).

[25] En 1745 donó parte de su estancia, lo que hoy se llama El Colegio, a los Jesuitas de Tucumán, para el sostenimiento de las reducciones de los indios Lules; allí los Padres construyeron una Iglesia dedicada a la Inmaculada Concepción. En 1746 el general levantó una capilla, que fue dedicada a Santa Rita. A este mayorazgo se lo conoce también como el mayorazgo de los Díaz de la Peña y se sostuvo durante varias generaciones hasta mediados del siglo XIX. (Armando R. BAZÁN. *Historia de Catamarca.* Buenos Aires, Plus-Ultra, 1996: 120-123 y Ramón R. OLMOS. *Historia de Catamarca.* Catamarca, Editorial La Unión, 1957:83).

continúan repartidos en el Valle central y en la propiedad de Díaz de la Peña (73% y 19%). En el Censo de 1812 se mantiene la distribución y se modifica levemente las proporciones: disminuyen en el Rectoral y aumentan en el curato de Belén: 63% y el 26% respectivamente.

CUADRO 1

CURATOS	1778		1812	
	Esclavos	Libres	Esclavos	Libres
Rectoral	518	4.225	556	1.234
Ancasti	53	418	38	336
El Alto	3	76	62	442
Belén	136	2.479	228	704
TOTAL	710	7.198	884	1483

CENSO DE 1778. Larrouy: 1927; CENSO DE 1812. Maeder: 1970.

GRÁFICO 1

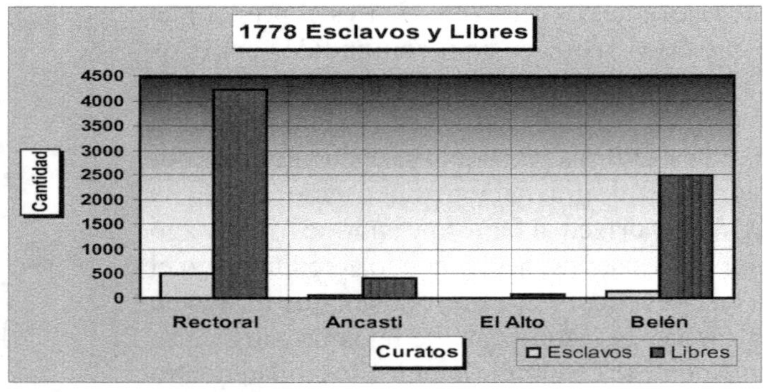

GRÁFICO 2

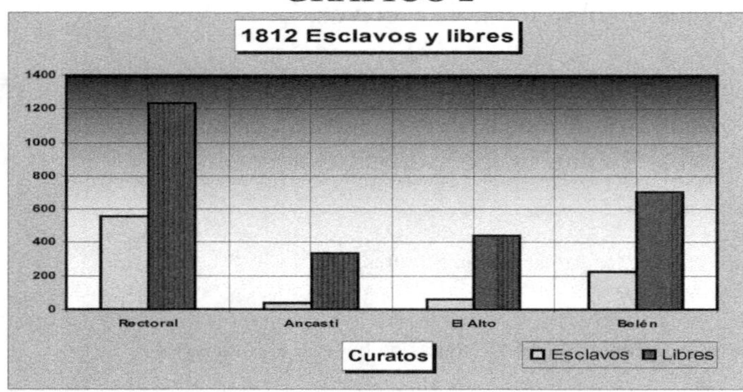

Dentro del Valle encontramos importantes contrastes en el conjunto de esta población. Los censos de 1780 y 1812 son apropiados para trabajar en esta dirección, porque en ambos empadronamientos fue registrada la población por partidos. Esta situación nos permite trazar un cuadro aproximado de la distribución interregional de los esclavos y de los cambios que se dieron a lo largo de tres décadas.[26]

En 1780, la ciudad tiene un buen número de esclavos, aunque éstos se agrupan sobre todo en los partidos de Santa Cruz y Guaycama, Piedra Blanca y Capayán. Trasladados estos porcentajes a los actuales departamentos, los mayores porcentajes los presenta Fray Mamerto Esquiú, Valle Viejo, Capayán, y recién en cuarto lugar, el departamento Capital. En esas áreas tenían sus casas y fincas antiguas familias catamarqueñas asentadas desde los comienzos del proceso colonizador. Las dos poblaciones primeras integran la zona de Las Chacras, que con abundante riego y una tierra apta para todo tipo de cultivos, se convirtió en una zona intensamente productiva.

En Capayán se encuentran algunas haciendas y estancias de familias con larga trayectoria en la historia catamarqueña. Está aquí la estancia Santa Ana de Miraflores de los Pedraza Bazán, Nuestra Señora de Capayán, de la familia de los Navarro. En Chumbicha, la estancia de los Villafañe y Herrera, oriundos de La Rioja. Los apellidos de los esclavos se mantienen entre los censos, predominando entre ellos los Bazán, Navarro y Sosa. Esto nos señala una vinculación generacional de los esclavos a estas familias tal como lo menciona todavía en 1845 Ramón Gil Navarro, propietario de la hacienda de Capayán. Éste escribe en su diario de viaje, que en ocasión de trasladarse a Chile para encontrarse con su padre y dos de sus hermanos, se dio un fuerte abrazo "con Matías un negro y antiguo fiel sirviente nuestro que se quedaba con mi tío Mauricio." [27]

CUADRO 2

1780 ESCLAVOS Y CASTAS LIBRES EN EL VALLE				
PARTIDOS	Total Población	Negros/ mulatos	Porc. por partido	Porc. s/total
Capital	1464	126	8,6	17,5
P. Blanca	1114	161	14,4	22,5
Allpatauca	824	70	8,5	9,7
Valle Viejo	976	86	8,8	12
Santa Cruz y Gaycama	704	139	19,7	19,3
Capayán y Miraflores	805	136	17,3	19
TOTAL	5887	718	12,2	100

Fuente: Gabriela De la Orden de Peracca (1994).

---

[26] CENSO DE 1780. Documento privado perteneciente a la familia de Francisco de Acuña. El mismo ha sido trabajado por Gabriela DE LA ORDEN de PERACCA. *Un desconocido Censo de Población de Catamarca, 1779-1780.* Universidad Nacional de Catamarca, 1994. CENSO DE 1812. AGN. X, 43-10-6. División Nacional de Padrones de San Luis, Catamarca y Montevideo, 1812-1814. Un estudio del mismo lo encontramos en: Ernesto MAEDER. "El Censo de 1812 en la historia demográfica de Catamarca". *Anuario,* Instituto de Investigaciones Históricas, 10, Rosario, 1969:218-48.

[27] *Memorias de una sociedad criolla. El diario de Ramón Gil Navarro, 1845-1856.* Academia Nacional de la Historia, Buenos Aires, 2005: 36. Agrega Gil Navarro: "Cuando salíamos y después de haberlo abrazado cordialmente le di algunos reales y salí a alcanzar a mamita".

GRÁFICO 3

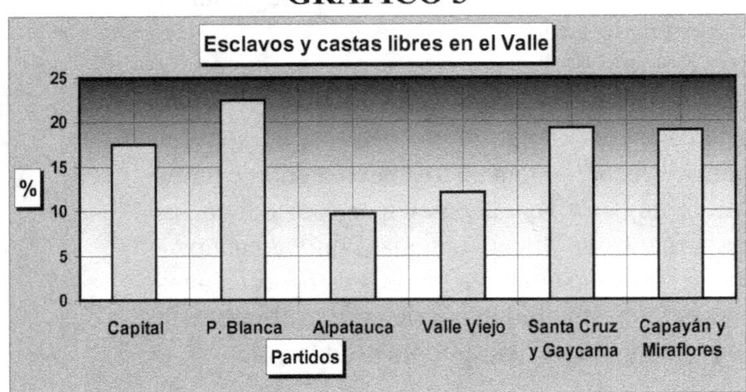

GRAFICO 4

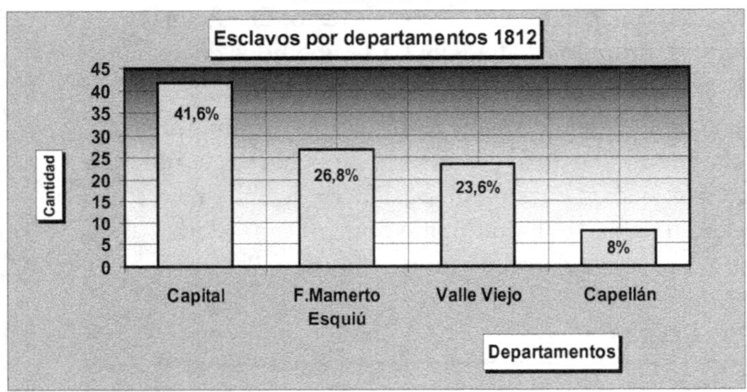

CUADRO 3

1812 ESCLAVOS y LIBRES del VALLE (porcentajes s/ el total)					
PARTIDOS	Total población	Total Esclavos	Porc. s/total	Total Libres	Porc. s/total
Capital	1896	253	13,3	389	20,5
La Banda	461	30	6.5	65	6,8
P.Blanca	1.132	109	9.6	149	13
Romancillo	909	44	5.2	105	11.5
Valle viejo	604	14	2.0	60	10
Santa cruz	421	32	8.0	47	11
Polco	1.222	89	7.2	306	25
Capellán	384	20	5.0	234	61
Miraflores	497	26	5.0	280	56
TOTAL	7.526	570	7.5	1637	22

AGN, X, 43-10-6. Florencia Guzmán: 2002

GRÁFICO 5

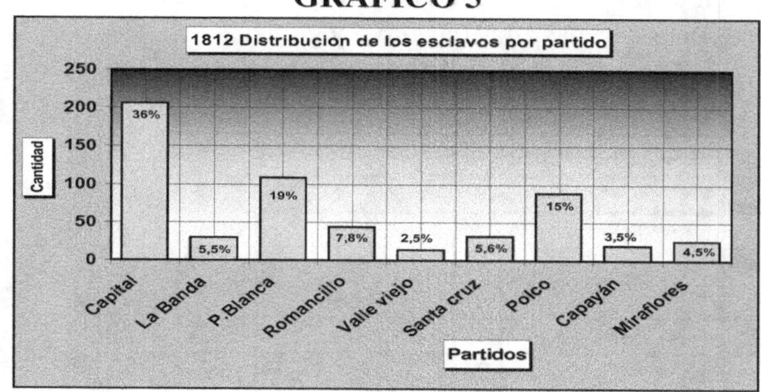

GRÁFICO 6

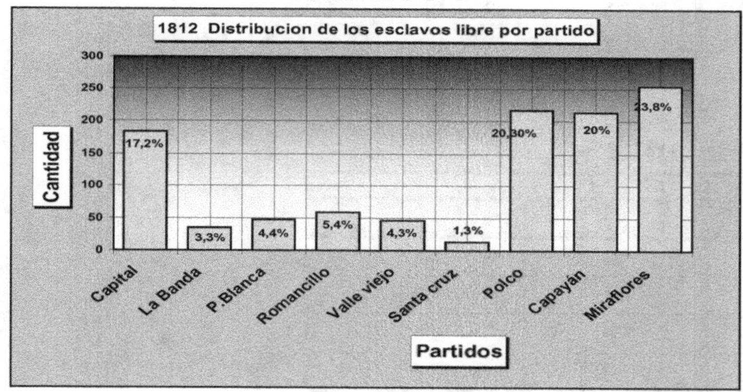

El censo de 1812 (principal fuente de esta investigación) revela algunos cambios en el conjunto de la población (cuadro 3).[28] La población esclava disminuye en el sur del Valle, específicamente en Capayán, donde crecen considerablemente los libres de color. Los esclavos se concentran ahora en el área urbana y semiurbana de la parroquia. Tan sólo en la ciudad se encuentra el 36% del total. Le sigue en segundo lugar Piedra Blanca, ahora convertida en cabecera de su propia parroquia. (Gráfico 5 y 6). Aquí encontramos una población hispanocriolla significativa; algunos son labradores con una cantidad importante de esclavos. El más acaudalado es Nicolás Sosa, labrador de 56 años, casado con tres hijos, quien llega a tener 30 esclavos en su propiedad.[29]

Si presentamos estos resultados en función de la distribución departamental actual, los porcentajes correspondientes serían los siguientes: Capital el 41,6%, Fray Mamerto Esquiú 26,8%, Valle Viejo 23,6% y Capayán el 8%. Es decir que se produce una con-

---

[28] AGN. X, 43-10-6.
[29] AGN. X, 43-10-6. Partido de Piedra Blanca, foja10 vuelta.

centración significativa de los esclavos en el ámbito urbano, en un proceso similar al que se observaba en las ciudades vecinas unas décadas atrás (cuadro 5 y gráfico 7).

CUADRO 4

1812 ESCLAVOS y CASTAS LIBRES POBLACIONES DEL VALLE						
PARTIDOS	Subt. Esclavos	%	Subt. Libres	%	Total Negros	%
Capital	206	36	183	17.2	389	23.7
La Banda	30	5.5	35	3.3	65	4
P.Blanca	109	19	47	4.4	156	9.5
Romancillo	44	7.8	58	5.4	102	6.3
Valle viejo	14	2.5	46	4.3	60	3.6
Santa cruz	32	5.6	13	1.3	45	2.7
Polco	89	15.6	217	20.3	306	18.6
Capellán	20	3.5	214	20.0	234	14.3
Miraflores	26	4.5	254	23.8	280	17.3
Total	570	100	1067	100	1637	100

(AGN, X, 43-10-6)

CUADRO 5

1812 ESCLAVOS POR DEPARTAMENTO		
Departamentos	Esclavos	Proporción
Capital	236	41,6
F.Mamerto Esquiú	153	26,8
Valle Viejo	135	23,6
Capellán	46	8

GRÁFICO 7

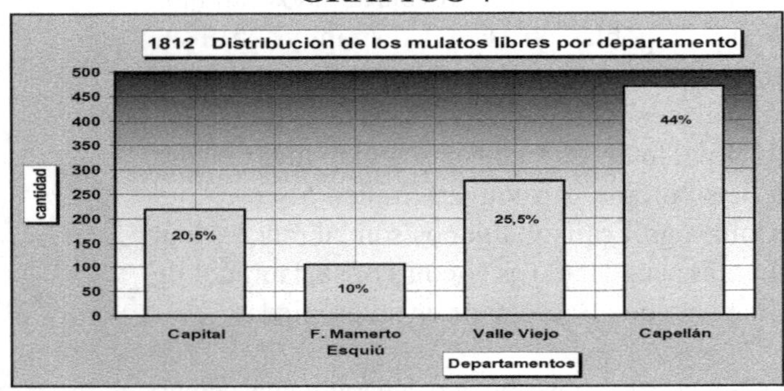

2. Las castas libres y/o afromestizos, resultan más difícil de rastrear que los esclavizados. Encontramos notables variaciones entre los censos (por no decir el traslado estadístico de unas categorías a otras que reflejan, además, las limitaciones del régimen censal colonial, más que una realidad certera de las poblaciones marginales

al sistema borbónico). El Censo de 1771 no es muy claro con respecto a la etnicidad y condición de la población de color; estos aparecen como domésticos y criados. En 1778 la población negra, mulata, parda y zamba es claramente mayoritaria en el Valle, pero aquí la población mestiza (española/india) no fue identificada. Probablemente, fue incorporada en el sector afromesetizo. En 1780 los mulatos son consignados en la documentación, pero no así los pardos y zambos, muy extendidos por entonces; seguramente fueran englobados en las otras categorías (incluso también repartidos entre los ""reputados por español", categoría social, que abarca a buena parte de la población y merece una análisis especial). Los Libros parroquiales de la iglesia Matriz correspondientes a esta década señalan el creciente mestizaje de indios, negros, mulatos, esclavos y libres. Entre los bautizados encontramos que por cada hispanocriollo que nace, son casi tres los provenientes del sector de "castas y naturales".[30]

El censo de 1789 publicado por Malaspina para todo el Noroeste da una población negra/mulata para Catamarca del orden del 42% (38% mulatos, 4% negros sin distinguir entre libres y esclavos). Recordemos que este mismo censo es el que presenta una declinación notable de la población de color en el resto de las ciudades del noroeste en relación con las cifras generales de 1778. En 1795 se lleva a cabo otro censo para todo el Tucumán. Esta vez Catamarca presenta un 44% de población negra mulata, que contrasta nuevamente con las otras ciudades donde esta población continúa siendo claramente minoritaria. [31]

En 1812, la población libre de color declina abruptamente. Representan el 17% de toda la jurisdicción y el 30% del Valle. Pero aún así no cambia la distribución espacial: siguen concentrándose en los curatos del Rectoral y Belén. Esta población está clasificada como "negro", "mulato", "pardo" y "moreno". Los zambos fueron anotados generalmente como "indios" como lo veremos más adelante (sólo hay 6 zambos en Piedra Blanca y otros 76 en Santa María, curato de Belén). Si concentramos nuestra atención en el Valle, verificamos que la mayoría de éstos se ubican en los partidos de Capayán y Miraflores y en tercer lugar en Polco. Es decir, que de acuerdo a la distribución actual departamental, Capayán concentra el 44% y Valle Viejo el 25.8%

En los partidos de Capayán y Miraflores, los mulatos y pardos libres llegan a ser más de la mitad de la población (55% y 51% respectivamente). Si a ello le sumamos los "mestizos" e "indios" del mismo censo, resultarían que en este departamento el sector "español" constituye sólo la cuarta parte de la misma; cuadro, en este sentido, bastante similar al que encontramos en Los Llanos riojanos. Allí un conjunto de familias pardas/mulatas/mestizas hacen de esta sociedad un espacio particular y contrastante con el resto de las regiones riojanas.

---

[30] Las actas de bautismos en los libros parroquiales se anotaban en dos libros separados o en un mismo libro dividido en dos partes: en el primero de ellos se registraban a los niños "españoles y mestizos" y en el segundo a las "castas y naturales", que incluían a los indios, negros, mulatos, pardos, esclavos y libres.

[31] Ambos censos son citados por Edberto ACEVEDO, 1966: 325-7.

Encontramos que este sector libre comparte actividades con los esclavos, como jornaleros y peones, pero se desempeñan principalmente como labradores y sirvientes. El 30% de los labradores del Valle son mulatos y pardos libres y la mayor parte de estos están casados y conforman familias labradoras.[32] Trabajo y familia aparecen muy relacionados en esta sociedad tardocolonial. En Miraflores hay unas 25 familias pardas, con un promedio de 4,1 de hijos, los cuales se desenvuelven tanto como labradores o domésticos de las casas hispanocriollas. Estas familias pueden ser las que Emiliano Endrek encuentra en la campaña cordobesa y en la que, según el autor, se produce el "blanqueamiento social".[33] El concepto, que es interesante, alude a la declinación abrupta de las castas libres en la campaña, donde muchas familias pardas se convirtieron en blancas, a pesar del tono bronceado de la piel, resabio ineludible de la pigmentación africana. El recelo racial era en estos espacios limitado por la ineficacia de la acción de los sacerdotes y jueces pedáneos. Dentro de esta lógica, no resulta llamativo observar que en la ciudad de Catamarca prevalecen los negros, tanto esclavos como libres (64 de 177); en menor medida los mulatos (201 de 572) y bastante más atrás los pardos (ll9 de 1054). En términos de porcentajes la relación es la siguiente: el 55% de los negros reside en la ciudad, el 35% de los mulatos y sólo el 11% de los pardos. Estos últimos, como ya lo adelantamos se concentran sobre todo en Polco y en Miraflores (actuales departamentos de Valle Viejo y Capayán). Pareciera, además, que en las tierras alejadas y poco habitadas las relaciones sociales no encuentran tantas barreras y jerarquías como en el núcleo urbano, guardianes celosos del prejuicio racial[34]. La instalación en estas zonas productivas respondería, además, a estrategias individuales de los sectores libres, donde el establecimiento de lazos familiares se convertía en una realidad de mayor factibilidad.

---

[32] Los labradores mulatos en l812 constituyen el 30% del total y el 61% de los labradores de la jurisdicción. Los peones, el 12% y los jornaleros adquieren una representación mejor en Belén con el 20%.

[33] Este cuadro es bastante similar al de algunas ciudades coloniales pertenecientes a la región del Tucumán. Para Córdoba, Emiliano ENDREK afirma lo siguiente: "Debemos aceptar –salvo alguna otra explicación– que los habitantes de la campaña se habían "blanqueado" muy rápidamente, lejos de la aristocracia ciudadana, tan meticulosa en lo que a genealogías se refiere". (*El mestizaje en Córdoba. Siglos XVIII y principios del XIX.* Universidad Nacional de Córdoba. Cuadernos de Historia, XXXIII, 1966:18-19).

[34] Otro ejemplo muy claro es el de los llanos riojanos. Se puede ver nuestro trabajo: Florencia GUZMÁN. "Los mulatos-mestizos en la jurisdicción riojana a fines del siglo XVIII: el caso de Los Llanos", en *Temas de Asia y África,* 2. Facultad de Filosofía y Letras, UBA, l994: 71-107.

GRÁFICO 8

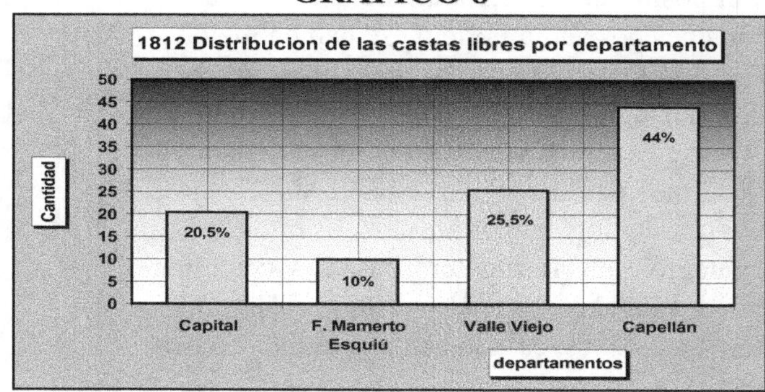

CUADRO 6

1812 CASTAS LIBRES POR DEPARTAMENTO		
Departamentos	Castas Libres	Porcentaje s/total
Capital	218	20,5
F. Mamerto Esquiú	105	10
Valle Viejo	276	25,5
Capellán	468	44

Los esclavos y mulatos de la ciudad

El 70% de los esclavos capitalinos se encuentran repartidos en el barrio de San Francisco, dentro de la traza de la ciudad, donde viven los vecinos principales y donde los comerciantes levantan sus tiendas alrededor de la plaza. El resto, está ubicado en el barrio de la Merced, en el que predomina la población indígena, con los que comparten oficios, parejas e hijos. La población esclava de la ciudad es una población joven. La franja más ancha la constituyen los varones y mujeres de entre los 15 y 29 años. Se observa además un relativo equilibrio entre los sexos, con tan solo una leve ventaja a favor de las esclavas. No ocurre lo mismo entre los libres de color en el que el índice es claramente desfavorable para los varones: esto se corresponde con el resto de la población donde las mujeres superan a los varones, siendo ésta una característica de la población catamarqueña. Se verifica además, que el 90% de los esclavos urbanos son criollos y casi la totalidad de ellos nacidos en la jurisdicción. Sólo hay 18 africanos provenientes de Angola y de Guinea. Esta situación nos remite a una población con generaciones de "hispanización" y "ladinización", lo cual demuestra, a su vez, la importancia del mestizaje y nos marca un rumbo para trabajar las trayectorias de asimilación.

Observamos que en el ámbito urbano ejercen oficios como artesanos: carpinteros, albañiles, y con los indígenas son los zapateros y sastres de la ciudad.[35] Los

---

[35] Armando BAZÁN y Ramón Rosa OLMOS, 1973:476.

oficios manuales les da a los esclavos la posibilidad de manumisión, y junto a los libres, un medio de movilidad social. Quienes poseían un oficio estaban en mejores condiciones para trabajar con terceros en beneficio de sus amos, e incluso para procurarse un ingreso para sí mismos. Ésta situación favoreció cierta autonomía que les permitió, inclusive, a varios de ellos, vivir en familia, separado de la vivienda del amo. Tenemos, entre otros, a Pedro Cisternas, pardo esclavo, albañil, de 27 años, casado con Tomasina Vergara, de 28 años, parda libre, labradora con dos hijos de 7 y 2 años.[36] También a Juan Santos Correa, negro esclavo, zapatero, casado y con hijos con quienes vivía en el barrio de la Merced.[37] En el mismo barrio está José Domingo Molina, mulato esclavo, también zapatero de 70 años, casado con una india, con tres hijos indios.[38]

En la ciudad, son los comerciantes los que suman el mayor número de esclavos, llegando en algún caso a tener más de 15; a ello habría que agregarle la población mulata libre que junto a la india comparten la suma de las actividades domésticas y agrícolas. Feliciano de la Mota Botello, primer comandante de armas de la revolución, tenía a su cargo 11 esclavos y 4 pardos libres; Fernando Junco, asturiano de origen, poseía otros 10 esclavos.[39] Gregorio Robín, asimismo comerciante, sumaba unos 15.[40] Las órdenes religiosas eran propietarias de esclavos: franciscanos y mercedarios. El servicio de la Virgen del Valle también contaba con ellos lo mismo que algunos sacerdotes. Entre todos suman un porcentaje cercano al 17%, cifra muy inferior al de las ciudades vecinas. Además estaban los esclavos del Rey, los cuales eran comprados por el Cabildo y se les encomendaba los trabajos físicos más pesados; se desempeñaban como pregoneros y porteros, en la construcción, reparación de caminos y los arreglos en la cárcel, como nos muestran reiteradamente las actas capitulares.

CUADRO 7

1812 CIUDAD y ESCLAVOS POR VIVIENDA	
Esclavos por vivienda	Cantidad de viviendas
1 esclavo	10
2 a 5 esclavos	13
6 a 9 esclavos	10
10 a 15 esclavos	4

AGN, X, 43-10

El 64% de las viviendas hispanocriollas tiene un promedio de 1 a 5 esclavos y más de un cuarto de éstas tan sólo uno. Esta comprobación relativiza la afirmación de

---

[36] AGN, X, 43-10-6. Censo de 1812, Partido de Miraflores (Compañía 12).

[37] AGN, X, 43-10-6. Censo de 1812. Cuartel 2, Barrio de la Merced en el distrito Capital (Compañía 2).

[38] *Ibídem.*

[39] AGN, X, 43-10-6. Barrio de San Francisco, en el distrito Capital (Compañía 1).

[40] AHC, Caja 13. Sucesión de don Gregorio Robín y doña María Mercedes Sánchez, año 1786.

que eran propiedad únicamente de personas acaudaladas y cuya posesión es fundamentalmente una cuestión de status. También tenían esclavos los comerciantes menores, pulperos, artesanos, labradores y estancieros.[41] Poseerlos, de la forma que fuere, por herencia o adquisición, era una fuente de ingresos y un amparo para las capas medias de la población. Con este "capital" se pagaban deudas, entierros, misas, incluso se alimentaban familias empobrecidas que lindaban con la pauperización [42]

Un caso que nos resulta muy interesante es el de Ignacio Rojo, en el cual nos detendremos un momento. El mismo ha sido publicado por Gaspar Guzmán y repetido por nuestra parte en varias ocasiones para ilustrar un caso de movilidad y desigualdad social.[43] Se trata de la pareja de doña María Juana de Córdoba, descendiente de los Ponce de Córdoba, que formaba parte de las tantas familias con linaje venida a menos, por no decir muy pobre (según surge de lo que aporta al matrimonio) y de Ignacio Rojo, hijo legítimo de los pardos José Rojo y Pascuala Nieva, hija natural reconocida (seguramente de una esclava) del General D. Esteban Nieva y Castilla. El marido de Pascuala era un pardo oriundo de Ipizca y al casarse adquiere un prestigio indudable: puebla la estancia, planta higuerales en la Chacarita y además continúa con las arrias de mulas. Su hijo Ignacio Rojo, se había beneficiado con la movilidad social que otorga cierto bienestar económico (tenía propiedades rurales y un cargo en la milicia). Cuando le propone matrimonio a Maria ella le pide a cambio de aceptar el convite que le *regale una esclava, doce sillas y una caja para poner ropa*. El matrimonio se realiza y parece ser funcional para ambos: doña Maria le da a Rojo un pasaje de categoría social de pardo a hispanocriollo y éste una situación económica que le garantizaba salir del estado de estrechez en la que se encontraba. La pareja no tiene hijos propios, pero Rojo sí tiene dos hijos naturales que lleva a vivir con ellos en calidad de criados. Como este último muere repentinamente, el problema se plantea por la división de los bienes entre Maria y los hijos ilegítimos del cónyuge fallecido (deja un capital de 1297 pesos). El conflicto surge por la posesión de una esclava, que según María le corresponde porque fue la prenda de negociación para efectivizar el matrimonio, una especie de regalo de bodas. Afirma que no es un bien ganancial, aunque haya sido adquirida una vez casados. La viuda en un escrito explica que había accedido a casarse no obstante la desigualdad "es muy notorio de inferior esfera a la mía", cumpliendo el marido lo que le había prometido, "una esclava a los tres años

---

[41] El caso de Mariano Vidal, pulpero, natural de Barcelona casado con María Josefa de Avellaneda, quien tiene una tienda en la esquina de la plaza, un cuarto de la pulpería, la sala de la vivienda con un dormitorio (valuada en 70 pesos), algunos muebles (26 pesos) dos esclavos sanos y dos enfermos que luego fallecen. Otro caso es el de Juan Ángel Toranzo, labrador, casado en segunda nupcias con María Inés de Herrera, quien tenía dos esclavos, algunos algodonales y una chacra en Pomancillo. Su mujer cuando se casó sólo había aportado a la unión una mula mansa y ahora además tenían cuatro caballos y seis lecheras con sus crías.

[42] A modo de ejemplo citamos el caso de doña María Matorral que obligada por las circunstancias vende a la esclava Luisa de 40 años, en 275 pesos (perteneciente a los bienes de su difunto marido) para poder pagar los gastos de entierro de un hijo y también para sustentar a los hermanos pequeños que quedaban. (AHC, Protocolos, Libro 8, escritura de 1760, foja 180).

[43] AHC, Causa Civil. Juicio sucesorio de Ignacio Rojo. Capayán, 1756, Caja 6.

de casada, comprándola con bienes de compañía, por deuda anterior al matrimonio que lo contrajo mediante dicha gratuita promesa". Los hijos, por su parte, sostienen que la esclava era un bien ganancial y que debía dividirse el valor de la misma entre las partes correspondientes. ¿Qué pasó finalmente? Luego de varias idas y vueltas, quedó establecido que los hijos de Rojo debían heredar la sexta parte de la herencia que incluía a la esclava. El juicio termina en el año 1758 y nos demuestra que el conflicto alrededor del derecho de posesión de esclavos, tiene que ver, no sólo, con las pretensiones de seguir manteniendo cierto rango social, sino también, con la posibilidad para algunas familias de hacer frente a los avatares de la vida colonial, en el que las mujeres solas, y los hijos ilegítimos, no parecen constituir una excepción.

Cambios de color, condición y status

El caso de Ignacio Rojo, pardo libre ascendente, nos introduce en el último aspecto que queremos analizar. Se trata de los cambios que se operan en el conjunto de la población, relacionados con la condición, el color y el status. Este caso nos permite reflexionar y matizar sobre el proceso del mestizaje, la movilidad social y también sobre la declinación de esta población a fines de la colonia.

En cuanto a lo primero, son dos las formas más comunes de adquirir la libertad: a través de la compra por parte del esclavo o del otorgamiento por parte del amo. En ambos casos, las cartas de libertad eran registradas ante un Notario Público, que entregaba al flamante liberto una boleta de certificación de su libertad. Una buena proporción de las que se otorgaba voluntariamente estaban sujetas al cumplimiento de algún tipo de obligación por parte del esclavo. La libertad por compra (manumisión), a su vez, se consigue a través de dos situaciones: en primer lugar, cuando el mismo esclavo cancela su precio y en segundo lugar, cuando éste es cancelado por una tercera persona, generalmente un familiar o alguien que, por generosidad y a manera de una "obligación" (préstamo) facilitaba el dinero.

¿Cuál fue el efecto cuantitativo de la manumisión sobre el total de los esclavos? No tenemos una respuesta todavía debido a la debilidad de la información. Pero sí es posible observar a través de más de treinta cartas de libertad (las presentadas por Arzumendi de Blanco,[44] y las consultadas por nuestra parte, incluso después de 1810), que predomina el otorgamiento de la libertad por parte del amo por sobre la compra del lado de los esclavos. Esta verificación puede indicar una tendencia en el camino de la libertad, en tanto es un resultado a esperar si pensamos en la presencia importante de esclavos del servicio doméstico y en la mayoritaria población esclava criolla. Debemos tener en cuenta que la capacidad de los esclavos para acumular dinero fue ciertamente central en el proceso de manumisión. Este es un rasgo generalmente asociado a la

---

[44] Mirta ARZUMENDI DE BLANCO, 2003: 90-91.

esclavitud a *jornal* más que a la esclavitud doméstica. Es el caso de Buenos Aires, donde rige una esclavitud *estipendiaria,*[45] ligada a la producción artesanal, en el que los amos exigen a sus esclavos una contribución de un tributo individual llamado *jornal*. El tributo obliga a los esclavos a alquilar su fuerza de trabajo fuera del dominio del amo, o bien, a producir mercancías para la venta en el mercado colonial. Ello explica la importancia que toma la práctica de locación de mano de obra esclava en la inversión de capitales, principalmente para las viudas, y mujeres solteras, que de esta manera se aseguraban una renta regular. A los esclavos, dicho sistema les permitió una mayor libertad de movimientos y contactos cotidianos con otros individuos de la misma condición; les posibilitó, además, acumular un capital que podía servir para la adquisición de su propia libertad o para otorgar un préstamo a otro esclavo destinado a los mismos fines. En estos casos, trabajo y libertad aparecen claramente relacionados, según surge de las investigaciones realizadas por Lyman Jonson, Eduardo Saguier y más recientemente por Miguel Ángel Rosal.[46]

Cuando los esclavos no tienen esa autonomía económica, como es el caso de los esclavos domésticos, la posibilidad de manumisión se ve seriamente recortada. En estos casos deben recurrir al endeudamiento, vía servicio personal para conseguir la libertad. Es cierto, que algunas veces y de acuerdo con algunos expedientes, estos mecanismos podían llevar a los esclavos a endeudarse por muchos años. Pero ¿qué posibilidades podían tener de conseguir la libertad sin capacidad de acumulación y teniendo los amos poca inclinación a dárselas? La decisión de comprar la libertad de uno de los hijos, nos lleva a inferir que el "proceso de manumisión" no era un asunto estrictamente individual, sino que con frecuencia obedecía a estrategias familiares. Se advierte, en este sentido, que los cónyuges y padres libres, jugaron un papel importante en este proceso. Sumaron trabajo, dinero, redes y ayuda social, lo cual les otorgó a estos matrimonios (esclavizados con libres) una dimensión desconocida hasta el momento. Este puede ser el caso de José Antonio Leyba, pardo libre, natural de Catamarca que compró la libertad de su mujer la mulata esclava Rosa (de la capellanía de San José, partido de Santa Cruz) en 90 pesos.[47] También el de Pedro Juan Sosa, negro libre, quien luego de innumerables trámites pudo comprar la libertad de su mujer la mulata Ignacia.[48] Tenemos, además, a la esclava Petrona Arce a cargo de Isaac Acuña. Ésta había sido adjudicada entre otros bienes a una vecina de Buenos Aires, Bárbara Machado, por deudas del finado Presbítero Arce. Durante más de un año reclamó la tasación para comprar su libertad, que le pagaba su marido, "porque quiere que sacuda el áspero yugo que carga."[49] Observamos aquí lo que Stern llama una "pluralización

---

[45] Eduardo SAGUIER, "La naturaleza estipendiaria de la esclavitud urbana colonial. El Caso de Buenos Aires en el siglo XVIII". *Revista Paraguaya de Sociología,* año 26, 74, enero-abril de 1985: 45-54.

[46] Lyman JOHONSON. "La manumisión de esclavos en Buenos Aires durante el Virreinato", en *Desarrollo Económico,* 16: 63, 1976: 333-348; Eduardo SAGUIER, *cit.*, 1985; Miguel Ángel ROSAL. *Africanos y afrodescendientes en el Río de la Plata. siglos XVIII al XIX.* Buenos Aires, Editorial Dunken, 2009.

[47] AHC. Caja 23, expediente 982, año 1808.

[48] AHC. Caja 15, expediente 652, año 1792.

[49] AHC. Caja 28, expediente 1198, año 1825.

de patriarcas activos", (construcción de numerosas redes de relaciones primarias y activas que requería de más de un patriarca en la vida de estas mujeres).[50]

La importante población esclava criolla tendría además derivaciones en el camino hacia la libertad. Si bien se ha dicho que la manumisión en general se debió a la imposibilidad del amo de sostener a sus esclavos, encontramos historias familiares en los expedientes judiciales y protocolos de escribanos que nos permiten matizar esta afirmación. Son varios los casos de esclavos, e inclusive familias de esclavos, que recibieron la libertad de sus propietarios en reconocimiento de servicios, protección y afectos. Este tipo de manumisión estaba sujeta, generalmente, a condiciones impuestas por los amos. En la mayoría de los casos tomaba vigencia recién a la muerte de éste/a; en otros, se hacía efectiva en un plazo determinado, siempre que la conducta del esclavo se ajustara a las exigencias del propietario. De esta manera, la manumisión tendría la función de reforzar el sentido institucional de la esclavitud, al proveer incentivos a los esclavos para el trabajo, bajo la promesa, real o ficticia, de la obtención de la libertad.[51]

Entre varios ejemplos citamos el caso de don Francisco de Acuña. Casado con doña María de la Trinidad de Vera y Aragón, tenía su hogar en Polco, una gran chacra y numerosos criados y esclavos. Varios de estos servidores recibieron en donación pequeños lotes dentro de la finca, donde, según Armando Bazán, se encontraban residiendo sus descendientes portadores del apellido Acuña. Cuando falleció don Francisco, su esposa lo sobrevivió poco más de un año y en su testamento recomendó a sus hijos el cuidado de los esclavos repartidos en vida de su esposo. Les encareció que los tratasen con amor, sobre todo a la negra Engracia, a la que dejó valuada en la ínfima suma de 30 pesos por si quisiera liberarse, y aun si lo hiciera, solicitó le permitieran vivir en la casa hasta el fin de sus días.[52]

Otro ejemplo puede ser el de doña Lorenza Argañaraz, viuda y vecina de la ciudad de Catamarca. En su testamento del año 1786, explica que tiene varios esclavos por herencia de sus difuntos padres y que al no tener hijos les ofrece la libertad. De esta manera, las esclavas Teresa y sus tres hijas, Margarita, María Francisca, María de la Enunciación, y dos nietas Alejandra y María del Rosario, van a ser libres por los motivos justos que la habían movido y "por el mucho amor que les profesa aquella

---

[50] Steve STERN. *La Historia secreta del Género. Mujeres, hombres y Poder en México en las postrime rías del período colonial.* México, Fondo de Cultura Económica, 1999: 152-3.

[51] Carlos AGUIRRE, Carlos. *Agentes de su propia libertad. Los esclavos de Lima y la desintegración de la esclavitud, 1821-1854.* Perú, Pontificia Universidad Católica del Perú, 1993: 237.

[52] AHC, Protocolo de Escribano. Testamento de doña Trinidad de Vera y Aragón, 05-XI-1817. El matrimonio fueron los patronos de una capellanía destinada a solemnizar la función de Nuestra Señora del Tránsito (15 de agosto). Acuña se ocupó de dar realce a dicha función y de "adelantar" la capellanía con refacciones y agregados en el edificio. En sus últimos años ya viuda, su esposa mejoró el moblaje de la misma y donó a un esclavo viejo, llamado Domingo, que viviría allí mantendría aseadas las habitaciones a usarse en las vísperas y misa del día señalado. (citado por Elsa ANDRADA DE BOSH, 1997: 117).

y su marido, porque le han servido bien y lo estaban haciendo en el presente"; para que sean libres desde el mismo día de su fallecimiento y no estén más tiempo sujeto a servidumbre.[53]

Algunas de estas promesas no fueron escritas, dando lugar a largas presentaciones judiciales, que terminaron en varios casos a favor de los esclavos. Esto es lo que les sucedió a los esclavos del difunto don Manuel de Lamadrid, quien antes de fallecer les dio la libertad a Carmelo y a sus hermanas Ramona, Antonia y Francisca Paula. Un tiempo atrás lo había hecho con la madre de ellos, porque según decía un testigo, "no los tenía como esclavos sino como a hijos". El juicio se originó por la muerte repentina de Juan José, hijo del difunto (quien según el negro Carmelo hubiera cumplido con lo dispuesto por su difunto padre) y porque los esclavos continuaron viviendo en la casa, en tanto explicaban "nos considerábamos en plena libertad aunque seguíamos viviendo en la casa de mi dicho amo por el amor que le teníamos y porque allí se nos crió como si hubiéramos sido legítimos hijos". El albacea de la viuda, Catalina Arias, buscó anular y quitarle valor a la promesa de libertad. ¿Cómo terminó este proceso? Finalmente los esclavos lograron la libertad, pero esta vez con resolución judicial.[54]

Otra modalidad que ya la hemos mencionado y creemos fue muy efectiva en el tránsito hacia la libertad fueron las crecientes uniones entre esclavos y mujeres libres, en el cual los hijos nacían libres (la esclavitud se hereda por vía materna). Se observa claramente que los varones esclavos se casaron o unieron con las mujeres libres en escala ascendente, principalmente indias, mestizas y pardas.[55] Estas uniones podían ser legales, es decir consagradas por la Iglesia, las cuales se pueden estudiar en los libros parroquiales de la Iglesia Matriz de Catamarca; como informales, y se exhiben de una manera más o menos clara, en los padrones del censo de 1812, donde se establece la condición (libres y esclavos) la clase y filiación, tanto de los padres como de los hijos. Sólo en la ciudad encontramos 32 hijos de esclavos con indias. Todos estos niños son libres y figuran en su mayoría como indios. Estos crecientes intercambios de negros/as e indios/as aparecen también en los padrones de indios, que muestran esta presencia creciente de los no-indios dentro de los mismos pueblos.

Si ampliamos la muestra a las poblaciones del Valle, constatamos, tanto el cambio de condición de esclavos a libres, como el *pasaje* de categoría de mulatos/ pardos a indios. Los hijos de esclavos o mulatos con indias (que son las uniones más

---

[53] AHC, Protocolos de Escribanos. Caja 11, 13-05-1786. Volveremos sobre este ejemplo cuando tratemos el tema del color de los esclavos. Encontramos acá que las hijas de la esclava madre Teresa (Margarita, María Francisca y María de la Enunciación) y las nietas Alejandra y María del Rosario (de 7 a 8 años y el más pequeño de catorce meses) son de color blanco, a excepción de Teresa que lo *tiene apardado.*

[54] AHC, Sección Judicial, Caja 25. Expediente 1186. Año 1824.

[55] Florencia GUZMÁN, *cit.*, 1997: 225-241 y 1998, 39-58. Isabel ZACCA. "Matrimonio y mestizaje entre los indios, negros, mestizos y afromestizos en la ciudad de Salta (1766-1800) en *Andes,* 8, 1997: 243-269.

habituales) figuran como indios en 45 de 60 casos, como pardos 12 y mestizos 3. Se observa que las madres indígenas trasmiten más frecuentemente la identidad étnica a los hijos, y las mestizas las que menos lo hacen. De un total de 350 hijos de padres mixtos, los niños mantienen la identidad de la madre india en 123 de 166 casos, mulatas 22 de 40, mestizas 38 de 111 y españolas 10 de 33. En cuanto a los mulatos se observa, que en tanto los hijos pierden la etnicidad en la mayoría de las uniones con indias, las recuperan cuando se unen con mestizas en el 50% de los casos. A continuación presentamos cuatro ejemplos de familias mixtas en que los cónyuges son 1) un mulato esclavo, 2) un pardo libre y 3) un negro libre, 4) mulato esclavo con mestiza (todos los ejemplos corresponden al Censo de 1812).

Ejemplos

Familia 1
José Domingo Molina, esclavo mulato, zapatero
Francisca Aroca, india libre
Manuel, 14 años, indio
Petrona, 6 años, india
Fortunato, 8 años, indio

Familia 2
Lorenzo Flores, pardo libre, 36 años, (de Tucumán), peón, casado
Teresa Quiroga, india, 26 años, (de Catamarca)
Vicente, 8 años, indio
Timoteo, 5años, indio
Ángel, 3 años, indio
Benigna, 1 año, india

Familia 3
José Domingo Torres, negro libre, 33 años, jornalero, casado
María Tránsito Reyes, india, 32 años, casada
María Mercedes, 12 años, india
José Vicente, 11 años, indio
María Manuela, 10 años, india
María del Rosario, 8 años, india
Pedro Antonio, 4 años, mulato libre
Bibiana, 3 años, mulata libre

Familia 4:
Simón Obregón, mulato esclavo, 40 años, zapatero, casado
Carmina Nieva, mestiza, 30 años, casada
Rosa, 14 años, mulata libre
Feliciano, 7 años, mulato libre
Paula, 4 años, mulata libre
Gregorio, 3 años, mulato libre
Cruz, 5 meses, mulato libre

GRÁFICO 9

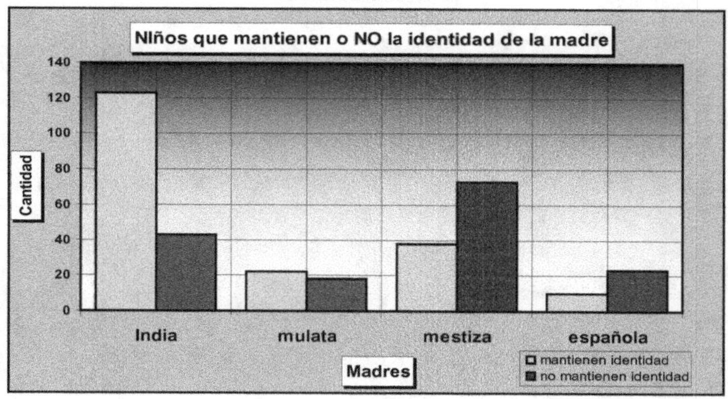

Tanto en el gráfico 9, como en los ejemplos que presentamos, se verifica un pasaje de categoría, una indianización del sector mulato o una des-negrización de los mismos. Los hijos de las uniones mixtas, entre mulatos/pardos con indias, son anotados como "indios" y no como zambos, categoría muy restringida en esta fuente, a juzgar por los seis casos que encontramos en todo el Valle. Si bien ya lo expresamos en repetidas oportunidades a lo largo de este libro, no podemos dejar de mencionar, una vez más, sobre el conjunto de imprecisiones, pasajes y ambigüedades en las taxonomías clasificatorias. Por ello mismo, si pensáramos en definir a las categorías: negro, mulato, pardo, zambo, correríamos el riesgo de otorgarle un contenido determinado e intangible y dejaríamos de lado la diversidad de los contextos y de las condiciones sociales.

Lo señalado hasta aquí nos indicaría que las ambigüedades clasificatorias y de autoadscripción (afiliaciones individuales y colectivas diversas) intervinieron en la declinación, invisibilización y mal llamada desaparición de los descendientes de esclavizados. Aunque todavía habrá que esperar que avance el siglo XIX para que la desaparición simbólica de las poblaciones de origen africano se termine de plasmar en los primeros censos nacionales.

Segunda parte

LA DINÁMICA SOCIAL

VI

LOS CLAROSCUROS DEL MESTIZAJE

En los capítulos anteriores ya se han insinuado las interrelaciones entre el mundo español, indígena y africano. Ahora es el momento de analizar directamente la fluidez de estos contactos, esto es, la dinámica de interacción entre los diferentes grupos socioétnicos establecidos en el interior de la sociedad catamarqueña. Se trata de examinar cómo estos grupos constituyeron un conjunto, operaron dentro de las mismas estructuras, confluyeron y se reasignaron unos a otros, en un contexto específico y en un tiempo determinado. Avanzar en esta dirección significa ocuparnos concretamente del mestizaje en tanto configuración que pone en contacto a individuos pertenecientes a categorías étnicas diferentes, y cuyo vínculo los hace corresponder a un ámbito social determinado, aún cuando la relación implique desigualdad, y que influya en la posición del actor en la jerarquía social.[1] Este proceso (mestizaje) no implica necesariamente relaciones armoniosas ni tampoco borra la jerarquía y los prejuicios

---

[1] El problema del mestizaje ha sido tratado profusamente en la historiografía americana colonial. En las últimas décadas se han renovado y ampliado las perspectivas de análisis. Aquí sólo destacamos algunos estudios que nos resultaron de gran interés para nuestra investigación. El de Juan Carlos GARAVAGLIA & José Carlos GROSSO. "Criollos, mestizos e indios: etnias y clases sociales en México colonial a fines del siglo XVIII". *Secuencia,* Revista de Historia y Ciencias Sociales, 29. Instituto Mora, México, 1994. Otro libro muy interesante es el de Douglas COPE. *The limits of racial domination. Plebeian Society in Colonial México city, 1660-1720.* Madison, University of Wisconsin Press, 1994. Para el Río de la Plata el de Jorge GELMAN. *Campesinos y estancieros.* Buenos Aires, Ed. Del Riel, 1998 (último capítulo pp. 277-302). Para el Noroeste argentino el de Ana María LORANDI. "El mestizaje interétnico en el Noroeste Argentino", en 550 años de mestizaje en los Andes. *Senri Ethnological Studies,* 33, Japan, Osaka, 1992: 133-165. Entre las investigaciones más recientes destacamos a: Berta ARES QUEIJA y Serge GRUZINSKI (coord.) *Entre dos mundos. Fronteras Culturales y Agentes Mediadores,* Sevilla, 1997; Guillaume BOCCARA y Silvia GALINDO (editores). *Lógica mestiza en América.* Instituto de Estudios Indígenas. Universidad de la Frontera, Chile, 2000. Verena STOLCKE. "Los mestizos no nacen, se hacen", en V. Stolcke y Alexander Coello (eds.) *identidades ambivalentes en América Latina.* Barcelona, ediciones Bella Terra, 2008; Berta ARES QUEIJA. "Mestizos, mulatos y zambaigos (Virreinato del Perú, siglo XVI)", en B. Ares Queija y A. Stella, eds. *Negros, mulatos, zambaigos. Derroteros africanos en los mundos ibéricos.* Sevilla, Escuela de Estudios Hispano-Americanos, 2000. Peter WADE. "Repensando el mestizaje". *Revista Colombiana de Antropología,* Vol. 39, enero-diembre 2003: 273-296.

sociales que tienen lugar en una sociedad y en un momento dado. Recordemos que la jerarquía es una noción ordenadora de la vida colonial (que comprendía tanto una clasificación étnica como sociológica) a través de la cual cada uno de los tres grupos principales (europeos, africanos e indígenas) eran concebidos respectivamente como español, negro e indígena. Bajo esta proposición, afirma James Lockhart, "cuanto más español fuera uno dentro de la jerarquía social, más alta sería su posición".[2]Aclaramos, nuevamente, que la cúpula es española en lugar de blanca, pues el término "blanco" raramente aparece en el lenguaje popular u oficial hasta fines del siglo XVIII.

Precisamente, es durante el transcurso de este siglo cuando el aumento y proliferación de los grupos mestizos (mixtos) reordenó el conjunto social general y la sociedad lejos de transformarse en un orden social jerárquico cerrado e impermeable se constituyó en un mosaico de tonalidades fenotípicas y de desigualdades a partir de la intrincada y dinámica intersección entre el nacimiento, la clase socioeconómica, el rango social, y la "sangre" en la lucha por el reconocimiento y la posición social.[3] Según Verena Stolcke persistió, incluso, (no obstante el discurso abiertamente racial de fines del siglo XVIII) el menos tangible lenguaje de la "limpieza de sangre", porque ante tanto "mezcla" los marcadores raciales, como el fenotipo, resultaron ser un indicio muy poco fiable de la ascendencia genealógica y de la identidad social de una persona.[4]

Para dar cuenta de la complejidad social se habló de "sociedad de castas", que incluía una serie de categorías "abigarradas" de acuerdo al lenguaje de la época. Las *castas,* según la acepción hispanoamericana se referían al crecimiento de la población mezclada (paradójicamente es lo contrario de la acepción sociológica de este concepto en los estudios de los indianistas contemporáneos).[5] Hasta el momento se desconoce cuándo y por qué cambió de significado: de connotar linaje a referirse a la mezcla sociocultural.[6] Pero lo que parece claro es que los términos que se aplicaron a las "nuevas categorías de gentes" respondían al intento de crear orden en la sociedad

---

[2] James LOCKHART. "Organización y cambio social en la América española colonial". En *Historia de América Latina,* 4. Barcelona, Editorial Crítica, 1990, pp. 64-108.

[3] Verena STOLCKE. "Los mestizos no nacen, se hacen", *cit.,*p.47.

[4] *Ibíd*, p.46.

[5] En América Española *casta* significa grupo mezclado, en tanto para los indianistas contemporáneos el sistema de *casta* según nos explica Louis DUMONT se refiere a grupos cerrados. Esto implicaba separación matrimonial y de contacto entre los grupos, división del trabajo y ordenamiento jerárquico de los mismos (*Homo Hierarchicus. Ensayo sobre el sistema de castas.* Madrid, Aguilar, 1970: 36-37); Ver además: Pierre VILAR. *Iniciación al vocabulario del análisis histórico.* Barcelona, Crítica, 1982, pp. 116- 141.

[6] La lógica ideológica que condujo a la utilización de la expresión genérica de *otras castas* para designara las personas "mezcladas" puede haber sido la inversa según Verena Stolcke para indicar el origen mezclado, el término *casta* puede haber querido subrayar el carácter idealmente cerrado incluso de las categorías sociales "mezcladas". En una época en que las nuevas categorías de gentes se multiplicaban y crecían las aspiraciones socioeconómicas, se intensificó la obsesión con el matrimonio, el nacimiento legítimo y la exclusión social –reflejado en la preocupación por la pureza de sangre-entre las elites españolas/criollas y la palabra casta puede haberse difundido impermeabilizando las fronteras de las categorías sociales coloniales (V. Stolcke. 2008: 47).

colonial, circunscribiéndolas. Sin embargo, el número creciente de individuos mezclados representaba una constante amenaza porque su ilegitimidad hacía su ascendencia peligrosamente dudosa. Por ello mismo el mestizaje puede ser considerado como una transgresión de las barreras que imponía el sistema colonial entre las categorías que manejaba la administración para identificar a los individuos.[7]

La documentación censal, parroquial y judicial dan testimonio de la vigencia del modelo de "castas" hasta bien avanzado el siglo XVIII. Los litigantes y testigos en los juicios, se definían ante el juez ¿o eran definidos? de esa manera. Era algo común y corriente en el lenguaje de la época el uso de los términos "negro, "moreno", "zambo", "pardo", mulato" para indicar tal o cual individuo involucrado en un pleito, en un padrón o en un registro parroquial. También, es habitual que en el transcurso de su vida o en función de la autoridad que redactó el documento un mismo individuo podía cambiar de categoría una o varias veces. Es decir, que estas categorías no eran cerradas ni intangibles, sino fluídas y cambiantes. Pero, aún así y no obstante el carácter "artificial" de las mismas, no cabe duda de que el modelo de las castas funcionó; sobre todo en el intento de dar cuenta del mosaico étnico y de mantener una definición de raigambre racial para sus distintos componentes.[8] La jerarquía de los estamentos siguió vigente no solamente en la documentación administrativa (las "castas" de los padrones y las "castas y naturales" de los registros parroquiales) sino también en las declaraciones ante la justicia. Cabe notar que la documentación notarial es la más pobre en cuanto a las categorías utilizadas por los otorgantes, lo que indica la debilidad de las taxonomías cuando la categoría étnica era dejada al juicio de las personas.

La literatura histórica señala a las ciudades coloniales como el espacio privilegiado en el que se dieron los procesos de mestizaje e hibridación. Estas fueron el escenario de nuevas formas de vida colectiva que incluían a españoles, indígenas y negros, junto a las múltiples modalidades de intercambios. Los españoles necesitaron mano de obra para la construcción de los edificios públicos e impusieron servicios personales a los indios del contorno, lo que la documentación llama como la "mita plaza". Además, parte de los que estaban sujetos a estas obligaciones eran utilizados como servicio doméstico. De tal manera, forzada o no, miembros de la población indígena se encontraron en contacto directo y cotidiano con los sectores dominantes de la sociedad colonial. Los censos y otras fuentes registran el desarrollo de la presencia de los indígenas en la ciudad, cuyo fenómeno está relacionado, además, con las migraciones internas y la atracción que ejercía la urbe sobre ciertos sectores de la sociedad. Sin embargo más allá del número de mestizos propiamente dicho, hay que considerar el mundo de los "indios de la ciudad" como un grupo mestizado. Eran "ladinos en la

---

[7] Jacques POLONI-SIMARD. "Redes y mestizaje. Propuestas para el análisis de la sociedad colonial". G. Boccara y S. Galindo (edit.). *Lógica mestiza en América, cit.*, 2000: 112-138.

[8] *Ibíd*, 114-118.

lengua española", vestían como españoles, participaban de un estilo de vida que no correspondía al tópico del indígena. Existía, pues, un mestizaje socio-cultural sin que hubiera necesariamente un mestizaje biológico. También están los negros, que aunque residen en diversos espacios son principalmente habitantes urbanos. Las posibilidades para un esclavo de ser liberado por su amo o de estar liberado hacían intervenir en el juego social un nuevo actor que va a participar en el desarrollo del mestizaje, tanto biológico como socio-cultural.

La sociedad catamarqueña no es ajena a estos procesos coloniales, que, con diferencias parecieran ser comunes al conjunto de la región del Tucumán y también al resto de las ciudades hispanoamericanas. A lo largo de este capítulo intentaremos ofrecer una imagen de "nuestra sociedad" que refleje la complejidad social y que libere a la investigación del riesgo de otorgar a las categorías socioétnicas un contenido "delimitado" e "intangible". El propósito de esta investigación es el de enfatizar la diversidad de los contextos, y de los espacios sociales. También, el de analizar a los grupos "en contacto", con sus especificaciones, confluencias y transformaciones. En otras palabras, nos focalizaremos en los mestizajes que fueron cambiando el rostro de la sociedad finisecular. Para ello, analizaremos los ámbitos de residencia en el espacio urbano, las modalidades del trabajo y sobre todo, los intercambios matrimoniales consagrados por la iglesia.

Cambios sociales y demográficos de la población del Valle

Cuando repasamos los datos demográficos de los capítulos anteriores nos encontramos que en las últimas décadas coloniales se habían producido cambios importantes en el conjunto de la población catamarqueña. Se observa un crecimiento significativo del Valle y de los habitantes de la ciudad. La población de toda la jurisdicción había crecido notablemente en estos años, situación que se intensificará en los comienzos del siglo XIX. En 1812 tenía más habitantes que Salta, Jujuy y La Rioja. Ocupaba el quinto lugar en importancia después de Buenos Aires, Córdoba, Tucumán y Santiago del Estero.[9] El mayor crecimiento se produce en la zona del Valle, que triplica su población en sólo treinta y cuatro años, agrupando a más de la mitad de los habitantes de la jurisdicción. De 6.441 que eran en 1778 pasaron a ser 9.236 en 1812. La ciudad también crece en estos años, de manera lenta pero sostenida. Los casi dos mil habitantes urbanos se repartían entre los dos barrios existentes: el de San Francisco y el de la Merced. La divisoria entre ambos era la actual calle República, tendida en dirección este-oeste. Al norte se encontraba el barrio de San Francisco, el más importante por la posición social y económica de sus habitantes; al sur, el de La Merced, de menor actividad comercial y en el cual vivía un elevado porcentaje de población indígena.

---

9 Ernesto MAEDER. "El censo de 1812 en la historia demográfica de Catamarca". *Anuario,* Instituto de Investigaciones Históricas, 10, Rosario, 1968: 218-248 (la cita corresponde a la pp. 234-5).

La "traza" era para los españoles el principio y el fin de la ciudad; se prolongaba unas seis cuadras en la que se levantaban amplias casonas con galerías interiores y con sus respectivas huertas, predominando en éstas los naranjos y las viñas. A medida que se salía de ella, ésta se extendía hacia la zona indígena, de modo que siempre había gente que habitaba el límite del mundo español, incluyendo a hispanoscriollos de modesta condición social y a gente de grupos étnicos diversos.[10]

La ciudad se nos presenta como un espacio multiétnico compuesto por personas pertenecientes a categorías socioétnicas "troncales" (español, india, negra) y sobre todo por individuos pasibles de adscribir a categorías de castas o "hibridas (mulato, mestiza, parda, zamba).[11] Grupos "abigarrados", de color "indeterminado"que no pueden ser divididos en categorías cromáticas definidas tienden a crecer en el conjunto de la población. Los calificativos de "baja esfera" y "mala raza" comunes en la documentación colonial para designar a estos sectores subalternos, heterogéneos y móviles, nos remiten claramente a una jerarquía axiológica en la que el español, por oposición, representa a la "gente decente" y a la "parte más sana y principal".

El sector español que encontramos en el censo de 1812[12] es mayoritariamente criollo (nacidos en América) y los indios en su mayoría libres (de obligaciones fiscales). Ambos grupos habían aumentado considerablemente su representación en estas décadas. No es el caso de las castas (negros, mulatos, pardos, esclavos y libres) que disminuyen de manera significativa a finales de la colonia. Los cambios principales se habían producido en la población libre y no así entre los esclavos, que pese a haber variado la representación mantuvieron a lo largo de los censos cifras más o menos parejas. Otra característica de la población es el notable predominio femenino en todos los grupos étnicos, siendo esta variable una constante demográfica de toda la jurisdicción. El flujo de hombres hacia las ciudades vecinas, al que luego se sumarían las levas ocasionadas por la guerra de la Independencia, significó un drenaje de hombres que repercutirá no sólo en la economía, sino en el conjunto del comportamiento social. La ciudad atraía mano de obra femenina que engrosaba la población dependiente de cada hogar, ocupada principalmente en tareas domésticas u oficios manuales; migración reflejada en el ensanchamiento de los grupos centrales de edades en la población femenina, tanto india como de castas.[13]

---

[10] Florencia GUZMÁN. "Formas familiares en la ciudad de Catamarca: el caso de los indios, mestizos y castas", en Ricardo CICERCHIA. *Formas familiares, procesos históricos y cambio social en América Latina.* Quito, Abya Yala, 1998:39-58 (la cita corresponde p.41).

[11] Néstor GARCÍA CANCLINI (*Culturas híbridas: estrategias para entrar y salir de la modernidad,* México, 1990) refiriéndose a los status *híbridos* señala que a partir de ahí se pueden elaborar "juegos" o negociaciones de identidad en la que el sujeto es el principal agente de su propio posesionamiento. En esta concepción "las identidades sociales ocupan espacios de resistencia, espacios intersticiales nunca exclusivos de un lógica o de otra, donde formulan –de manera siempre ambivalente o inacabada- versiones alternativas a las autoridades que pesan sobre ellas. Llamados el tercer espacio, estos espacios de identidades "ni dominantes ni dominados" son el lugar de excelencia de la hibridez como principio que rebaja las dualidades.

[12] CENSO DE 1812. AGN, X, 43-10-6.

[13] Una ampliación de este tema se puede leer en el capítulo II.

Entre los grupos étnicos se dan asimismo una variabilidad de situaciones en que los matices diferenciadores son variados y complejos. Repasemos nuevamente la información de los capítulos anteriores. En la cúspide de la pirámide social estaba el sector de "españoles" (llevan don) con gravitación socio económica y cultural, quienes se desempeñaban como funcionarios, eclesiásticos, militares, hacendados y comerciantes. La *gente decente,* de acuerdo al lenguaje de la época, formaba un grupo escasamente homogéneo, cerrado aparentemente a las presiones ascendentes, se muestra en cambio muy abierto a nuevas incorporaciones de peninsulares y aún de extranjeros, que cumplían por hipótesis el requisito de "pureza de sangre".[14]Entre ellos estaban aquellos descendientes de los primeros conquistadores que habían logrado a lo largo del siglo una permanencia social y económica. También, apellidos poco conocidos, resultado de las recientes migraciones de comerciantes y burócratas que llegaron principalmente de la península partir de la segunda mitad del siglo XVIII. Comienzan así genealogías nuevas, que se vincularán con las familias principales a través del matrimonio y con el tiempo sus descendientes tendrán una destacada actuación pública. Junto a éstos, estaba el resto de españoles sin don, mencionados en otras fuentes como "reputado por español" o "criollos"[15] probablemente el sector más heterogéneo y poco conocido, que incluía a blancos de modestos recursos, a mestizos y ocasionalmente alguien proveniente de las castas, con status diferencial.

Esta distinción explicaría el reducido número de mestizos que encontramos en los documentos. Son ellos los que presentan la menor identificación étnica, debido a que mantendrían una estrecha asociación o identidad con los españoles, indígenas e incluso negros. En este sector también se habían producido cambios importantes en estas últimas décadas. Dentro del área urbana, representaban un poco menos de la mitad de la población, variando estos porcentuales en el resto de la parroquia. La mayoría de los indios urbanos vivía en el barrio de la Merced, y un porcentaje menor,

---

[14] En la introducción del libro señalamos que la doctrina teológica-moral de la *limpieza de sangre* tardomedieval se refería a la "calidad de no descender de moros, judíos, herejes o cualquier persona convicta por la Inquisición". Volvemos aquí sobre este concepto para subrayar su significado genealógico, en el que se establece una estrecha relación entre la virginidad y la castidad de las mujeres, el honor familiar y la preeminencia social de éstas. En la sociedad colonial este código teológico-moral de género desempeñó un papel constitutivo de las relaciones de poder entre los conquistadores europeos, la población nativa y la negra que afectó de modo decisivo a la reproducción colonial (una discusión sobre el tema se puede leer en V. STOLCKE, *cit.*, 2008: 18-56).

[15] Reiteramos que *Criollo* designaba en un principio a los negros nacidos fuera de África. Se habla por lo tanto de criollos de Sevilla, de Lisboa o de Sao Tome, porque esta isla es considerada como un enclave portugués que no pertenece ya a África. Pero a partir de la segunda mitad del silgo XVI la voz se hace extensiva a los españoles nacidos en el Nuevo Mundo. *Criollo* pasó a significar español nacido en America". Luego, a fines del siglo XVIII la superposición de "criollo" y de "mestizo" comienza a ser frecuente en los documentos coloniales y en el uso pos independiente, integro la versión ampliada del mestizaje: los mestizos de indios, blancos y negros por sucesivas decantaciones purificadoras de mezclas entre si se convierten en criollos. Esta acepción está presente todavía en la Argentina del siglo XX. Los llamados cabecitas negras se denominaban criollos y eran mestizos de distintos pueblos del interior de la Argentina (Carmen BERNAND. "Los híbridos en Hispanoamérica. Un enfoque antropológico de un proceso histórico". G.Boccara y S. Galindo, edit., cit, 2000: 60-84).

lo hacía en el barrio de San Francisco, donde trabajaban como criados y domésticos. Pareciera que era un grupo aculturado en contacto más directo con los españoles y también con los negros. La contemplación de la realidad social de entonces nos revela, además, que hubo desde el principio una movilidad indígena y numerosas migraciones que contribuyeron al mestizaje y a la paulatina disminución de las encomiendas. Las autoridades insisten sobre la dispersión de estos indios y las dificultades que les acarreaban el cobro del tributo. Explicaban que los foráneos superaban a los originarios, situación que acentuaba la dispersión por la inconstancia del domicilio, en tanto la reunión en parajes facilitaba la recaudación. Esto se debía, además, a las características del territorio (y en esto se refieren a toda la región del Tucumán) que por ser amplio y dilatado y lleno de montes "se convertían en el abrigo y regadíos para sementeras, facilita a los contribuyentes migren de unos a otros parajes todos los años... y tal vez ocultos en una de las muchas escabrosidades e inmensas montañas no aparece en 5 o 6 años..."[16]

Se quejaban, asimismo, del ocio de los indios y de su tendencia a cometer hurtos, robos y otros delitos. Según explicaban, las chozas de los pueblos se hallaban de las capillas distantes unas de otras, situadas entre las montañas silvestres y sin poblaciones que las circundasen. Situación que contribuía a que en cuanto éstos tenían noticias de que el Revisitador o los Jueces Recaudadores estaban por llegar, se "fugan, que por hallarse los pueblos, sin la vigilancia debida, perpetran muertes, heridos, robos y otros excesos y se ocultan cuando son buscados por la Justicia y por los recaudadores de impuestos". Al parecer les habían donado tierras para que las cultivasen, y de esta manera socorrieran sus urgencias y alimentaran a sus familias. Condición que no se cumplía, porque las daban en arriendo por un pequeño interés; situación que traía como consecuencia el ocio "que resultaba lamentable para las familias y a sus personas."

También mencionan las continuas migraciones de indígenas a la ciudad. Estas cuestiones son reiteradas una y otra vez por los encargados de recaudar el tributo. Para lo cual, exhortan (mejor dicho compelen) a los dueños de haciendas para que cada uno en particular dé " razón circunstanciada y jurada a los Alcaldes Ordinarios del Partido a que pertenece de cuántos indios arrenderos, agregados o conchavados existen en sus peculiares pertenencias, con manifestación de sus nombres y apellidos, mujer e hijos para que confrontándolas con el testimonio de la Matrícula que deben tener los Jueces Reales pasen esto de referencia a los recaudadores respectivos o para que estos hagan las diligencias del cobro porque todo indio lleva consigo en cualquier parte en que se halle la obligación de pagar..."[17]

---

[16] REVISITAS DE INDIOS. AGN. Documentos Diversos. Sección Colonia, Serie XV. *Revisitas y Padrones.* Intendencia de Salta, años 1786-1806. Legajo 32. folios 30 y 36.

[17] *Ibídem.*

En la evasión del tributo confluían tanto las necesidades de los indios como las de los propios españoles. Continuamente, se insta a no cometer fraudes en la ocultación de tributarios, y para una mayor verificación, los curas debían mostrar a las autoridades los libros de bautismos, matrimonios y entierros desde el 13 de septiembre de 1791 hasta el 16 de enero de 1807, y además la lista de padrones que tuvieran para su gobierno espiritual. El pasaje de una categoría a otra y la ocultación de los indios sólo eran posibles por los cambios culturales operados en este sector. Los padrones de indios señalan que eran *ladinos,*[18] y que se vestían como los españoles, situación que contribuía a este pasaje y a una mejor inserción en la vida de la ciudad. Esta hispanización/ladinización se reconoce por caso en el pueblo de Choya, lindante una legua con la ciudad, quienes se habían "españolizado" completamente. Aquí el cacique, según el P. Larrouy, se llamaba D. Baltazar Ayunta en 1696, D. Cristóbal Tiguilai en 1730, y Enrique Díaz en 1767; en 1806 todos los apellidos que se encuentran en el pueblo son Cabrera, Díaz, Sánchez, Arce. [19] Estos cambios forman parte de un proceso mayor de transformación y desaparición de las comunidades indígenas; sea por efecto del servicio personal, las migraciones, forzadas y voluntarias, el traspaso de indios a las estancias o a las ciudades, y también o por la extinción de las encomiendas. La disgregación condujo naturalmente al mestizaje que continuó incrementándose a lo largo del siglo XVIII tal cual nos muestran diferentes fuentes censales y parroquiales.

En el conjunto de la población "negra" también se habían producido cambios importantes relativos al origen y a la condición: predominaban ahora los criollos por sobre los africanos (entre ellos los procedentes de Guinea y Angola).También los libres y pardos por sobre los esclavos y negros.[20]Además los frecuentes intercambios socioétnicos se tradujeron en variaciones en el fenotipo (color, apariencia física y cabello) tal cual surge de fuentes variadas (informes, pleitos y cartas de libertad). Se hace referencia a "esclavas de color blanco", "esclavas apardadas", "esclavos chinos", "mulatos de color blanco", "mulatos de ojos apardados", "pardos azambados". Recordemos el ejemplo del capítulo anterior en el que doña Lorenza Argañaraz, española, viuda, les otorga la libertad a Teresa, Margarita, María Francisca, María de la Anunciación, Alejandra y María del Rosario, que son esclavas de *color blanco* a excepción de la denominada Teresa *que lo tiene apardado.*[21]

---

[18] *Ladino* hace referencia a la población hispanizada. Si bien nos remite a personas bilingues mediadores culturales fue con el tiempo incorporando nuevos significados. En el Tucumán colonial frente a la variedad de lenguas y dialectos locales el quechua se convirtió por excelencia en la lengua mediadora, por eso los españoles llamaban *ladino* a los indios que tenían como segunda lengua el quechua. En el caso de los africanos, ladino se oponía a los bozales que eran aquellos que hablaban sus lenguas nativas. También hace referencia a la capacidad y habilidad de sacar ventajas de la sociedad colonial.

[19] Antonio LARROUY. *Los indios del Valle de Catamarca.* Revista de la Universidad de Buenos Aires, Tomo XVIII, Buenos Aires, 1914: 155 y ss.

[20] Veáse los capítulos III y IV referidos a la población indígena y negra.

[21] AHC. Protocolos de Escribanos. Caja 11. Años 1786-1789.

CUADRO 1

1812. JURISDICCIÓN DE CATAMARCA	
Castas	**1812**
Negros	283
Morenos	63
Pardos	2.031
Mulatos	1.226
Cholos	76
Zambos	6
Total	3.685

Fuente: MAEDER, 1969: 240

Las uniones entre esclavos con mujeres libres dieron como resultado una descendencia, también, libre e incluso legítima. Los parentescos cruzados y reiterados, sobre todo entre negros e indios que fueron extendidos desde épocas tempranas, presentan una complejidad que no se vislumbra en la simple grilla y descripción de los intercambios socioétnicos. Estos fueron amigos, parientes y compadres, como lo confirmaremos en las próximas páginas y nos ilustran, además, estos dos ejemplos:

El 29 de octubre de 1772 en la Iglesia Matriz de Catamarca contraen enlace Pedro José Díaz, pardo libre, natural del Valle, con Ana, india, viuda velada del mulato Pablo, del servicio que fue de don Gabriel de Segura. Son testigos el español Ignacio Herrera con Andrea, india.[22]

Asimismo, el 26 de setiembre de 1773, también en la Iglesia Matriz de Catamarca, contraen enlace Antonio Avellaneda, pardo libre, hijo legítimo de Simona Ávila y de Ignacio, mulato esclavo de don Ignacio de Avellaneda, con María Rosa, hija legítima de Dominga, india libre y de Marcos, mulato esclavo del dicho Avellaneda. Son testigos de la unión, Antonio mulato esclavo del Rey y su mujer Andrea Ávila, india libre.[23]

La pregunta que sigue tiene que ver con los hijos de estos "status híbridos". ¿Qué categoría tienen los niños nacidos de padres mixtos? El Censo de 1812 nos da pistas en tanto encontramos en la ciudad un conjunto de uniones, cuyas taxonomías responden a variadas combinaciones tal como surge del siguiente cuadro:

---

[22] Archivo Eclesiástico de Catamarca (ACC). Libro 2 de Matrimonios 1764-1781 (españoles y naturales). Desde el folio dos hasta el sesenta se asientan las partidas de los españoles y desde el sesenta y uno hasta el final para naturales y castas. Cura Rector Don Pedro José Gutiérrez.

[23] *Ibíd.*

CUADRO 2

Casos	padres mixtos	Taxonomía
9	español + indio	Indio
35	mulato + india	Indio
3	mulata+ indio	Indio
10	esclavo+india	Indio
10	española+mestizo	Mestizo
3	mulato+ india	Mestizo
7	mulato+ mestiza	Mestizo
8	Indio+ mestizo	Mestiza
10	mulato+india	Parda
8	esclavo+mulata	Parda
25	mulato+mestiza	Pardo
2	esclavo+india	Pardo
5	Mestiza+parda	Pardo

En este conjunto de 135 niños de padres mixtos, podemos ver que una misma mezcla es denominada de manera diferente y una misma clasificación sirve para denominar a distintas modalidades de mezcla. Las uniones entre indios y negros, que predominaron sobre las demás, pareciera que hizo que el vocablo "zambo" desapareciera (al menos en este censo sólo hay 6 casos) y fuera reemplazado por el de "indio", en menor medida por el de "pardo" e incluso por el de "mestizo". Observamos que estas taxonomías tienen un doble (o más) significado: de categoría étnica y clasificación social. También conllevan una connotación racial diferente: los "indios" y "mestizos", a diferencia de los "zambos" y "pardos" des-negrizan a la descendencia mestiza (mixta) y provocan una distorsión clasificatoria (subregistro de unos y sobreregistro de otros). De manera tal que la dinámica de los grupos étnicos (aumento y/o declinación) tiene que ser leída, también, en clave de afiliaciones individuales y colectivas muy diversas, muchas veces cambiantes según los procesos de interacción y nunca exclusivos de una lógica o de otra.

El mundo del trabajo

En esta parte del capítulo nos centraremos en el mundo del trabajo, en tanto ámbito de confluencias, segmentación y estratificación. Hombres y mujeres, "españoles", "indios" y "negros" trabajan y viven en el ámbito urbano en el que realizan una gran variedad de actividades. El censo de 1812 nos permite trazar un cuadro general de las ocupaciones a principios del siglo XIX. Pero antes de entrar en tema debemos hacer dos señalamientos: la primera, aclarar que esta fuente omite el trabajo de las mujeres, de quienes sabemos realizaban variadas actividades económicas. Basta recordar el informe de Francisco de Acuña al Consulado de Buenos Aires en 1803, cuando explicaba "que el sexo femenino es bastante industrioso y aplicado a fabricar lienzo de todas las calidades, especialmente el ordinario, que surte a las tres provincias, de suerte que no hay casa, ni rancho en todos los distritos que no tenga uno o dos telares, con su torno para ilar, y otro para desmotar el algodón."[24] La segunda, se refiere a las ambigüedades de las taxonomías socioétnicas a las que ya hicimos referencia. El objetivo militar de este primer censo republicano era el de registrar a la población masculina adulta, pasible de organizar militarmente. Por ello ofrece una información "detallada" de los varones adultos con sus ocupaciones, edad, residencia y raza, de acuerdo a su ubicación en las compañías militares. En el caso de la ciudad, éstas son dos que corresponden al barrio de San Francisco y al de la Merced.

Teniendo en cuenta ambas cuestiones nos centraremos solamente en la población masculina adulta (quedan afuera los niños de padres mixtos que son los que nos presentan las mayores problemas de clasificación/identificación y sólo en contados casos se les anotó una ocupación).En los cuadros que presentamos consideramos la relación entre población/función diferenciada por grupo socioétnico: "españoles", peninsulares o americanos, que reconocemos con el don; "españoles" sin don que identificamos como "criollos"; además de los "indios" y "castas" (negros, mulatos y pardos, esclavos y libres). El conjunto de estos sectores aparecen, a su vez diferenciados de acuerdo a los patrones residenciales: barrio de San Francisco (1) y barrio de La Merced (2). Se observa en ellos que los miembros de la burocracia estatal y del clero pertenecen al sector de los peninsulares y al de los americanos. El comercio es, además, una actividad muy extendida en el conjunto de este grupo, que registra en la ciudad a 19 comerciantes, de los cuales 7 eran peninsulares, otros 7 americanos o de otras provincias, y los 5 restantes, originarios del lugar. La estructura ocupacional para el resto de la población también ofrece pocas sorpresas. La agricultura en su conjunto empleaba como jornaleros y agricultores a los varones indios, mulatos libres y a algunos españoles. Los labradores, trabajaban en chacras y dentro de la jurisdicción municipal; de éstos la mitad residía en el barrio de San Francisco y los demás, en el barrio de la Merced. Pareciera que esta actividad no merecía en la ciudad la misma estimación que en la campaña aledaña. Mientras en Piedra Blanca (parroquia que lindaba con el Rectoral) entre los labradores figuran muchos miembros de la parte *más sana y principal,* en la ciudad éstos no son representativos socialmente.[25]

Los españoles más modestos fueron principalmente labradores. Se advierte en ellos una participación menor en las ocupaciones artesanales que parecían todavía reservadas a los sectores negros e indios. Los hay pulperos, actividad que realizaban tanto en la traza de la ciudad como en el barrio indígena compartiéndola con algunos indios. En Catamarca funcionaban 8 pulperías, negocios dedicados al expendio de bebidas, y algunos artículos de almacén. Desde el punto de vista social y económico esta actividad

---

[24] AGN. IX, 4- 6-7. Consulado. Informe del Diputado Consular de Catamarca Don Francisco de Acuña, 1803, foja 1.
[25] Armando BAZÁN y Ramón Rosa OLMOS. "La ciudad de Catamarca en 1812". *Primer Congreso de Historia Argentina y Regional.* Academia Nacional de la Historia, 1973:472.

era reputada como una forma subalterna del comercio y de esa idea arraigada derivaba la situación del pulpero y su esfera de relaciones. El censo indica que la misma era atendida por 5 criollos y 2 peninsulares (en ningún caso llevan el don) y 1 indio.

En cuanto a los oficios artesanales, éstos se hallaban acaparados por los esclavos, mulatos libres e indios. Mientras la mayor parte de las castas ejercían sus oficios en el barrio de San Francisco, los indios lo hacían en el de la Merced. En el primero ejercían 21 artesanos, de los cuales 8 eran esclavos, 7 mulatos libres, 3 indios, 2 españoles/criollos y 1 peninsular, el único fabricante de peines en la ciudad. El barrio de La Merced con mayoría de población indígena, presenta un número mayor de artesanos de este origen. Sobre 32, 21 eran indios, 5 esclavos, 2 mulatos libres, 3 criollos y 1 peninsular. Los esclavos e indios estaban especialmente repartidos en los oficios básicos como zapateros, sastres y carpinteros. Los esclavos eran principalmente los zapateros y los indios, los sastres de la ciudad; en tanto el oficio de carpintero aparece más repartido entre unos y otros. Completan este cuadro laboral los jornaleros, en su mayor parte indios que residían en el barrio indígena. El resto de españoles y castas si bien comparten algunos oficios con éstos, realizan sus trabajos de manera repartida en la ciudad.

CUADRO 3

OCUPACIONES POR GRUPO ÉTNICO. CASCO URBANO DE CATAMARCA					
OCUPACIONES	Españoles	Indios	Castas libres	Esclavos	TOTAL
Jornalero	2	51	9		62
Labrador	26	21	2		49
Pulpero	8	1			9
Comerciante	19				19
Gobierno*	3				3
Comisionado	1	1			2
Profesionales	5				5
Religiosos	16				16
Carpintero	2	2	3	1	8
Zapatero	1	7	3	9	20
Albañil	1	2	1	1	5
Violinista	1				1
Platero	2		1		3
Sastre		9	1	1	11
Herrero	2	1			3
Sirvientes				25	25
Otros oficios	2	3			5
TOTAL	91	98	20	37	246
*Incluye tesorero, ayudante de correos					
**Incluye a españoles con y sin don (criollos)					

Fuente. CENSO DE 1812. AGN, X, 43-10-6. Florencia Guzmán, 1998: 33

Si comparamos la escala socioétnica con la funcional, nos encontramos con un panorama variado, aunque, también, con la asociación de ciertas funciones con determinadas categorías étnicas. Los españoles peninsulares y americanos (llevan don) monopolizaron las funciones "altas", pero, también, hay otros españoles ocupando rangos medios y bastante más bajos (no llevan don). Los indios son habitualmente labradores, jornaleros, peones, y en menor medida ejercieron otras funciones en el artesanado urbano y en el servicio doméstico. Entre los esclavos y castas libres se observa un abanico de actividades pero son, sobre todo, los criados y domésticos de las casas españolas.

CUADRO 4

DISTRIBUCIÓN DE OCUPACIONES DE CRIOLLOS S/DON, INDIOS Y CASTAS. CASCO URBANO. CUARTEL 1 Y 2									
OCUPACION	Españoles*		Indios		Castas libres		Esclavos		TOTAL
	1	2	1	2	1	2	1	2	
Jornalero peón		1	16	35	6	3			61
Labrador	11	7	5	16	1	1			41
Pulpero		3		1					4
Cura		1	1						2
Zapatero	1			7	2	1	5	4	20
Sastre				9	1		1		11
Carpintero		1	1	1	3	-	1		7
Otros ofcios *	1	3	2	4	1	1	1	1	14
Sirvientes							25		25
TOTAL	13	16	25	73	14	6	8	5	185
*que no llevan el don									

La división en 1 y 2 corresponden al barrio de San Francisco y al de la Merced respectivamente (cuartel militar 1 y 2).

El matrimonio entre los diversos grupos socioétnicos

Por último, vamos a analizar las uniones matrimoniales registradas en la iglesia Matriz de Catamarca (Actas Matrimoniales de la Parroquia de la Virgen del Valle). El análisis de las mismas nos aporta una rica información sobre el mestizaje "legítimo" y sobre la diversidad de los cruzamientos, en los que se observa una amplia gama de individuos vinculados con distintos grados de filiación. La Iglesia (que no estaba afuera del establecimiento/mantenimiento de las jerarquías coloniales, sino que, además, y aún fomentando el matrimonio interétnico contribuyó a reproducirlas) divide a los cónyuges en dos categorías y cada una de ellas en libros separados. Por un lado están los "españoles y mestizos", y por el otro, el de "naturales y castas". A su vez, en cada libro, los cónyuges fueron caracterizados por origen, potestad jurídica y social.

Entendemos que el registro de los matrimonios consagrados por la Iglesia deja de lado una cantidad (seguramente importante) de otras uniones, que aunque no fueron legítimas constituyeron familias y afianzaron el mestizaje. En el caso del censo (1812) al que venimos haciendo referencia, observamos diferentes uniones e intercambios étnicos entre casados/solteros. En el ámbito urbano la tendencia que nos señala la fuente es la de casarse preferentemente dentro del grupo socioétnico. Esta inclinación que abarca a todos los sectores se va debilitando a medida que bajamos en la escala social, aunque entre los indígenas las uniones endogámicas son todavía preponderantes (27 exogámicas y 69 endogámicas). Las castas presentan la mayor inclinación por las uniones exogámicas (43 uniones mixtas y 50 endogámicas), que se manifiestan más claramente entre los esclavos. Son las indias las parejas preferidas de los pardos y mulatos libres.

GRÁFICO 1

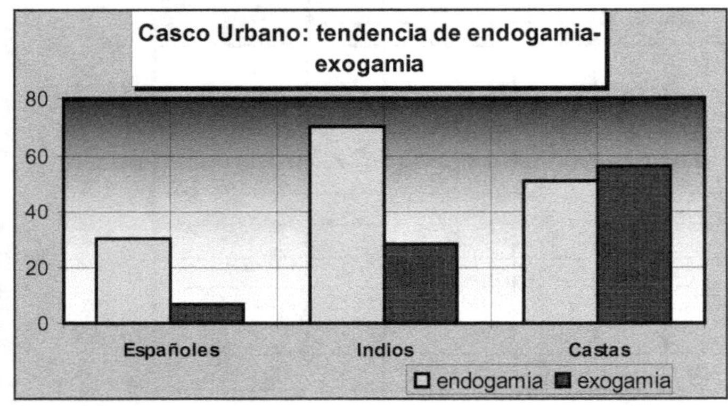

GRÁFICO 2

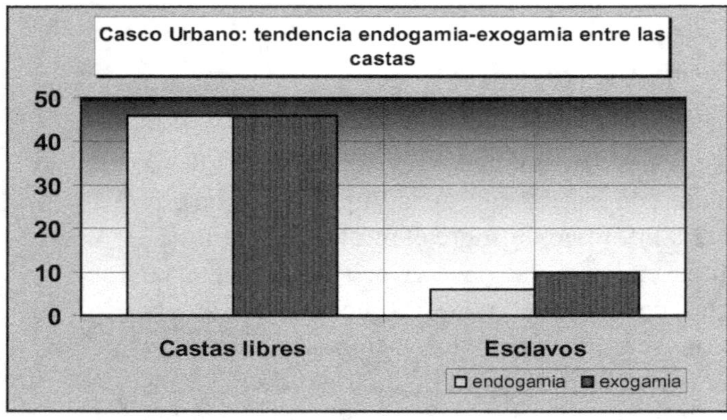

Fuente: CENSO DE 1812, AGN X, 43, X, 6

En los libros parroquiales (en este caso las cifras de la parroquia entera del Rectoral que incluyen los pueblos de indios y haciendas), encontramos algunas variaciones con los datos de la ciudad. Entre 1770-1780 y 1790 - 1800, se registraron un total de 627 matrimonios, de los cuales un porcentaje de éstos no tiene identificación étnica.[26] Lochkart afirma que la omisión de la categoría no era admitida para aquellas personas que estaban plenamente inmersas en alguna categoría.[27] La tendencia de los grupos intermedios a ocultar su "calidad" (categoría definida sobre todo por la distinción étnica, pero en la cual se integran factores socio económicos) influyó notablemente en los libros parroquiales, hallándose en éstos un número menor de individuos mixtos de los que en realidad existían. Sólo el 24% de las partidas corresponden al sector de "españoles y mestizos" y el resto al de las "castas y naturales". Se advierte en éstas una mayor frecuencia del matrimonio en el conjunto de estos sectores, y un aumento de los mismos hacia fines del siglo XVIII (cuadro 5). La incidencia de matrimonios endogámicos entre los españoles es clara, como ocurría en la ciudad. Entre éstos encontramos cierta diversidad en uniones realizadas con mestizos. En tanto en las castas y naturales, se invierte esta tendencia: las uniones exogámicas son predominantes entre los indios (86 uniones exogámicas y 33 endogámicas) aun mayor entre las castas (128 exogámicas y 27 endogámicas) y todavía más pronunciada entre los que no tienen identificación (102 y 7 respectivamente). Pareciera que el medio rural acentúa y acelera este proceso (cuadro 9 y 10 y gráfico 4).

CUADRO 5

RECTORAL DE CATAMARCA NUMERO ANUAL DE MATRIMONIOS					
Año	castas y naturales	Españoles y mestizos	Año	castas y naturales	Españoles y mestizos
1770	15	-	1790	20	10
1771	14	-	1791	18	11
1772	18	4	1792	46	9
1773	19	4	1793	41	16
1774	16	5	1794	22	8
1775	14	19	1795	18	6
1776	15	5	1796	21	3
1777	23	8	1797	19	6
1778	37	13	1798	32	3
1779	31	17	1799	35	3
Total	205	75	Total	272	75

Fuente: ACC. Parroquia de la Virgen del Valle. Libros de Matrimnios, 2, 3, 4, 5. Parroquia de San José (Piedra Blanca). Libro 1

---

[26] Archivo de la Curia de Catamarca. (en adelante ACC). Parroquia de la Virgen del Valle. Libros de Matrimonios, 2, 3, 4, 5. Parroquia de San José (piedra Blanca), libro 1.

[27] James LOCKHART. "Organización y cambio social en la América española colonial". *Historia de América Latina,* 4. Barcelona, Editorial Crítica, 1990:68.

CUADRO 6

RECTORAL. MATRIMONIOS DE INDIOS, MESTIZOS, CASTAS LIBRES Y ESCLAVAS							
MUJERES	Indios	Mestizos	Sin ident	Pardos libres	mulatos libres*	Esclavos	Total
Indias	33	1	12	9	2.	24	81
Mestizas	1	3	1	2	-	-	7
Sin identificar	17	2	1	20	8	30	78
Pardas libres	3	-	1	1	2	3	10
Mulatas libres	2	-	2	-	-	4	8
Esclavas	16	-	9	7	3	7	42
Total	72	6	26	39	15	68	226
*mulatos libres incluyen a los negros libres. Libros Parroquiales							

CUADRO 7

RECTORAL DE CATAMARCA MATRIMONIOS SEGÚN SEA EL NOVIO INDIO							
INDIO	MUJERES					Sin identificación	TOTAL
	INDIA			PARDA y MULATA			
	De encomienda	Libre	Libre*	Libre	esclava		
Encomienda	7	2	3	-	6	1	19
Libres	1	14	1	3	-	10	29
Libres servi*	-	-	3	1	-	1	5
Originarios	-	-	-	1	-	4	5
Total	8	16	7	5	6	16	58
*son indias libres pero que están al "servicio" de un español							

GRÁFICO 3

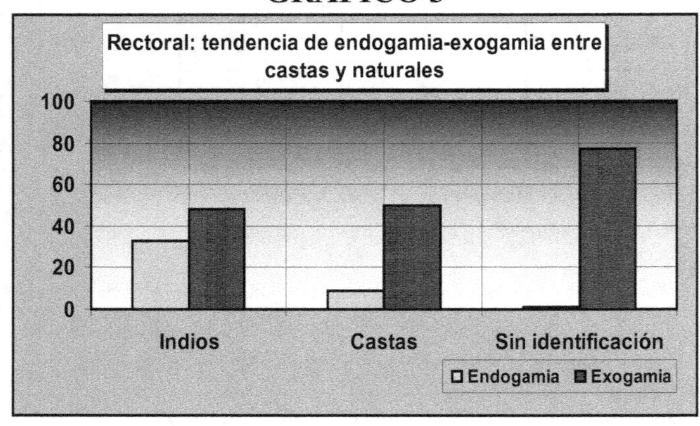

Notamos que se trata de las familias multiétnicas de las haciendas o de las encomiendas en las cuales mulatos e indios comparten el ámbito de trabajo y residencia. Estos datos confirman lo ya señalado acerca de la preferencia de los esclavos por las mujeres indias y la mayor presencia de las esclavas en los matrimonios de indios, mulatos y pardos libres (algunos se denominan como naturales). Pareciera que en este ámbito y en este período los niveles de mestizaje son diferentes. Si distinguimos a los cónyuges por sexo, observamos una mayor exogamia entre las mujeres indias y entre las que no tienen identificación étnica. Estas mujeres parecen cruzar más rápidamente las líneas de separación socioétnica que los varones (47 uniones exogámicas y 33 endogámicas y 77 y 7 para las primeras). Los varones pardos y mulatos también tienen una exogamia preponderante. Si a su vez desagregamos a estos últimos en libres y esclavos, la tendencia, tal como lo advertíamos en la ciudad, es determinante entre los esclavos (gráfico 5).

GRÁFICO 5

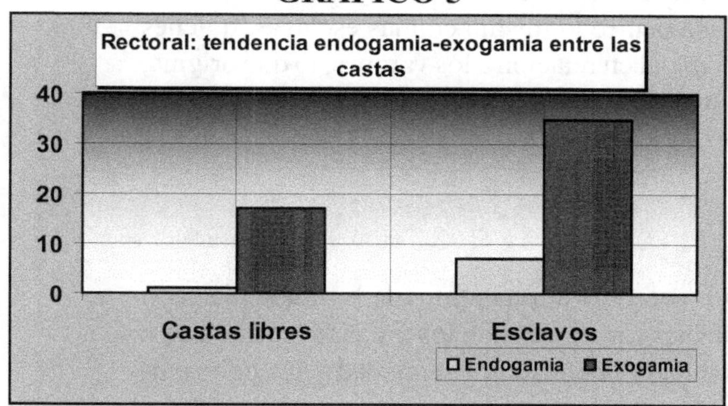

Notamos que los esclavos se casan principalmente con mestizas e indias, pertenecientes, algunas de ellas, al mismo servicio o encomienda. Son muy pocos los casos de matrimonios de esclavos (sólo 7 de 42) y cuando estos suceden corresponden a un mismo propietario. Las mujeres esclavas, pese a casarse bastante menos que los hombres, también se inclinan por un compañero libre. Dado que la probabilidad de encontrar pareja depende, desde el punto de vista demográfico, de los "efectivos en presencia", habría que preguntarse el papel que ejercieron los forasteros en el comportamiento matrimonial de la ciudad. Observamos que el 36% de los cónyuges que contraen enlace provienen de otras parroquias y de las jurisdicciones vecinas; sólo de la ciudad de Córdoba llegan el 25% de éstos. En tanto entre las mujeres, el desplazamiento ocurre de los pueblos del Valle a la ciudad. Son muy pocas las mujeres que llegan de otras jurisdicciones, y estas sólo suman 16 casos de un total de 286. Pareciera evidente que hay un punto de articulación en el que se relacionan la migración femenina a la ciudad, la presencia de forasteros en el Valle y la consecuente tendencia exogámica, que en la ciudad se verificará sólo entre las castas y en el Rectoral en el conjunto de los sectores subalternos.

En síntesis, observamos una marcada exogamia entre las castas y entre las mujeres indias. Si ese promedio fue continuo durante un siglo, entonces en varias generaciones no habría diferencias significativas ente las categorías socioétnicas. Tal conclusión, sin embargo, no podría ser garantizada. Una mirada más cercana al cuadro de los matrimonios nos sugiere que el matrimonio exogámico, cuando ocurría, seguía los lineamientos de la estratificación social. En general, los españoles más humildes (sin don) se casaban con mestizos, los mulatos con indias y los mestizos con españolas e indias. Todo indica que después de varios siglos de relaciones interétnicas, los mulatos e indios formaron un grupo separado inferior con el cual el grupo criollo-mestizo no buscaba el matrimonio, a pesar de la proximidad entre ambos. Esta situación no alcanzaba a las uniones consensuales en tanto en el censo hay varios casos de uniones de pardos con españolas y mestizas.

La investigación nos confirmó la gravitación de las uniones mixtas, en el ámbito formal del matrimonio. Esto fue originando una descendencia legítima, sobre todo entre los hijos de mulatos con indias. No ocurre lo mismo con las esclavas, quienes todavía presentan una nupcialidad diferencial en relación a los varones, lo que origina, a su vez, una descendencia esclava y en gran medida ilegítima.

Comentarios finales

A lo largo de este capítulo, hemos accedido a fragmentos de la vida social, con sus actores, actividades que desempeñaban y los lazos que los unían. Matrimonios e hijos que los entrelazaban o atravesaban a la población de la ciudad y las poblaciones cercanas; y principalmente, vislumbramos una entidad social que no obedece ni reproduce el esquema segmentado de las castas. Los grupos socioétnicos "troncales" de españoles, indios y negros dieron lugar al surgimiento de nuevos grupos sociales y de formas de relaciones que no obedecen sólo al esquema de la fuerza de trabajo, de la imposición de las obligaciones fiscales y de las múltiples modalidades de control que imponen las instituciones coloniales.

Tanto la ciudad como el resto del Valle son ámbitos heterogéneos, multiétnicos y cambiantes a fines de la colonia. Los grupos socioétnicos presentan una variabilidad de situaciones en que los matices diferenciadores son diversos y complejos. Entre los hispanocriollos tenemos las migraciones de europeos que llegaron en la segunda mitad del siglo XVIII, en gran parte dedicados al comercio y a las funciones de la burocracia estatal, se entroncaron al poco andar con las familias descendientes de los primeros pobladores y lograron una movilidad ascendente y descendente en el interior del grupo. Dentro de este grupo, había, además, españoles más humildes (no llevan don), quienes desempeñaron tareas afines con los mestizos, se casaron con éstos, produciendo un mestizaje difícil de medir en términos cuantitativos, pero que surge del conjunto de las fuentes. Entre los indios, dedicados, sobre todo, al trabajo de la tierra, se perciben cambios importantes, debido al desmembramiento de algunas encomiendas, a las migraciones desde los pueblos a la ciudad (con la aculturación/ladinización que aparejaba), y en las estancias rurales, como a un generalizado mestizaje principalmente con las castas. Otro tanto ocurre entre los africanos y descendientes, en el cual las transformaciones están relacionadas al cambio de status jurídico de gran parte de este sector, compuesto a finales de la colonia por una mayoría de pardos, criollos y sobre todo, libres. Es debido al mestizaje y a la movilidad que se da en el interior de estos grupos, que a finales de la colonia se había desdibujado el perfil étnico de la población, compuesta ahora por un conjunto de hispanocriollos que no podían gozar de los privilegios de su condición, de indios en gran medida libres de obligaciones corporativas y de mulatos y pardos libres que habían sido esclavos, pero que habían dejado de serlo. De esta manera el mestizaje adquiere una relevancia particularmente importante, no sólo en el análisis de la población, sino en el conjunto de la sociedad y en el ámbito de las relaciones sociales.

Es muy difícil medir ese proceso y los cambios de la población en términos cuantitativos. Surgen problemas en la catalogación étnica, que se deben a las distintas funciones de los padrones y censos (eclesiástico, militar, fiscal), como a problemas de adscripción y autoclasificación; consecuencia, asimismo, de afiliaciones individuales y colectivas muy diversas, muchas veces cambiantes según los procesos de interacción y nunca exclusivos de una lógica o de otra. La proximidad biológica, cultural y social que se observa entre indios y negros nos sugiere, no obstante, una mayor "integración" al mundo español por parte de las castas afromestizas. Esta afirmación tiene relación con el espacio y la vivienda: en tanto los indios trabajan como jornaleros, peones y artesanos en la ciudad, pero están sobre todo concentrados en el barrio de la Merced; asimismo, guardan una mayor endogamia matrimonial, e incluso en las ocupaciones, algunas de las cuales comparten con las castas, pero se encuentran insertas, en gran medida, en el conjunto de las actividades primarias. Por su parte, los negros/mulatos/ pardos residen de manera repartida en la ciudad, realizan una variedad de tareas y oficios, y tienen una exogamia más relevante en cuanto a las uniones matrimoniales. Se advierte en este sector un mestizaje progresivo y en una diferenciación entre los varones y mujeres (especialmente entre los esclavos). Los varones se amancebaron y se casaron con indias en escala ascendente, y los hijos nacieron libres. Las mujeres transitaron otros caminos, siendo el más común el de eventual pareja doméstica con el amo, o con algún otro español/mestizo, con quien habría posibilidades de mejoramiento para ellas o sus hijos. Se advierte así que el fenómeno de pase se realizó en dos direcciones distintas: una corriente irrumpió dentro de los españoles y mestizos, la otra dentro de la indígena y los individuos, en la generalidad de los casos, correspondían a los castas afromestizas.

Por cierto, las fuentes trabajadas no indican el contenido "real" de las relaciones ni la desigualdad que podían contener, pero esa integración o inserción en ámbitos socio-étnicos diversos llama la atención para dar una imagen de la sociedad colonial mucho más compleja y dinámica. También habla a favor de una heterogeneidad social, que indica los canales de la movilidad, la modificación de la jerarquía interna y la apertura de indios y negros hacia el grupo de los mestizos y castas. Las fuentes muestran esa heterogeneidad que llamamos un "mestizaje social"; es decir el proceso por el cual el desarrollo de la sociedad colonial, especialmente la ciudad, multiplica las interrelaciones entre los actores pertenecientes a distintas categorías étnicas generando posibilidades de movilidad social y de vínculos que atraviesan los estamentos. La sociedad colonial, lejos de ser rígida, dejaba espacios de movilidad, y la afirmación de las castas y grupos amestizados cuestionan su ordenamiento.

VII

MATRIMONIO, CONSENSUALIDAD E ILEGITIMIDAD

En el capítulo anterior hemos observado que el comportamiento matrimonial era diferencial de acuerdo al grupo étnico, status individual e incluso al género, y pese a que todavía encontramos un gran número de mujeres solas con hijos (fundamentalmente esclavas), las estadísticas sugieren una mayor frecuencia del matrimonio legítimo en el conjunto de los grupos subalternos.

Pero no se trata de evaluar el comportamiento matrimonial sólo desde la perspectiva demográfica. También es importante advertir que los matrimonios consagrados por la Iglesia ofrecían una perspectiva de categorización diferente. Proporcionan un status social que permite opciones de integración diferencial tanto para los cónyuges como para los hijos legitimados. Asimismo, debemos tener en cuenta que muchas mujeres no recurrieron al matrimonio para reproducirse. Si bien el matrimonio era un sacramento y la Iglesia fue la institución en que se basó la respetabilidad social, todo indica que las uniones libres fueron frecuentes y, obviamente, resultado de las relaciones sexuales establecidas a despecho de cánones religiosos y morales. En este sentido, no se pueden dejar de señalar las limitaciones que algunos grupos enfrentaron para formar y mantener una vida familiar, fueran negros, mulatos, indios, e incluso, una proporción importante de mujeres españolas. [1]

---

[1] La bibliografía sobre las familias coloniales americanas es muy amplia y se detalla en la bibliografía general. Aquí citamos sólo algunos trabajos que nos resultaron de gran utilidad para el correspondiente capítulo. Pilar GONZALBO (comp.) *Historia de la familia*, México, DF, Instituto Mora, 1993; Pilar GONZALBO y Cecilia RABELL (comp.). *La familia en el mundo iberoamericano*. México, Universidad Nacional Autónoma de México, 1994; Ricardo CICERCHIA (comp.). *Formas familiares, procesos históricos y cambio social en América Latina,* Quito, Abya Yala, 1998; Beatriz NIZZA DA SILVA. *Sistema de casamento no Brasil colonial.* San Pablo, Universidad de Sao Paulo, 1984; Juan Javier PESCADOR. *De bautizados a fieles difuntos.* México, DF, El Colegio de México, 1992; Verena STOLCKE. *Racismo y sexualidad en la Cuba Colonial.* Madrid, Alianza Editorial, 1992; José MATEO. *Población, parentesco y red social en la frontera. Lobos (provincia de Buenos Aires) en el siglo XIX.* Mar del Plata, Universidad Nacional de Mar del Plata,

La aceptación de que una parte considerable de la población no seguía las convenciones eclesiásticas, nos lleva a preguntarnos acerca de la aceptación de reglas sociales comunes, de la posibilidad de que convenciones o culturas coexistan y de la influencia real de la Iglesia sobre la sociedad colonial. La ilegitimidad que observamos en la mayoría de las fuentes censales, ¿cómo se relaciona con los resultados ya conocidos, referidos a la vida familiar, a las relaciones interétnicas y al control que ejerció la Iglesia en la observancia de las prácticas y hábitos sociales? Nos preguntamos ¿cómo en esta sociedad, donde la institución eclesiástica tuvo y tiene tanto peso, enamorarse y tener relaciones sexuales sin haber legitimado el matrimonio pareció ser una costumbre natural y frecuente? En este capítulo nos proponemos abordar estas cuestiones desde el marco de la legislación estatal y eclesiástica, referida al matrimonio. También, analizaremos los nacimientos ocurridos en la parroquia en las últimas décadas coloniales.

La legislación

La Corona le prestó una especial atención al tema de matrimonio. A través de la legislación buscó mantener un equilibrio social, que en la práctica significaba que los españoles se casasen con españolas, los indios con indias y los negros con negras. En ese afán de ordenamiento, desde principios de siglo XVI aparecieron las primeras disposiciones destinadas a regular la vida conyugal. Con relación a los matrimonios interraciales, la política fue ambigua. Aceptó en un principio estas uniones para facilitar la asimilación de la población indígena a la cultura hispana y más tarde trató de evitarlas, recomendando con tal motivo, que los españoles se casasen con hijas de caciques que no tuvieran hermanos, para que los cacicazgos quedaran en manos españolas. En cuanto a los esclavos, la legislación recomendaba el matrimonio, a la vez que advertía que no era el camino para lograr la libertad. La Corona era muy clara en este sentido: los esclavos aún casados continuarían en esta condición, lo mismo que sus hijos.[2] Se exhorta, eso sí, a que los negros se casen con negros y se castiga a través de ordenanzas municipales el concubinato afroindio.[3]

El Código negrero de 1789 continuó considerando perjudiciales las uniones legítimas entre esclavos y libres. Según lo explicaban, inferían siniestramente a los

---

2001; José Luis MORENO. "Sexo, matrimonio y familia: la ilegitimidad en la frontera pampeana del Río de la Plata, 1780-1850.". Boletín del Instituto de Historia Argentina y American, 16/17. Buenos Aires, Facultad de Filosofía y Letras, UBA, 1998. Una puesta al día sobre la temática se puede leer en el libro de María BJERG&Roxana BOIXADÓS. *La familia. Campo de investigación interdisciplinario. Teorías, métodos y fuentes.* Buenos Aires, Universidad Nacional de Quilmes, 2004. También en: David ROBICHAUX (comp.). *Familia y diversidad en América Latina: estudios de caso.* Colección CLACSO, Grupos de Trabajo, Buenos Aires, 2007.

[2] REAL CÉDULA de 1527. Daisy RÍPODAZ ARDANAZ. *El matrimonio en Indias, realidad social y regulación jurídica.* Argentina. CONICET, 1977, XIII: 259.

[3] REAL CÉDULA de 1541. *Ibídem.*

cónyuges hacia la insubordinación y hacia la falta de respeto con los amos. Se les encargaba a éstos hacerlos desistir si había un matrimonio en puerta, ofreciéndoles a cambio una compañera esclava con quien pudiesen compartir penas, fatigas, y la condición de servidumbre. Al parecer las uniones más perniciosas eran las de esclavos e indios. ¿Por qué? En lo socio-racial, según explica Daisy Rípodaz, porque mezclaba la sangre "limpia" de los indios con la "estigmatizada" de los negros[4]; en lo político porque la prole solía ser resentida y díscola y en lo económico, porque éstos, habiendo dejado de ser indígenas, no tributaban. También, porque privaba a los pueblos de indios de recursos laborales y daba origen a vástagos esclavos y, por ende no tributarios. Contribuían, también, a que las indias, forzadas al celibato por la escasez de indios solteros, incurrieran en amancebamientos con españoles donde también nacía una prole exenta de tributo.[5]

Algunos autores sostienen que la medida de mayor entidad con que la Corona salió al cruce de los matrimonios mixtos fue la Pragmática Real de Matrimonios trasladada a América en 1781. La misma incluyó al principio sólo a españoles e indios, pero luego incorporó al sector de las castas. A través de ella el rey Carlos III dispone de la necesidad del consentimiento de los padres para los cónyuges menores de 25 años, en el caso de los varones y 23 de las mujeres. Esto significaba que las personas de distinto status social o racial debían hasta determinada edad presentar la aprobación de los padres para poder casarse. En caso de oponerse, los familiares (padres o tutores) realizaban un juicio de disenso, ejerciendo de esta manera un control sobre las elecciones matrimoniales de los hijos. En el caso de diferencias (entre padres e hijos) se ordenaba a los tribunales reales y no a los eclesiásticos a decidir sobre ambos.[6]

Cuando analizamos los juicios de disensos no se puede dejar de observar las dificultades que debieron sortear las autoridades, tanto civiles como eclesiásticas, para determinar la "igualdad" de los cónyuges. La aplicación de la reglamentación dejó en claro que la realidad social de finales de la colonia era bastante más compleja que la retórica legal. Un estudio sobre esta legislación en las ciudades de Buenos Aires y Córdoba, por citar solo dos ejemplos, destacan los contrastes entre ambas jurisdicciones.[7]Según Susan Socolow, en la dinámica social de Buenos Aires, el prestigio social podía llegar parcialmente a sustituir el origen y la procedencia de las

---

[4] La ideología de *Limpieza de sangre*, como ya los vimos en varias partes de este libro, tenía una interpretación moral y religiosa. En virtud de ello a la población indígena se la consideraba, en términos legales y religiosos, como *gentiles*, puesto que desconocían las Sagradas Escrituras. Por su condición de *gentiles* estos eran de "sangre pura sin mezcla o infección de ninguna secta maldita". En tanto la "sangre negra" se consideraba impura porque se asociaba con la esclavitud. Un cuerpo negro o mulato exhibía el signo visible de su genealogía "bárbara" (Verena Stolcke. "Los mestizos no nacen, se hacen", en Verena Stolcke y Alexandre Coello, eds. *Identidades ambivalentes en América Latina, siglo XVI-XXI*. Barcelona, Ediciones Bella Terra, 2008:38-53).

[5] *Ibídem*

[6] RÍPODAZ ARDANAZ, 1977: 259-317.

[7] Susan SOCOLOW. "Cónyuges aceptables: la elección del consorte en la Argentina colonial, 1778-1810", en Asunción LAVRÍN. *Sexualidad y matrimonio en la América Hispánica, Siglos XVI –XVIII*. México, Grijalbo, 1991.

personas; en tanto en la ciudad de Córdoba, donde la autora encuentra el mayor número de disensos (10% del total de los matrimonios, lo cual no es poco), se preserva más fuertemente el origen familiar, la procedencia y el linaje. Estas realidades les imprimen a los pleitos presentados ante la Real Audiencia de Buenos Aires, aplicaciones y significaciones diferentes. Socolow encuentra que en los juicios de las ciudades del Interior son continuas las referencias a la población afromestiza, debiéndose esta situación al crecimiento de las castas libres, que había generado una reacción de las instituciones que asumían el control del orden y de la cohesión social. Es muy común encontrar en los expedientes alusiones al color e ilegitimidad de los cónyuges. Las preguntas a los testigos giran en torno a estas cuestiones: si los ascendientes de los novios eran de *calidad,* es decir si eran legítimos, descendientes de personas *limpias de sangre,* y si no había pariente conocido descendiente de mulatos, zambos o negros. También, si eran personas libres de toda *mala raza, sin ejercicios viles,* y si había en la familia parejas de casados que se reputasen como *iguales.*[8] En un juicio de 1796 los testigos de la novia mencionan que eran de *calidad,* porque estaban seguros de la legitimidad y pureza de sangre, "porque tenían arregladas costumbres cristianas, y jamás habían sido tachado de raza de herejes y judíos".[9]

Al crecimiento de los afromestizos se le sumaba una segunda dificultad que tenía que ver con la amplia movilidad territorial de la población. En el Valle de Catamarca, el 32% de los varones que contraen enlace provienen de las parroquias rurales y de las jurisdicciones vecinas, como pudimos ver en el capítulo anterior. Entre éstos había individuos provenientes de todos los sectores sociales y étnicos. Las constantes migraciones, sean transitorias o permanentes, inciden en los feligreses en cuanto la parroquia deja de ser el medio definidor de sus prácticas y cuando éstos se ponen en contacto con nuevos pensamientos y conductas.[10] A la Iglesia, esta situación le acarreaba serios problemas por las dificultades para hacer cumplir las prescripciones eclesiásticas, sumado a las nuevas normativas referidas al matrimonio por parte de la Corona. Uno de los inconvenientes tenía que ver con definir la *calidad* de estos migrantes. En general los antecedentes se remitían a una sola generación, lo cual se refleja en un juicio, en el que se afirmaba que había "oído decir que el novio, que era migrante, no era de familia conocida, y que podía ser descendiente de mulato y de baja esfera". No se podían probar algunas de estas afirmaciones, pero valía, como en este caso, para que no se autorizara la unión por "desigual". En contraste, la familia

---

8   AGN. Causa Civil sobre el discenso que manifestaron los parientes de Petrona Barrionuevo al matrimonio que pretende contraer con Isidro Benegas.15 de junio de 1796.

9   AGN. Causa Civil seguida por Eugenia Castro contra Josefa Almonacid sobre las causas que tiene para disentir del matrimonio que intenta contraer con su hija María Inés Albarracín. 17 de octubre de 1797.

10 Roger CHARTIER (en su libro *Espacio público, crítica y desacralización en el siglo XVIII. Los orígenes culturales de la Revolución francesa*, Gedisa Editorial, Barcelona, 1995: 121) analiza la disminución de matrimonios en Francia en el siglo XVIII a través de dos variables: la relación de los fieles con el clero –que en el caso de la regiones de Francia, era un cuerpo distante con una formación teológica y un régimen social encumbrado que los alejaba de los feligreses- y la incidencia de las migraciones del medio rural al urbano, porque para esos fieles la parroquia dejaba de ser el ámbito definidor de sus prácticas.

materna era conocida en el lugar, tenía estancia poblada de ganado, casa en la ciudad, cuatro esclavos con varios muebles y negocios de comercio.[11] En otro juicio, el sacerdote explica que la novia es feligresa porque tiene casa y bienes raíces; en cambio el novio es mozo libre, vago no tiene domicilio, ni vecindad en parte ninguna, siendo su trajín cuatro mulas que tiene manejos.[12] Estas situaciones llevaron a los sacerdotes a intensificar el control para evitar los segundos matrimonios de los recién llegados. El doble matrimonio o el abandono de la familia era un fenómeno ampliamente generalizado en el conjunto de la población.[13] Resultaba difícil conocer la situación de estos individuos que se incorporaban a las ciudades alterando su composición y organización. En 1788, las causas de bigamia dejaron de ser de fuero mixto para quedar en manos de la justicia real, por lo que la Iglesia sólo ofrecía la información que le brindaba la justicia civil. Las autoridades se enfrentaron a las dificultades de confrontar los testimonios de los futuros pretendientes y testigos, con los registros que llevaban los sacerdotes de sus parroquias originarias. Estas tensiones eran el resultado, también, de la fuerte transformación que se daba en la Iglesia, en una relación más estrecha y de fuero común con el poder civil; en el marco de las normativas lanzadas desde la Corona y en la coyuntura de la transformación social que se había producido por el intenso mestizaje.

De modo que la oposición de los padres a la elección de los novios es sólo un aspecto de la legislación matrimonial; precisamente aquél en el que la Corona, por razones de política social, impone sus propias reglas en una materia que correspondía a la legislación eclesiástica. El otro aspecto importante tiene que ver con la propia doctrina de la Iglesia.

La iglesia y la política matrimonial

El imperio de la Iglesia en estos asuntos se remontaba a varios siglos atrás. Desde el siglo XII, al menos de manera informal, se consideraba al matrimonio como un sacramento que los contrayentes se administraban entre sí mediante el *consentimiento* mutuo. El concilio de Trento, en el siglo XVI, confirmó la validez de este principio, y reafirmó la condena de los matrimonios clandestinos obligando a las parejas a expresar su consentimiento en presencia del sacerdote, luego de publicadas las amonestaciones.

---

[11] AGN. Causa Civil seguida por José Gabriel de Lasaga pretendiendo el consentimiento paterno para contraer matrimonio con Juana Isabel Medina (trunco). Año 1789.

[12] Archivo del Arzobispado de Córdoba (en adelante AAC.). Legajo 195, 1746-1785, t II, exp. 13.

[13] Son varias las denuncias que encontramos por bigamia. En un expediente se acusa a Juan Muchila, carpintero, mulato libre, de bígamo. Se solicita el auxilio del brazo secular. La justicia Real encarcela al reo y lo entrega al cura del Partido y este lo remite al Obispo con la sumaria información que ha substanciado. La declaración del reo es ilustrativa. Dice que después de haberse casado, la mujer no quiso seguirle y que luego supo que se había ido a la ciudad de Buenos Aires, y pasados cinco o seis años vino a saber de su mujer y se enteró que estaba muerta. (Legajo 195, 1746-1785, t. II, expediente 16, 1780).

La insistencia de la Iglesia en el consentimiento lo llevó a adoptar una postura según Goody, contraria al poder del cabeza de familia en materia de matrimonio, contraria a la concepción laica del casamiento desigual, y de hecho contraria a la supremacía masculina, ya que postulaba la igualdad de los sexos para concertar el pacto matrimonial, y en el cumplimiento de los deberes que este llevaba aparejados.[14]

La doctrina de Trento se sostenía en tres principios, vinculados a la libre elección de los cónyuges, a la función sacramental del matrimonio y a la jurisdicción exclusiva de la Iglesia en los asuntos concernientes al mismo. Aquél que quería casarse debía dirigirse al párroco para formalizar el documento en el que declaraba la libertad de los novios para contraer matrimonio. La secuencia administrativa de los trámites previos al matrimonio refleja la preocupación de la Iglesia para que las uniones se realicen según sus disposiciones, entre bautizados, solteros o viudos con libre voluntad, exentos de impedimentos canónicos vinculados al parentesco. Sobre la base de esta normativa ninguna autoridad civil podía usar penas (desheredar por ejemplo) ni obligar a una pareja a contraer matrimonio. La elección del cónyuge, se creía, era un signo directo de los planes que Dios, en los cuales ni los padres, ni los tutores tenían la moral, ni la autoridad personales para contravenirlos. La autoridad de los padres se limitaba a dar un consejo, pero no podían vetar, amenazar o usar coerción para impedir el matrimonio.[15] La Iglesia tampoco ponía obstáculos para los matrimonios mixtos (de esclavos e indios sobre todo) por considerarlos un freno a los amancebamientos y a las uniones consensuales tan extendidas en el conjunto de la población.

Hemos visto que la Pragmática Real de Matrimonios introduce unas de las innovaciones más importantes en esta legislación, que es la intervención del Estado en las disputas familiares privativas hasta ese momento de los tribunales eclesiásticos. Incorpora la ideología de la igualdad de *calidad* entre los futuros cónyuges e impone severas penas para los clérigos que se atrevieran a desobedecer la ley. Los vicarios eclesiásticos que autorizaran matrimonios para el que no estuvieran habilitados los contrayentes serían expatriados y ocupadas todas sus temporalidades. En la misma pena de expatriación y confiscación de los bienes concurrían los contrayentes, situación que fue llevando a los religiosos a modificar gradualmente su participación en estas disputas. En 1795 el Obispo Ángel Mariano Moscoso, titular de la diócesis de Córdoba, ordenaba a todos los sacerdotes y vicarios que sólo procedieran a dar la información de soltura y libertad cuando constara el consentimiento de los padres. De hecho, esta disposición estaba dirigida a hacer cumplir lo que mandaba la cédula y pragmática real, pues muchos religiosos consentían en uniones "desiguales" por ser la castidad una virtud central en la doctrina de la iglesia.[16]

---

[14] Uno de los libros más completos sobre la influencia de la Iglesia en la evolución del matrimonio es el de Jack GOODY. *La evolución de la familia y del matrimonio en Europa.* Barcelona, editorial Herder, 1986: 210

[15] RÍPODAZ ARDANAZ, *cit.*, capitulo XII, 1977: 223-258.

[16] *Ibídem.* Sostiene el Obispo que la Pragmática estaba dirigida a españoles e indios, y los demás estaban excluidos, aunque en una nota al margen dice. *Parece que por últimas disposiciones está ya incluidos en la*

El matrimonio cristiano presentaba además una serie de *impedimentos* para su realización. Éstos podían ser *dirimentes* que afectaban la validez del matrimonio, en tanto los *impidientes* sólo presentaban obstáculos morales y legales que no afectaban la validez. Los primeros, en consecuencia, no podían ser dispensados y entre estos últimos entraban los concernientes al parentesco. Las prohibiciones relativas al matrimonio entre parientes se aplicaban tanto a los parientes consanguíneos (parientes de sangre) como a los afines (emparentados por matrimonio) y a los espirituales (emparentados por compadrazgo).[17] En el Valle hubo cerca de veinte dispensas entre la población hispanocriolla con parentesco en tercer grado (5 casos), otras en cuarto grado (8 casos), y aquellos que tenían doble parentesco de tercer y cuarto grado (6 casos) entre 1778 y 1810. Entre las castas, estas solicitudes tenían que ver menos con los parientes consanguíneos y más con los afines y espirituales. Los problemas de matrimonios con afines no afectaban únicamente a los parientes del propio cónyuge, sino a cualquiera con que se hubiesen tenido relaciones sexuales, lo cual complicaba bastante la situación. A título de ejemplo veamos el caso de Juan José Carrizo, natural y residente en Capayán, viudo de María Torres, que pretende casarse con María Gerarda, zamba libre, hija legítima de Juan José Moreno, esclavo de los Navarro y de Agustina, india libre, todos naturales de Capayán. Estaba impedido por tercer grado de afinidad; porque María Torres, primera esposa del pretendiente, era hermana de Dominga, madre de Agustina, o sea abuela de la novia, con la que el novio "ha tenido ilícita amistad con ignorancia del parentesco". El argumento del novio para pedir la dispensa era la falta de "honor" de la novia, quien según sus dichos, no encontraría con quien casarse.[18]

Suponemos que estos impedimentos estaban en la población bastante más extendidos que los que aparecen en las partidas y en los expedientes matrimoniales. En 1768 el Obispo del Tucumán denunciaba la recurrencia en la campaña de amancebamientos con impedimentos matrimoniales, sobre todo de afinidad *por cópula ilícita,* que según la autoridad se descubrían después de contraído el matrimonio. [19] En este escrito dirigido al rey se quejaba de que en los "campos, en donde juzgaba serían las gentes más inocentes y sencillas, halló más desenfrenada relajación que en las ciudades." Comienza el documento refiriéndose precisamente a la ciudad de Catamarca, en el que señala su extrañeza por la cantidad de personas que asisten a los ejercicios espirituales (más de quinientas) que no correspondían con las conduc-

---

regla de las demás clases; pero deberá entenderse de los hijos legítimos, y no de los puramente naturales

[17] GOODY, *cit.*, 1986: 201, explica en relación a ello que las razones que movieron a su elaboración fueron más complejas. Aparte de las derivadas de la reforma de la organización eclesiástica, hubo otras relacionadas de un modo más general con antiguas actitudes hacia el parentesco y el matrimonio, que tuvieron importantes consecuencias para la estructura de los grupos de parentesco y las líneas de descendencia, lo que a su vez influyó en el proceso de acumulación de bienes para fines religiosos.

[18] Archivo del Obispado de Catamarca. Informaciones matrimoniales. Expediente s/n, 16 de octubre de 1786, f. 31.

[19] Este documento fue publicado por el Padre Antonio LARROUY. *Documentos del Archivo de Indias para la Historia del Tucumán.* Tomo II. Biblioteca de Autores españoles, Madrid, 1927: 264-267.

tas sexuales de esta ciudad a juzgar por el exceso de libertad en las prácticas y a los abusos que en ella se cometían.

> *"Recién venido a este Obispado, me escribió el Rector del Colegio de Catamarca [Jesuita], ciudad no la mayor de la provincia, que en aquel año habían hecho los ejercicios más de quinientas personas. Pues, Padre, le respondí, esa ciudad estará muy reformada, porque si tantos con buen espíritu, como lo supongo, han tratado tan seriamente su salvación, no puede menos de ser mucho el fruto espiritual de sus vecinos, y una penitencia hecha tan de serio y tan de propósito no puede menos de ser estable, como dijo el Apóstol de las gentes. Lo mismo que en esta Ciudad sucede en las demás, porque los Padres, para hacer ostentación de la fecundidad de su celo, se llevan a ejercicios numerosas tropas de hombres y mujeres. Pues ¿cómo se componen con tan frecuentes ejercicios tan abominables excesos como los que aborta cada día el trato de personas de contrario sexo?.."*[20]

Señalaba el Obispo el contraste entre las ciudades y las campañas. Mientras en las primeras *hay alguna justicia,* en la campaña ninguna. El control no existía en estos descampados, donde sólo había dos autoridades para semejantes extensiones, el Alcalde Provincial y el Alcalde de la Hermandad. Esto hacía, según la autoridad, que estos espacios despoblados y alejados estuvieran plagados de adulterios y amancebamientos, como también de impedimentos de matrimonios. Al parecer, los de afinidad (*ex copula ilícita)* eran frecuentes *y "*como muchas se descubrían luego de contraído el matrimonio, nada se podía hacer al respecto". Escribe, también, el prelado sobre las pocas denuncias de amancebamientos que había, y sobre *la plebe ninguno.* En este sentido, le damos la razón al religioso, en tanto comprobamos en Catamarca, que son muy pocas las delaciones públicas de ayuntamientos. Incluso, los pocos casos que encontramos no están ubicados entre la documentación eclesiástica, sino en carpetas del gobierno o entre los expedientes judiciales. Por lo general derivan de un conflicto, y esto según el propio el informe, "hacen por venganza lo que tendrían que hacer por justicia". Se refería, además, el Obispo de que eran las indias, negras y mulatas, madres sin estar casadas, "cargando sus hijos a la vista de todos, sin temer el castigo ni ocultando el pecado", y al provecho que le daban esta situación por los esclavos que de ellas nacían. Señala el poco cuidado que tenían estas mujeres por mostrar u ocultar su maternidad ilegítima, *a la vista, ciencia y paciencia de sus amos.* Incluso acusaba a éstos, de hacerlos abortar ante la posibilidad de perderlas, especialmente si fuesen ellos los autores del feto.

> *"De que las indias, negras, y mulatas sean madres sin ser casadas, no se hace aprecio, y aún pienso que los dueños de las esclavas, si no las hacen a espaldas para cometer muchas ruindades, se alegran de las que cometieron por el provecho que se les sigue de los esclavos y esclavas que de ellas nacen..."*[21]

---

[20] Larrouy, *cit.* p.266.
[21] Larrouy, *cit.* p.267.

"Desde que vine, no ha llegado a mi noticia aborto alguno procurado, porque como las madres de los fetos pecaminosos no temen el castigo, no procuran ocultar su preñado. Examinado he a muchas, y no tienen empacho de confesar sus flaquezas. Del mismo que en España andan las casadas cargadas con sus hijos, andan aquí las solteras con los suyos. Y si son esclavas, a vista, ciencia y paciencia de sus amos. Si estos hubiesen de perder a las esclavas, temo que las harían abortar, por no perderlas, y de aquí se seguiría la perdición de infinitas almas. Creo, señor, que estos mis miedos son muy bien fundados, porque más estiman los criollos a los esclavos que a los hijos, y más extremos de dolor han por la muerte de un esclavo que por la pérdida de un hijo. Y si supiesen que descubierto el desliz de la esclava se habían de quedar sin ella, muy de antemano procurarían el aborto, especialmente si fuesen ellos los autores del feto"[22]

La carta del religioso refleja la preocupación de la Iglesia por las llamadas "costumbres relajadas". Inquietud ésta que se lee también en las visitas pastorales donde se reitera una y otra vez la necesidad de profundizar el control eclesiástico. Con este motivo, en 1768 se analiza la posibilidad de erigir un convento religioso mercedario en la ciudad de Catamarca, debido a la cantidad del número de almas y a los pocos sacerdotes que había para la asistencia espiritual. El reclamo que parte del cura rector de la iglesia matriz de Catamarca, Dr. Pedro José Gutiérrez, se funda en la desproporción entre las trece mil almas que habitaban la jurisdicción y los catorce clérigos seculares. La respuesta del monarca al pedido no se hace esperar y por real cédula enviada a la Audiencia de Charcas, les solicita una detallada información de la situación. En tal sentido se encarga al maestre de campo D. Baltazar de Castro de que reuniera los datos necesarios de la ciudad y la campaña, referidos al número de almas, curatos, extensión, cantidad de sacerdotes y conventos; esto debía hacerse mediante comisiones *ad hoc* que se enviaron a los distintos lugares del territorio. El resultado será una detallada información sobre el desenvolvimiento material y espiritual de Catamarca en los años inmediatamente posteriores a la expulsión de los padres jesuitas.[23]Del informe surge la gran extensión que comprendía el curato Rectoral el cual contaba aproximadamente con unas cuarenta leguas de amplitud. Tenía varias capillas en su jurisdicción, situación que sugiere cierta descentralización con la iglesia Matriz. Había iglesia en Piedra Blanca, Paclín, Valle Viejo; además, en la hacienda de San Pedro y Alta Gracia. El cura Rector afirmaba que las rentas de su parroquia eran escasas y éstas provenían de distintos fondos; por ejemplo, en 1770 debido a una peste habían muerto muchos vecinos, situación que le beneficia por derecho parroquial con más de 2.000 pesos; en los meses anteriores, dicha renta apenas superaba los 200 pesos. También redituaban las cofradías que, en el caso del Valle, eran tres, la de Concepción del Valle, la de las Ánimas, y la del Sacramento, que sólo acercaban "veintiuno pesos al año en géneros".[24]

---

[22] *Ibídem.*

[23] Este informe fue publicado por Edberto O. ACEVEDO, en "Situación social y religiosa de Catamarca, 1770-1771". *Primer Congreso de Historia de Catamarca*, Tomo II, Catamarca, 1965: 84-95.

[24] *Ibídem.*

En la ciudad se encontraba, además, el convento de San Francisco de recoletos, que tenía cuatro sacerdotes, un guardián y tres legos. Fuera de la traza se hallaba el hospicio de los padres Mercedarios, con iglesia, seis celdas y un solo sacerdote. En los años anteriores habían sido siete los religiosos que lo habitaban, tenía coro y realizaba sus funciones sin diferencia de un convento formal. Este Hospicio, con más de veinte años de fundación, se sustentaba, además, con dos estancias pobladas de ganados, una de ellas también de labranzas de trigo y maíz, dos chacras y un molino rentable inmediato a la ciudad. Además, "dos hornos de coser teja que todo les rentaba, y recogían limosnas como los recoletos..."

Don Bartolomé de Castro destaca en su informe que los padres franciscanos se dedicaban con "infalible celo en el púlpito, confesionario y auxilio a los enfermos, de manera que al presente en estas ocupaciones se llevan la mayor parte del peso, quedándose muchas veces sin coro por socorrer las urgentes necesidades de los pobres enfermos de esta ciudad y sus chacras". No se refiere a los padres Mercedarios de igual manera, ni al resto de los seglares, a quienes acusa de estar más atentos a los beneficios económicos que a los espirituales. Decía de ellos, que algunos obligaban a sus deudores a pagarles en plata física o se cobraban "de lo mejor y más bien parado de los bienes, se toman las alhajas más estimables, llegando a introducirse en las haciendas, de raíz y tal vez desmenbrándolas de los mejor que es el agua, desheredando de este modo a los hijos de los difuntos y dejándolos imposibilitados para mantenerse con otros perjuicios de esta naturaleza". Remata el informe de la siguiente manera: "De este estado y antecedentes se descubre que los curas, de pastores han pasado a mercaderes para atender a las ganancias".[25]

La exposición termina siendo un ataque profundo a la actuación de los clérigos seculares; quienes no sólo eran pocos, sino que, además, según Castro, no estaban demasiado abocados a las tareas religiosas específicas. En gran medida, esta situación se debía a la relación económica entre feligreses y religiosos, articulada a través de numerosas donaciones, herencias, capellanías, derechos y dispensas eclesiásticas, que permitían el traspaso de capitales privados a la Iglesia, lo que distorsionaba el rol de pastores de almas a las que estaban destinados. Otro problema que aparece reiteradamente tiene que ver con las dificultades de la iglesia para ejercer el control de las prácticas sexuales ¿Cómo vigilar el comportamiento sexual y marital en espacios despoblados y con pocos sacerdotes? ¿Cómo hablarles del matrimonio y de la conveniencia de este sacramento a una población étnicamente heterógenea?

Partidas de Bautismos y filiación

En esta parte del capítulo vamos a entrar de lleno en el análisis de los niños nacidos en la parroquia y su filiación: cuántos eran, quiénes eran sus padres, si éstos

---

[25] Edberto ACEVEDO, 1765: 92.

estaban casados o no, cuándo fueron bautizados, en qué iglesia y bajo qué rituales. Nos interesa analizar la relación entre filiación/etnicidad/género, como un paso más de nuestra exploración sobre las prácticas sexuales y maritales de la población del Valle. Trabajamos para ello con las actas de Bautismos correspondientes al quinquenio de 1776-1780 del curato Rectoral de Catamarca, cuya sede es la Iglesia Matriz. Los niños bautizados fueron anotados en libros separados: en el primero (1) están los hijos de "españoles y mestizos" (hispanocriollos y mestizos) y en el segundo (2), los de "castas y naturales" (esclavos, libres, indios y descendientes). En este quinquenio fueron bautizados 689 niños, que da un promedio de 137,8 bautismos por año para todo el Valle. El número es parejo para ambos grupos: 334 entre los españoles y 335 para las castas y naturales.

Las filiaciones con que fueron registrados son varias. Podían ser: legítimos, naturales, de padres no conocidos y huérfanos. Los hijos legítimos son aquellos cuyos padres consagraron su unión por la Iglesia; los naturales aluden a uniones que no se habían formalizado ante la institución eclesial. En algunos casos, fueron el efecto de la doctrina de la Iglesia que sostenía que la palabra de casamiento dada en libertad constituía en la práctica un matrimonio. Los hijos de padres no conocidos provenían generalmente de relaciones adulterinas con impedimento para casarse; y los huérfanos eran hijos de padres fallecidos, aunque también podían ser producto de uniones no legitimadas.[26] Si diferenciamos a los niños bautizados tan solo en dos grupos, tenemos, por un lado, los *legítimos*, cuyos padres legalizaron el matrimonio por la Iglesia, y los *ilegítimos* que provienen de uniones naturales, bastardas, de padres no conocidos e incluso huérfanos.

CUADRO 1

BAUTISMOS REALIZADOS en la PARROQUIA del RECTORAL (1776-1780)			
Año	Españoles y mestizos	Castas y Naturales	Total
1776	71	45	116
1777	93	94	187
1778	53	74	127
1779	68	61	129
1780	49	81	130
Total	334	355	689

Fuente: ACC. Libros de Bautismos del Rectoral de Catamarca. Libro 1 y libro 2.

---

[26] La Iglesia Católica en América Latina habitualmente hacía la distinción entre los llamados *hijos naturales* y los realmente ilegítimos o bastardos. Los primeros eran como los expusimos aquellos cuyos padres no estaban unidos por matrimonio en el momento de la concepción, mientras que los bastardos eran hijos de padres, con impedimentos para casarse.

En estos registros la población pocas veces tiene clasificación étnica. En el cuadro 2, y de un total de 334 partidas, la diferencia que se advierte no es étnica, sino social. Los niños hijos de españoles principales (que reconocemos con el don) representan un sector pequeño en el conjunto de los nacidos en este periodo (44 en un total de 334). El resto de españoles y mestizos no aparecen diferenciados. Algo similar observamos en el libro 2, en el que de un total de 353 partidas, en sólo 17 casos se distinguen a esclavos y a indios de encomiendas.

La mayoría de estos bautismos fueron realizados por el cura Vicario de la Catedral, el padre Villagrán, quien, a su vez, había sido el encargado de anotar las actas en los libros correspondientes. El Padre José Astudillo lo va a reemplazar en numerosas oportunidades junto con al Padre Juan Bernardo de Nieva. Estos sacerdotes en varias ocasiones se trasladaron a los pueblos del curato para oficiar los sacramentos y en estos casos es común encontrarlos presidiendo bautismos y matrimonios colectivos. Por ejemplo el 27 de julio de 1776 se efectuaron 13 bautismos en Miraflores y en Piedra Blanca, otros 22. Los padres de familia aprovechaban esta situación para bautizar a varios de sus hijos como lo hizo Juan José Vergara y María Sacramento Orellana, que el mismo día le pusieron óleo a dos de ellos, de cinco años el primero y de tres meses el segundo. Asimismo, el 19 de julio de 1778 Lorenzo Galarza y su esposa Isidora Aragón bautizaron a María Juana de cuatro años y a Juan Pío de siete días. Incluso, en este caso compartieron los padrinos.

Entre las castas y naturales también hay varios ejemplos. El 28 de julio de 1776, Antonio, negro esclavo y Petrona, india, bautizaron a Juan Francisco de un año, junto a María Petrona de cinco, teniendo ambos niños los mismos padrinos, Juan Justo Barrios y su hermana María. También, el 2 de marzo de 1777, recibieron el sacramento dos hijos de Juan Francisco Cubas, negro esclavo, y de Juana, india; estos son, Juan Fernando de dos meses y José Lorenzo de dos años. Observamos también que la mayoría de los niños bautizados recibieron el sacramento del Bautismo en la Iglesia Matriz (91%), y el resto en los pueblos de Piedra Blanca, Miraflores, Paclín y Capayán. En ambos grupos y sin diferencias estadísticas un poco más del 70% recibió sólo el bautismo de óleo y el resto primero el de agua.

En el grupo español-mestizo el 64% de los bautismos se llevaron a cabo en el primer mes del nacimiento; el 19% entre el segundo y el sexto mes. Sólo el 8% se realizó después del año, lo cual indica que el 92% de estos bautismos se celebraron en el primer año de vida. Entre las castas y naturales la diferencia es mínima, en tanto solo el 10% es bautizado después del año. De ello resulta que el sacramento del bautismo (que tenía un valor espiritual, y además comenzaba a establecer las redes del compadrazgo y el anclaje social del niño) es un sacramento importante para el conjunto de la feligresía sin distinción socio/étnicas/raciales. De estos datos surge, además, la diferencia en el cumplimiento con otro de los sacramentos como es el del matrimonio, que tenía un observancia desigual según la "calidad", la condición e incluso el género.

CUADRO 2

CATEGORIA SOCIAL DE ESPAÑOLES Y MESTIZOS				
Españoles y Mestizos	Con Don	Sin Don	Sin datos	Total
	44	45	245	334

Fuente. ACC. Libro de Bautismos. Libro 1

CUADRO 3

CATEGORÍA SOCIAL Y ETNICA DE LAS CASTAS Y NATURALES JUNTO A LA CONDICIÓN DE FILIACIÓN					
CATEGORÍA	Legítimos	Naturales	Huérfanos	Padres no conocidos	Total
India	4	4	-	-	8
India de encomienda	-	1	-	-	1
Parda esclava	-	1	-	-	1
Mulata esclava	-	2	-	-	2
Negra esclava	3	2	-	-	5
Total	7	10	-	-	17

Fuente. ACC. Libro de Bautismos. Libro 2. En 338 partidas no se especifica la categoría.

CUADRO 4

CONDICIÓN DE FILIACIÓN POR GRUPO: ESPAÑOL-MESTIZO Y CASTAS-NATURALES						
Condición	Españoles y mestizos	%	Castas y naturales	%	Total	%
Legítimo	289	86.5	199	56.0	488	70.8
Ilegítimo	45	13.5	156	44.0	201	29.2
Total	334	100.0	355	100.0	689	100.0
Legítimo	289	86.5	199	56 0	488	70.8
Natural	9	2.7	112	31.6	121	17.6
Huérfano	35	10.5	34	9.6	69	10.1
Padres no conocidos	1	0.3	1	0.3	2	0.2
Sin datos	-	-	9	2.5	9	1.3
Total	334	100	355	100	689	100

Fuente: Bautismos, Libro 1 y 2.

CUADRO 5

CONDICIÓN DE FILIACIÓN EN EL GRUPO ESPAÑOL-MESTIZO POR CATEGORÍA SOCIAL					
Españoles	Legítimos	Naturales	Huérfanos	Padres no conocidos	Total
Con don	44	-	-	-	44
Sin don	43	-	-	-	43
Sin datos	198	9	35	3	245
Total	285	9	35	3	332

Fuente: Bautismos, Libro 1

Las actas de bautismos nos indican que el mayor porcentaje de los nacidos era bautizado antes del año; asimismo, que una buena proporción de estos niños eran natural/ilegitimo, situación que nos confirmaría los datos ya conocidos de los censos. En el sector español/mestizo, como presuponíamos, los hijos legítimos alcanzan el 86,5% del total de los bautismos. El porcentual baja marcadamente cuando nos trasladamos al sector de las castas y naturales, en que tan sólo son legítimos el 56% de los bautizados. Estos resultados no nos llaman la atención en tanto coinciden con la baja tasa matrimonial que advertimos entre las castas (fundamentalmente entre las esclavas mujeres) y al número considerable de mujeres solas con hijos que encontramos en los censos de población y en los libros parroquiales. Si tenemos en cuenta el bajo índice de hijos naturales entre los españoles, resulta llamativo el número significativo de huérfanos. Éstos podrían ser niños ilegítimos, ya que la mayoría de los padrinos corresponden al sector español. Entre los segundos, la relación entre unos y otros es bastante más equilibrada, lo cual nos induce a pensar en una sexualidad menos encubierta. Cuando comparamos estos resultados con los obtenidos para los primeros años posrevolucionarios (1810-1816) observamos que la ilegitimidad crece para la década revolucionaria del 29 al 39% y este aumento abarca al conjunto de la población, pero sobre todo al sector de las castas, que por cada niño *legítimo* que nace, hay otro *ilegítimo*.[27]

¿A qué se deben estos altos índices de ilegitimidad? Probablemente a varias cuestiones. A una de ellas ya hicimos referencia y tiene que ver con la amplitud geográfica del curato y los pocos sacerdotes encargados de los servicios espirituales. En el Rectoral en solo tres oportunidades, en el lapso de cinco años, los religiosos de la Iglesia Matriz se trasladaron al interior de la parroquia para cumplir con los preceptos de la Iglesia. Es decir que gran parte de la población del curato no tenía asistencia ni vigilancia espiritiual. No resulta extraño, entonces, que las campañas estuvieran plagadas de amancebamientos según lo denunciaba el Obispo en 1768. Las uniones consensuales, con mayor o menor grado de participación familiar y de libertad, parecen ser comunes a finales de la colonia y aún más durante los años posteriores. No todas se consagraron por la Iglesia y estos podían ser entre "iguales sociales", como también un recurso cuando había incompatibilidad étnica y social entre los cónyuges. ¿Qué proporción de estas uniones fueron luego legitimadas por el matrimonio, o cuántas de estas correspondieron a uniones estables y duraderas? La naturaleza de las fuentes no nos permite responder a estos interrogantes, pero podemos observar, a través de expedientes judiciales, que los hijos ilegítimos no sólo eran producto de relaciones ilícitas entre mujeres de los sectores subalternos y de hombres sitiados más arriba en la jerarquía social. La ilegitimidad tocaba a un sector muy vasto de la sociedad y ponía en juego una gran variedad de dinámicas sociales.

---

[27] Florencia GUZMÁN, 1996: 5. El sector español tiene un 28% de nacimientos ilegítimos y las castas el 51%.

Debemos tener en cuenta, también, que las relaciones consideradas ilícitas implicaban (no pocas veces) una promesa de matrimonio que la mujer aceptaba como parte de la tradición dominante. Bajo la *palabra de casamiento*, mujeres y hombres entraron en este tipo de relaciones de manera natural y frecuente. Los *esponsales* seguidos de relaciones sexuales se convirtieron en matrimonio aun cuando no se celebrase en la Iglesia. En este tipo de uniones nadie impedía el cruce de la línea de color. Así cómo la endogamia étnica y social fue una tendencia entre los que contraían matrimonio, nada impedía el mestizaje entre los amancebados. No debemos desestimar, además, la violencia sexual, que aumenta a medida que descendemos en la escala social. Las ventajas que los hombres disfrutaban eran realzadas por la disponibilidad de innumerables mujeres consideradas de "baja esfera", que sólo en el Valle duplicaban a los varones, y que eran vistas como menos respetables u objetivos más fáciles de la agresividad o explotación masculina.

Pensamos, además, que la propia Iglesia tuvo un discurso y un control diferencial respecto del matrimonio. Si bien la doctrina católica debió ser única e invariable, fueron diferentes los temas y problemas que se ponían de relieve en la predicación de los españoles, indios y negros. El mensaje de la Iglesia sobre la castidad, el matrimonio, y el control ejercido sobre el mismo fue substancial en el caso de los hispanocriollos a juzgar por los resultados. Estos cumplieron mejor que nadie los preceptos de la Iglesia y los cánones sociales relativos al casamiento legítimo. Tuvieron una mirada atenta de la familia, el estado y la iglesia, para mantener la "pureza de sangre" y desestimar uniones no convenientes. Los indígenas, también mantuvieron una alta tasa matrimonial. En particular esto presenta una aparente paradoja: muchos grupos indígenas sometidos a la corona hispana adoptaron rápida, masiva y tempranamente las normativas eclesiásticas –con frecuencia las cumplieron aun más que los propios hispanocriollos asentados en América. Pareciera que las distancias entre las normas y las prácticas era menor entre los indios que la observada en otros grupos étnicos.[28]

En contraposición, los esclavos manifiestan el índice nupcial más bajo y la tasa más alta de nacimientos ilegítimos. ¿Cómo hacía la Iglesia para hacer inteligibles, las nociones torales del matrimonio cristiano entre los esclavos? Estudios tempranos para otras áreas de América señalan el celo de la Iglesia por hacer comprensible el sacramento del bautismo (de hacer volver sus almas *blancas* y *limpiarse* de los pecados y convertirse en hijos de Dios) y no así el del matrimonio. Este es el caso del *Tratado sobre la Esclavitud* escrito en el siglo XVII por el jesuita Alonso de Sandoval, en Cartagena de Indias, y la *Doctrina para Negros* del cura Nicolás Duque de Estrada, en la isla de Cuba a finales del siglo XVIII.[29] En ambos documentos se enumeran y

---

[28] Raquel GIL MONTERO. "¿Métodos, modelos y sistemas familiares historia de la familia?", en David ROBICHAUX. *Familia y diversidad en América Latina,* Buenos Aires, CLACSO, 2007: 77-100 (la cita corresponde a la página 85).

[29] Solange ALBERRO. "Las representaciones y realidades familiares de los negros bozales en la predicación de Alonso de Sandoval (Cartagena de Indias, 1627) y Nicolás Duque de Estrada (La Habana, 1796)", en Pilar

se explicitan los sacramentos católicos, los mandamientos de Dios y los de la Iglesia y el matrimonio no merece explicación ni comentario. En cambio se extienden las consideraciones sobre los otros sacramentos (principalmente el del bautismo y luego el de la penitencia, la eucaristía e incluso el de la extremaunción). El silencio sobre el matrimonio es tan notorio y llamativo, que según Solange Alberro, no obedece a la casualidad.[30]Es que hablar de matrimonio entre los negros bozales (a quienes están referidos estos catecismos) era riesgoso para los curas doctrineros de la América colonial. En primer lugar, porque los que desembarcaban en las colonias eran adultos, varones en su mayoría, y sobre los que se podía suponer, razonablemente, que en su África nativa habían mantenido relaciones cuyo carácter matrimonial no podía desconocerse. Los doctrineros no podían ni querían reconocer la situación, puesto que había quedado invalido por la trata y por la recepción del bautismo.

Por otra parte, el tema del sacramento del matrimonio exigía hacer hincapié sobre la condición imprescindible para contraerlo: la libertad, de la que se hallaban precisamente privados los esclavos. La Iglesia, sin llegar a tocar el tema espinoso del matrimonio, lo que hizo fue denunciar los amancebamientos y los atropellos de los amos a los esclavos para que éstos no formaran familias. Acusó y trató parcialmente de remediar estos problemas mediante una serie de disposiciones, obviamente insuficientes, puesto, que paradójicamente, la institución participaba también de la sociedad esclavista, cuyos valores y fundamentos ideológicos contribuyó poderosamente a difundir entre los mismos esclavos.

El caso particular de las familias esclavas

El análisis de las familias esclavas, casi por definición, incorpora nuevas variables de análisis. En esta segunda parte nos abocaremos a investigar cuáles son estas variables y qué incidencia tienen en la constitución de las mismas. Lo haremos desde una perspectiva comparada con el fín de matizar el modo en que se desarrollan estas prácticas, y con el objetivo de distinguir el rol que juega la organización social. Un estudio realizado hace algunos años sobre las familias esclavas riojanas será el contrapunto para analizar a las familias esclavas catamarqueñas.

1. ¿Qué nos dicen los censos de población y los registros parroquiales acerca del matrimonio de los esclavos? [31] Varias cosas: en primer lugar que hay un mayor

---

GONZALBO AIZPURU y Cecilia RABELL (comp.). *La familia en el mundo iberoamericano.* Universidad Nacional Autónoma de México, 1994: 73-89.

[30] *Ibídem,* p. 84.

[31] CENSOS DE POBLACION. LA RIOJA. Archivo del Arzobispado de Córdoba. (en adelante AAC) Censo Eclesiástico de 1795 y Censo de 1814, en "Matriculas y Padrones". Tomo I y II. Legajo 20. CATAMARCA. Censo de 1812. AGN. X, 43-10-6. División Nacional, Padrones de San Luis, Catamarca y Montevideo, 1812-1814. LIBROS PARROQUIALES. LA RIOJA: AAC. Parroquia de San Nicolás de Bari. Partidas de

número de esclavos que se casan y una endogamia más pronunciada en La Rioja que en Catamarca (20% en La Rioja y el 7% en Catamarca).[32] En la ciudad de Velazco encontramos a lo largo de treinta años unas 27 parejas de esclavos en un conjunto de 137 uniones y en Catamarca tan solo 7 de 103; en todos los casos corresponden al mismo propietario. Una buena parte de los negros/as libres e incluso de los indios/as con los cuales se casaban los esclavos moraban con el amo, sea como agregados o domésticos. La similitud que advertimos en ambas ciudades tiene que ver con las uniones legítimas de los esclavos. Los varones se casaron o unieron con las mujeres libres en escala ascendente y los hijos nacieron libres.[33] Si pensamos que el mestizaje informal fue incluso más amplio que el legalizado por la Iglesia, llegamos a la conclusión de que las uniones con libres fueron una práctica o estrategia eficaz en el tránsito hacia la libertad y que estuvo muy extendida en el conjunto de la población esclava.

En segundo lugar, constatamos que la familia esclava riojana guarda una estrecha relación con el número de esclavos de propiedad religiosa: tanto de los mercedarios como de los jesuitas.[34] Los primeros reúnen en esta ciudad unos 85 esclavos y entre ellos hay 15 familias conformadas por padre, madre e hijos. Por su parte los Jesuitas tienen aquí el mayor número de esclavos de todas las ciudades del noroeste. Éstos suman unos 403 aproximadamente y constituyen el 40% de la población del rectoral (en Catamarca los esclavos de los jesuitas representan sólo el 9% del total de esclavos). La diferencia numérica es fundamental para inferir la influencia que la política de la Orden mantuvo en el patrón de comportamiento familiar en cada una de estas ciudades. Pensemos que éstas se caracterizan por presentar una marcada endogamia racial (no hay mestizaje con indígenas, mestizos, ni pardos), como de condición (son todos esclavos) y de color (casi todos negros y muy pocos los mulatos). Debemos tener en cuenta que la población esclava jesuítica se reproduce en función de una sutil política demográfica, que parte de un notable equilibrio entre los sexos y de la reunión de los esclavos en familias. En el largo plazo, la reproducción de los esclavos en las haciendas era una buena inversión porque les permitía a los Padres tener mano

---

Matrimonios. Libro 1 (1743-1800) y Libro 2 (1810-1850); las partidas de Matrimonios corresponden a 30 años divididos en dos series: 1760-1775 y 1795-1810. Suman un total de 399, de las cuales 113 tienen un cónyuge esclavo (32 esclavas, 68 esclavos y 13 matrimonios de esclavos). CATAMARCA. AAC. Parroquia de la Virgen del Valle. Partidas de Matrimonios. Libros 2, 3, 4, 5 y Parroquia de San José (Piedra Blanca), Libro 1; las partidas de Matrimonios corresponden a 20 años divididos en dos series: 1770-1779 y 1790-1799. Suman un total de 226 las correspondientes a las "castas y naturales", de las cuales 103 tienen un cónyuge esclavo (35 corresponden a esclavas con libres, 7 entre esclavos y 61 de esclavos con indias/pardas/mestizas).

[32] Véase nuestros trabajos referidos a La Rioja y Catamarca en la bibliografía general. Citamos aquí los dos más pertinentes. Florencia GUZMÁN. "Familias de esclavos en La Rioja tardocolonial. *Andes*, 8, Universidad Nacional de Salta, 1997: 225:241; "Formas familiares en la ciudad de Catamarca, el caso de los indios, mestizos y castas (1770-1812), en Ricardo Cicerchia (comp.) *Formas familiares, procesos históricos y cambio social en América Latina*, Quito, Ecuador, Abya-Yala, 1998: 39-58.

[33] CARPETAS DE LAS TEMPORALIDADES. LA RIOJA y CATAMARCA. AGN. IX, 22-7-1 y 22-7-2.

[34] AGN. IX, 22-4-3 y 22-4-4. Florencia GUZMÁN. *Familia, matrimonio y mestizaje en el Valle de Catamarca (1760-1810). El caso de indios, mestizos y castas*. Tesis de Doctorado. Universidad Nacional de La Plata, 2002; Carlos MAYO. *La historia agraria del interior. Haciendas jesuíticas de Córdoba y el Noroeste*. Buenos Aires, Centro Editor, 1994. Prólogo del autor; Florencia GUZMÁN, 2001: 99-105.

de obra disponible y permanente.

Cuando estos religiosos fueron expulsados habían conformado en la ciudad unas 52 familias de esclavos, que serían luego vendidas por las temporalidades y pasaron a formar parte de las haciendas y hogares hispanocriollos. Rastreados en el tiempo, encontramos que, a finales de la colonia, mantienen todavía una alta tasa de matrimonios con relación a los otros esclavos (aunque introducen a cónyuges libres) y una ilegitimidad todavía más baja que el resto de los esclavos laicos. Muy probablemente, con el correr de las décadas, el destino de estos esclavos no será muy diferente del de los otros esclavos riojanos y catamarqueños, tendiente a una cada vez mayor mestizaje e hibridación.

En Catamarca (en el Valle específicamente), la representación de los esclavos religiosos es bastante baja, y sobre todo, la de los jesuitas. Tengamos en cuenta que es muy corto el tiempo que éstos residieron en la ciudad. Se instalaron en 1744 y fueron expulsados en 1767 (en la Rioja se establecieron en 1624).[35] Incluso, los esclavos franciscanos y los correspondientes a la Virgen del Valle no tienen un patrón familiar determinante. En esta ciudad, además, predominan las castas libres respecto a los esclavos (en La Rioja los esclavos son mayoría); sumado a una baja tasa de masculinidad, que si bien se observa en todos los grupos étnicos, se verifica especialmente entre los esclavos y mulatos libres. Las partidas de matrimonios nos indican, además, que un número importante de cónyuges del Rectoral de Catamarca son mulatos, pardos y mestizos, que provienen de otros lugares, como ser Córdoba, Tucumán y Santiago del Estero.[36] Es probable que los recién llegados buscaran insertarse en el nuevo contexto a través del matrimonio, y que los propietarios hallasen en los consortes libres una reserva de mano de obra para las tareas estacionales. La escasez de mano de obra en todo el Valle, de la que nos dan cuenta innumerables documentos, medió, sin lugar a dudas, en los intercambios matrimoniales y en la conformación de las familias esclavas.

2. De la investigación surgen además claras diferencias de género. Los censos y libros parroquiales muestran que el índice nupcial entre las mujeres esclavas se encuentra muy por debajo de sus congéneres masculinos. Los esclavos forman familias y tienen hijos legítimos con mayor frecuencia que las mujeres. La filiación por vía materna, donde los hijos de madres esclavas heredan la condición de tales, son indicativos de que el comportamiento matrimonial de estas mujeres estuvo en gran parte condicionado por el sexo. Las esclavas urbanas se caracterizan sobre todo por mantener una estructura monoparental, y una buena proporción de hijos ilegítimos. Un porcentaje importante de mujeres solteras corroboraría la existencia de un número importante de uniones consensuales no declaradas.

---

[35] Gaspar GUZMÁN, 1985: 290-91.
[36] Florencia GUZMÁN, 2000: 34-6.

En el censo de 1795 de La Rioja encontramos a las mujeres esclavas urbanas al frente de familias matrifocales y/ o extendidas, de tres y hasta cuatro generaciones. Estas madres solteras se muestran en un conjunto de nexos familiares y en la red social de una familia esclava amplia compuesta por abuelos, hijos solteros, casados, nietos. Observamos que la mitad de las familias hispanocriollas conviven con estas generaciones de esclavos, encabezados por lo general por una pareja mayor. Veamos un ejemplo:

Don José Noroña y Losada tenía sólo 21 años cuando compra junto a su mujer doña Ana María de Herrera un total de 22 esclavos a las temporalidades. Adquiere en 1772 cuatro familias de esclavos, y otros cuatro esclavos sueltos. Veinticuatro años después, y de acuerdo a los datos que nos proporciona el Censo de 1795, José Noroña, ya tiene tres hijos, José María (24), Juan Manuel (19) e Ignacia Solana (13) y un conjunto de 14 esclavos y otros domésticos libres. Cipriana, ex esclava de los Jesuitas, tiene ahora 35 años y cuatro hijos; también está Inés con su hija; Vicente de 75 años con su mujer Justa y cuatro hijos esclavos. En el Censo de 1814 [37] don José Noroña, ya es un señor de 65 años, viudo, con dos hijos casados que no viven en el hogar paterno. Sí lo hacen antiguos esclavos con nuevos hijos. Celestina, hija de Cipriana, tiene ahora 34 años y vive junto a sus dos hijos, Petrona de 10 y Francisco de 11 años. Cipriana lleva en la casa 42 años y dos generaciones de esclavos. [38]

3. La información censal presentada hasta aquí es corroborada por las partidas de bautismos que nos exhiben índices muy altos de ilegitimidad en ambas ciudades. En ambos casos, los niños naturales/ilegítimos superan la mitad de los nacimientos.[39] Estos índices, como ya lo vimos, podían contener uniones relativamente estables, que incluso, acababan en matrimonio. Es el caso de la esclava Cornelia, oriunda de Anguinán (La Rioja), quien después de mucho peregrinar y tras un concubinato de algunos años logra casarse con un español de Capayán (Catamarca). [40]

Los documentos nos permiten observar la tensión que exhibe el matrimonio esclavo entre el derecho de propiedad de los amos y el libre consentimiento promulgado por la Iglesia. Estamos lejos de creer que la decisión de casarse, con quien hacerlo o quedar célibes, le correspondiera a los esclavos. Había serios impedimentos para el matrimonio y éstos tienen que ver, incluso, con la propia legislación eclesiástica (gastos parroquiales, necesidad de "informaciones", conocimiento del parentesco) pero sobre todo con el derecho de propiedad de los amos. Los esclavos para poder casarse necesitaban el acuerdo y aceptación del propietario. ¿Qué pasaba cuándo decidían casarse dos esclavos de diferentes amos? ¿Quién seguía a quién? La legislación establecía que en esos casos la mujer debía seguir al marido, comprándola el dueño

---

[37] AAC. CENSO DE LA RIOJA DE 1814.
[38] AAC. CENSO ECLESIASTICO DE LA RIOJA, 1795.
[39] Florencia GUZMÁN, 1997: 234-8.
[40] AAC. MATRIMONIOS, DIVORCIOS Y NULIDADES. (1795-1799), Legajo 198, Expediente 4, T V.

de este a justa tasación de peritos y si este señor no se convenía con la compra tenía la posibilidad el amo de la mujer.[41]En la sociedad colonial, con problemas agudos de mano de obra, desprenderse de un esclavo/a ocasionaba a los propietarios serios inconvenientes. Esta situación hizo que los amos ejercieran presiones para desestimar posibles matrimonios, y es muy probable, que la coacción se limitara a permitir o fomentar uniones ilícitas, como, aceptar, matrimonios con libres. Evidencias judiciales permiten suponer a Carlos Birocco que el matrimonio esclavo surgía, también, de la necesidad de la población libre de eludir los distintos mecanismos de control ensayados desde el Estado contra los no poseedores de tierras. Como contrapartida el amo hallaba en el esposo libre de su esclava una reserva de mano de obra para las tareas estacionales, y si no coartaba las posibilidades de éste a concertarse en las estancias vecinas el resto del año era sólo porque proveía en forma limitada a su manutención. Colocando su exiguo patrimonio bajo el amparo de un vecino respetado un agregado podía, también, ver su posición sensiblemente mejorada si el amo de su esposa ejercía alguna de las formas del poder local.[42]

Otra forma de coacción, no económica, pero sí de carácter "moral", que tuvo probablemente gran intervención en los recorridos familiares y sexuales de los esclavos, son las recurrentes relaciones entre amos y esclavas. El papel dual que eventualmente representaban estas mujeres, de esclava y pareja doméstica, les restó libertad para un futuro matrimonio, al tiempo que distorsionó la vida sentimental y sexual de las mismas. Es difícil encontrar denuncias sobre la violencia sexual y doméstica, aunque algunas veces leemos sobre ellas en las fuentes menos indicadas. Es el caso de la acusación llevada a cabo en Catamarca, en el año 1808, por parte del cura Rector de la Iglesia Matriz en contra de don Feliciano de Mota Botello, a quien responsabiliza de vivir amancebado con dos de sus esclavas, en su propio domicilio. Más adelante nos referiremos a este caso que evidencia, además, que los "ayuntamientos extrafamiliares" son todavía comunes en los años previos a la revolución[43] La explotación sexual de las esclavas por parte de sus amos o de otros varones de su propiedad, condujo indefectiblemente al crecimiento de la población mulata ilegítima. Otro caso renombrado ocurre en la ciudad de La Rioja, y tiene como protagonistas a los esclavos de la Capellanía de San Nicolás. El resultado final de la larga disputa será el destino de las esclavas Tiburcia y Gregoria, para la "reproducción y el aumento" de esclavos.[44]

En relación a ello, Verena Stolcke afirma que la ideología de la *Limpieza de sangre* caló entre los hispanocriollos para ejercer la dominación en las mujeres de los

---

[41] Daisy RÍPODAZ ARDANAZ, 1977:254.

[42] Carlos BIROCCO. "Vínculos entre estancieros, esclavos y migrantes del interior en las estancias bonaerenses del siglo XVIII". *V Jornadas Interescuelas*. Universidad de la República. Montevideo, Uruguay, 27-29 de septiembre de 1995.

[43] AGN. IX, 5.8.1. Papeles de Gobierno de la Intendencia de Salta del Tucumán. Junio y agosto de 1808. Hemos escrito un artículo sobre este expediente en la Revista *Todo es Historia*, 1997: 46-49.

[44] ACC. "Capellanía instituida por doña Francisca Dávila y Villafañe en julio de 1972". Legajo no 31, Tomo VIII.

grupos subalternos: indígenas y esclavas. Las mujeres negras/mulatas participaron del sistema de explotación sexual, como un medio eficaz para ellas y particularmente para sus hijos. Christine Hunefeldt, señala, además, que la cercanía entre amos y esclavas determinó que éstas apelaran al uso de su sexualidad, como estrategia para acceder a bienes, ropa, comida y principalmente a su libertad.[45] La convivencia y cercanía entre unos y otros dio origen al mito de la sensualidad de la mujer negra, pero también al estereotipo de libertinas, carentes de moral y de honra[46]. Así son descritas en el vocabulario colonial, tal como se pudo leer en el informe del Obispo del Tucumán al comienzo de este capítulo. Estas representaciones tendrán connotaciones en sus vidas cotidianas y familiares, y contribuirán en la formación de un tipo de familia matrifocal, otra de las consecuencias del estado de esclavitud.

Los expedientes judiciales, civiles y eclesiásticos

Consideramos a continuación cuatro casos que resultaron muy útiles para matizar lo expuesto hasta aquí.

I. El primero se refiere a un grupo de esclavos riojanos de propiedad de doña Francisca Dávila y Villafañe, quien, a mediados del siglo XVIII, reconstruyó el templo de San Nicolás de Bari, y fundó luego la Capellanía. Al no tener hijos designó como Patronos de la misma a sus sobrinos que quedaron a cargo de nueve esclavos. Estos debían sostener con su trabajo la obra de su piedad y el "aseo del culto divino".[47] En 1789, cuando ya habían pasado diecisiete años del testamento, un expediente referido a esta Capellanía mencionaba la presencia de tres generaciones de esclavos regenteados por la abuela Josefa, que "servía de respeto" y gozaba de una gran autoridad (un total de diecinueve esclavos y ochos muertos) [48]

Surge del expediente que los primeros esclavos que nacieron y vivieron con la familia Villafañe tenían un status de *cuasi criados*. Conocedores de la chacra, los trabajos y la Iglesia, estos esclavos *ladinos* tenían, según su patrono, (el sobrino de la difunta) una serie de vicios: eran *pleiteros* y *atrevidos*. Por esta razón decidió venderlos para comprar en Salta (porque al parecer allí se obtenían los mejores precios) esclavos *bozales*, sin lengua castellana, ni doctrina, que fueran capaces de realizar trabajos con un "mayor grado de disciplina". Pese a la oposición que recibió esta determinación de venta (no olvidemos que el destino de estos esclavos era la Capellanía de San Nicolás) fueron trasladados a esta ciudad cuatro de ellos: Josefa,

---

[45] Cristine HUNEFELDT. *Mujeres. Esclavitud, emociones y libertad. Lima 1800-1854*. Documento de Trabajo, N° 24. Instituto de Estudios Peruanos- IEP. Serie Historia N° 4. Marzo 1988.

[46] Verena STOCKE. "Sexo es al género lo que raza es a la etnicidad". *Márgenes*, Año V. N° 9, 1992.

[47] AAC. Capellanía instituida por doña Francisca Dávila y Villafañe en julio de 1772 (tenía un capital de $ 2.200 con obligación de 55 misas, a favor de San Nicolás de Bari). Año 1772, Legajo 31, tomo VIII.

[48] ACC. Año 1789, Legajo 33, Tomo VI.

Marcela, Marciana y Casilda. Otros tres: Tiburcia, Gregoria, y Marcos, que también tenían como destino esta ciudad, lograron escapar en el momento de la partida y se refugiaron en el Convento de la Merced, donde fueron encontrados y devueltos al patrono; éste dispuso destinarlos a la ranchería y "reservar" a Tiburcia y Gregoria para procrear hijos esclavos ("para la reproducción y el aumento"). El resto de los niños quedaron al cuidado de la chacra.

II. Un segundo ejemplo se refiere al matrimonio de Cornelia, esclava de don Joaquín Ocampo, natural de Anguinán (La Rioja), con Ramón Díaz de Soria, natural de Capayán (Catamarca).[49] La causal de la demanda es de nulidad, por "defecto de forma canónica" y se inició ante el Obispo de Córdoba en el año 1796. Surge del expediente que el párroco de Anguinán les negó el casamiento "por su notoria desigualdad y disenso de los padres". La pareja, que estaba dispuesta a casarse de alguna forma, se trasladó a Belén y se granjeó la confianza del cura Vicario de este curato que terminó casándolos. No pasó mucho tiempo cuando éste recibió una comunicación de La Rioja que lo puso en conocimiento de la situación ¿Qué hizo el religioso? Declaró nulo el matrimonio por defecto de forma canónica (en este caso, la falta de presencia del párroco de Anguinán dónde eran feligreses los recién casados). Ante el nuevo inconveniente, y sin darse por vencidos, la pareja recurrió a una nueva autoridad. Esta vez se trató del Visitador D. Pedro Bazán, quien terminó convalidando el matrimonio y ordenó al cura de Belén "los tenga por casados y no los moleste". El esposo le dijo al visitador: "atendiendo asimismo que yo ando huyendo con mi mujer de monte en monte por huir de que me prendan como Usted lo ha verificado, pues ahora la he traído en mis ancas y la he entregado a su juzgado,...para que sirva revalidar nuestro matrimonio".

El cura y vicario de Belén declaró en el expediente que la mulata tuvo el "atrevimiento de presentarse", granjeándose tanta benevolencia y estimación del notario; que luego, y aunque estaban expuestos los motivos que obligaron a separarlos y declarar nulo dicho matrimonio, "me mandó el señor Visitador que se los revalidase". A los pocos días apareció el esposo muy entonado haciéndome sus propuestas y yo que muy pocas ganas tenía de volverlos a juntar lo despedí, diciéndoles que no quería casarlos de nuevo; con esto se quitaron de mi lado y se marcharon en ancas en busca del Visitador al que alcanzaron...". Más adelante declaró el religioso, que no sabía qué llevaba la *maldita mulatilla*, porque antes de los ocho días volvieron casados. ¿Cómo sigue este proceso? Sin darse por vencido el vicario de Anguinán decidió elevar la queja ante la audiencia episcopal para que de una vez por todas resolviese el caso: es decir, si el matrimonio era válido o no. Esta presentación es de junio de 1796, cerca de tres años después de llevado a cabo el matrimonio en Belén. Finalmente, cuatro meses después, el Obispo del Tucumán, D. Miguel Ángel Moscoso, estableció la nulidad del matrimonio por defecto de forma canónica y ordenó al vicario de An-

---

[49] AAC. MATRIMONIOS, DIVORCIOS Y NULIDADES. (1795-1799), Legajo 198, Expediente 4, T. V.

guinán a consagrar un nuevo matrimonio. Como última nota: este proceso le costó a la pareja 8 pesos por derecho del matrimonio, más 7 pesos por la presentación en el Obispado de Córdoba.

III. El tercer ejemplo se refiere al proceso llevado a cabo por Pascuala, esclava de don José de Villegas Terán, para recuperar a su hija Francisca, arrebatada a los pocos días de nacer. Este expediente que se encuentra en el Archivo Histórico de Catamarca da cuenta de una lucha de la madre de más de diez años, que incluye numerosos testigos y la intervención de los tribunales de Catamarca, Tucumán, y la Audiencia de Buenos aires. Sucedió que José Villegas Terán antes de morir les ofreció la libertad a Pascuala, y a sus hijos Lorenzo y Ramona, "por la felicidad ofrecida a lo largo de muchos años". Incluso les deja un terreno adonde vivir. La voluntad del difunto fue cumplida por los descendientes, pero el problema se presentó con Francisca, hija de Pascuala, nacida con posterioridad a la muerte del español. Esta en calidad de esclava le es sustraída a la madre y luego vendida a un sacerdote de Catamarca, el Ministro don Pedro Arce. A raíz de ello, Pascuala y su marido, Juan Antonio Gómez (de condición libre) realizaron varias presentaciones ante distintos tribunales, incluso, a la Real Audiencia de Buenos Aires, requiriendo la devolución de su hija. Afirmaban que tras de "la muerte del amo, se trasladó a Catamarca, donde nació su hija cuando ella ya era libre." ¿Cómo continúa este proceso? Finalmente, después de años de peregrinar, el Alcalde ordinario de Primer Voto de Catamarca, obligó al sacerdote a entregar a la "criadita Francisca" a sus padres cuando esta ya tenía cerca de diez años.[50]

IV. Por último está el caso mencionado de don Feliciano de la Mota Botello, uno de los hombres más importantes de la ciudad de Catamarca. El cura Vicario del Rectoral lo acusó de estar amancebado con dos de sus esclavas. Lo denunció primero ante las autoridades del Cabildo y luego ante la Real Audiencia de Buenos Aires. En el escrito señalaba el sacerdote la situación irregular, el estado de *pecado* en que vivía el mencionado Mota Botello con Catalina y Francisca Antonia. La acusación de solo dos fojas, si bien no prosperó jurídicamente recibió, en cambio, un rápido tratamiento. Las autoridades del Estado le hicieron saber al cura Vicario "que no se mezcle en asunto particular y privado". Agregaron a ello, que los excesos atribuidos a estas tres personas no estaban en la providencia "debidamente fundados". Con fecha posterior le notificaron a Mota Botello de las novedades, y le requierieron evitar en lo sucesivo esta clase de "sindicación". Se le recomendó, incluso, para calmar el alboroto y "haciendo cualquier sacrificio" separar a las esclavas de su casa hasta que pasara un tiempo conveniente. Estimaban, que esta situación sería vista de buen grado por la Superioridad y la "prueba de obediencia a la que tiene dadas en el ejercicio de los cargos que ha obtenido".[51]

---

[50] AHC. Caja 25. Expediente Judicial, n° 1054, año 1813.
[51] AGN. IX, 5-8-1. Papeles de Gobierno. Intendencia de Salta del Tucumán.

Lo relatado hasta acá sucedió entre el mes de junio y agosto de 1808 en la ciudad de Catamarca, tal como surge del documento depositado en el Archivo General de la Nación. Por entonces, don Feliciano era un rico comerciante de la ciudad, entroncado a través de su matrimonio con una de las familias principales de esa ciudad. Casado con Maximiliana Robín de 29 años, tenía tres hijos, José Ignacio, Feliciana y Luisa de 8, 4 y 2 años respectivamente. Un conjunto de 15 criados entre libres y esclavos completaban la unidad doméstica. En ocasión del hecho se desempeñaba como Alcalde de Segundo Voto del Cabildo y tan solo dos años después, con motivo de la Revolución de Mayo, y a raíz de la amistad personal con Manual Belgrano, fue designado comandante de Armas de la jurisdicción; en 1814 será nombrado Teniente de gobernador y en 1817 Gobernador de Tucumán. Nuestro personaje pertenecía a la elite de la ciudad, entroncado con los linajes más tradicionales de Catamarca y su persona había sido, y lo sería más aún, una de las personalidades con mayor peso político en el nuevo orden revolucionario. Tal circunstancia explica la celeridad de la respuesta por parte de la Audiencia, la anulación de la providencia y la reprimenda al cura párroco por meterse en "asunto privado".

Algunos comentarios

Lo expuesto hasta aquí merece una reflexión final. Empezamos por los juicios antes presentados. El análisis de los mismos deja ver varias cuestiones, siendo quizás la más llamativa la *agencia* de las mujeres negras. Estos refutan las nociones simples de que las mujeres y los hombres subalternos aceptaron de manera pasiva los mandatos del poder, como también el derecho de algunos amos a ejercer la posición sexual "absoluta" y "exclusiva". Las mujeres esclavas utilizaron "armas sociales" para equilibrar la balanza del poder y obstruir el aislamiento y las vulnerabilidades individuales. En los cuatro ejemplos dados encontramos mujeres que tienen una gran fuerza en los conflictos familiares, en la defensa de sus hijos, sus familias, sus hombres, sus afectos. Movilizaron facultades de determinación menos directamente violentas, pero tenaces y audaces. Las estrategias femeninas de resistencia y supervivencia las llevaban a movilizar alianzas y solidaridades, una "pluralización de patriarcas activos" en palabras de Steve Stern, que reafirmaban la colaboración, así como las identidades familiares y comunales como armas integrales dentro de las conflictivas relaciones sociales de dominación.[52] Las fugas, ocultamientos, escándalos eran parte de los enfrentamientos al poder. Recordemos el caso de Cornelia, quien siendo feligresa de un lugar se fue a casar a otro, por la oposición del cura propio ante "la manifiesta desigualdad". Mientras huía "en ancas de su marido de curato en curato" entre Catamarca y La Rioja, ganaba tiempo en la búsqueda de auxilio y protección. O el caso de los esclavos de la ranchería de San Nicolás que se ocultaron en el Convento de San

---

[52] Steve STERN. *La Historia secreta del Género. Mujeres, Hombres y Poder en México en las postrimerías del período colonial*. México, FCE, 1999: 152-3.

Francisco para no ser llevados a Salta. También de Pascuala, que le llevó diez años la lucha en los tribunales de Tucumán y Catamarca, pero consiguió finalmente reunirse con su hija Francisca. Incluso, también podría ser el caso de las esclavas amancebadas en Catamarca cuyo escándalo (¿inducido por ellas?) llevó a la intervención del cura Vicario de la Catedral y obligó a Mota Botello a sacarlas de su casa.

En segundo lugar, observamos que el carácter inseguro de las agrupaciones familiares, siempre amenazadas por la posible dispersión, parece caracterizarlas. Advertimos ciertos tiempos de "estabilidad" que es cuando se establecen o crecen las familias nucleares y las madres solteras criaban a sus hijos. Estos fueron diecisiete años en el caso de los esclavos de la Capellanía de San Nicolás, hasta que fueron finalmente separados en tres grupos: uno de ellos fue llevado a Salta para la venta, otro destinado a la "reproducción y al aumento de esclavos" y un tercero, el de los niños, quedaron en la chacra al servicio de la Virgen. Dicho ejemplo, junto con el de la Pascuala, indica claramente, que los esclavos vivían en la órbita de dos ciclos familiares: Uno, relacionado con sus propias vidas, y el otro, con la de su propietario. La familia esclava se enlazaba estrechamente con los eventos que ocurrían en la vida de sus señores: matrimonios, enfermedades, fallecimientos. Parece que un gran impacto y conflicto para los esclavos era el momento de la herencia española. Como las leyes castellanas determinaban una división igualitaria de los bienes patrimoniales de la familia entre todos los hijos legítimos del fallecido, los esclavos por ley tenían que ser repartidos igualmente entre los herederos. El hecho de que figurasen de un modo tan importante entre los bienes de la clase señorial, su división era un resultado a esperar. Al contrario de las tierras, eran fácilmente transportables y redituables, según leemos en numerosos documentos que encontramos en los archivos judiciales y de escribanías. Aquí observamos el traspaso, reparto y dispersión de los esclavos. Este es el caso ya mencionado de la ranchería de San Nicolás en La Rioja. También la de los esclavos del Capitán don Baltasar Luján, quien afirmó que su suegra doña María del Alba, natural de la ciudad de Santiago del Estero, al morir le dejó pleiteando unos esclavos que tuvo por herencia. Y "habiendo proseguido a mi costa dicho pleito se sentenció a mi favor de los quales esclavos tengo recojidas algunas piezas que están en mi poder". De estos esclavos don Baltasar vendió tres, con cuyo importe pagó el funeral y entierro de la suegra, y con el restante compró un retazo de tierra con marco de agua. Incluso, decía que "producto de dichos esclavos tengo prestado al Capitán Juan de Nieva cien pesos en plata y al Capitán Ignacio Brizuela diez y seis pesos". Agrega, por último que "para el descargo de mi conciencia tengo dado una esclava llamada María al convento de San Francisco por Capellanía, para el bien de nuestras almas".[53] Otro caso es el del esclavo Nicolás "de color negro zambo", de "18 a 20 años", quien en el año 1774 fue vendido por el Alcalde Ordinario de Segundo voto de la ciudad de Catamarca don Andrés de Herrera al Sargento Mayor don Amador Sosa, también vecino de esta jurisdicción. Afirma Herrera que lo vendió "por ser mío,

---

[53] AHC. Protocolos de Escribanos, escritura 72, 24 de diciembre de 1728, fojas 136,144.

hijo de una esclava llamada María Antonia que tube y la dí en dote a una hija doña Feliciana, que en gloria sea y la tienen hoy sus herederos".[54]

En tercer lugar observamos la coexistencia en un doble sistema: una familia nuclear, unida o no por el matrimonio legítimo, junto a un número significativo de mujeres solas, con inestabilidad de uniones y numerosos hijos. En todas ellas se advierte la variabilidad que va de la familia nuclear a la matrifocal acompañada de vínculos múltiples. Orientada alrededor de la mujer negra, y del eje madre-hijo, las familias pueden ofrecer distintas composiciones, pero la mujer *madre* tiene una preponderancia marcada en la definición y el funcionamiento de las mismas y se proyecta ampliamente sobre todo el grupo.[55] Esto es lo que nos parece insinuar el caso de la abuela Josefa, (llamada *madre*) que "servía de respeto" y gozaba de una "gran autoridad" entre los esclavos de la Ranchería de San Nicolás. A esta esclava la vemos como *Madre* de una extensa familia de tres generaciones que parecen ser una característica en la ciudad de La Rioja.

Lo que todavía no está claro es cómo se origina la ilegitimidad y la matrifocalidad: si estas derivan de la unión de una pareja relativamente estable aunque no consagrada por la Iglesia, o del emparejamiento extrarresidencial entre una pareja socialmente desigual que se inicia sin intenciones de matrimonio. En palabras de Verena Stolcke, ambas resultan de la marginalidad de las mujeres negras dentro de la graduación del honor en la sociedad global. Para la autora, el carácter jerárquico de este orden social es lo que produce la marginalidad sexual de la mujer de color, afecta la forma en que ésta se empareja y se manifiesta en la preponderancia del concubinato y la matrifocalidad.[56] ¿Qué hizo la Iglesia para remediar los nacimientos ilegítimos? La

---

[54] AHC. Protocolos de Escribanos, escritura 24, 23 de Abril de l774, fojas 66/67

[55] En su intento por aclarar este término dotado de varias acepciones el religioso Duque de Estrada revela las múltiples facetas de la madre en el mundo esclavo: "La gente llama MADRE a todas las mujeres MAYORES, a la Madrina también la llaman MADRE, pero no es madre verdadera, sino MADRINA; a la que se casa con su Padre la llaman MADRE, pero no es Madre verdadera, sino MADRASTA. A la que da de mamar también la llaman MADRE, pero esa tampoco es Madre verdadera sino CRIANDERA: madre VERDADERA ES LA QUE PARE…" (Duque de Estrada. *Doctrina para Negros para facilitar la tarea de Explicación de la doctrina cristiana acomodada a la capacidad de los negros bozales de la isla de Cuba a finales del Siglo XVIII (*Solange ALBERRRO. "Las representaciones y realidades familiares de los negros bozales en la prédica de Alonso de Sandoval, Cartagena de Indias, 1627 y Nicolás Duque de Estrada, La Habana, 1796, en Pilar GONZALBO AIZPURU y Cecilia RABELL (comp.). *La familia en el mundo Iberoamericano*, México, l994: 73-89).

[56] Se entiende por matrifocalidad a las unidades domésticas en las que la cabeza de familia es una mujer, aunque sobre ella caben distintas consideraciones. Para algunos autores, por ejemplo, este tipo particular de organización familiar es un vestigio modificado de la cultura africana; para otros es producto del efecto disruptivo que tiene sobre la familia de esclavos las condiciones que se dan en el mundo colonial. Estos enfoques son básicamente históricos. Para los estudios antropológicos la discusión gira esencialmente en torno a la transferencia progresiva de la autoridad del marido-padre a la esposa-madre a lo largo del ciclo del desarrollo de la familia, en lugar de centrarse desde el principio en unidades que carecen de un varón y las causas de esto. También la familia matrifocal es el resultado precisamente de uniones en las que no se intenta establecer una familia "estable. En este caso, (según Stolcke) el sistema de emparejamiento es el principio formativo central de la estructura social. El matrimonio y el concubinato constituyen dos tipos

iglesia denunció y trató parcialmente de solucionarlo mediante una serie de medidas obviamente insuficientes, puesto que paradójicamente, la institución participaba también de la sociedad esclavista, cuyos valores y fundamentos ideológicos contribuyeron a difundir entre los mismos esclavos. Para los religiosos tratar el tema del sacramento del matrimonio exigía que se hiciese hincapié sobre la condición imprescindible para contraerlo, o sea la libertad, de la que se hallaban privados los esclavos. La simulación de igualdad se sostenía difícilmente, por más que se hablase de sus almas inmortales, de su redención por el Bautismo y de los méritos acumulados gracias a su situación de servidumbre.[57]Más aún pretender reivindicar para los esclavos la posibilidad del matrimonio en sus verdaderas dimensiones religiosas, equivalía entrometerse en los derechos de los amos, quienes por su parte manejaban las uniones de los esclavos de acuerdo con sus propios intereses.

Por último, no escapa a esta investigación la fuerte transformación generada por la autoridad eclesiástica a fines del siglo XVIII, muy preocupada en jerarquizar la tarea de control que realiza la Iglesia en una relación más estrecha y de fuero común con el poder civil. También, en la coyuntura de cambios del antiguo Obispado del Tucumán, que se divide en los Obispados de Córdoba y Salta, con sedes episcopales en dichas ciudades. Isabel Zacca encuentra, en esta misma época, para la ciudad de Salta, a la institución eclesial ejerciendo un mayor control sobre el matrimonio y las familias, con el objetivo de limitar las transformaciones, que se había producido por el intenso mestizaje (en el que los esclavos no eran ajenos).[58]La ciudad, la *traza* se convierte en los espacios privilegiados donde se construyen los mecanismos más fuertes de vigilancia e intervenciones, religiosas y también estatales. No es casualidad que en los centros urbanos de Catamarca y La Rioja, encontremos el mayor número de mujeres solas con hijos, y que las familias de esclavos y libres se ubiquen, sobre todo, en el área rural. Pareciera que la distinción entre la ciudad y el campo afectaba aspectos de la vida familiar. El establecimiento de estrategias tendería a llevar a los libres de color para áreas rurales con tierra disponible, donde los lazos familiares se convertían en una realidad posible de mayor estabilidad. En los Llanos riojanos, encontramos, por caso, un importante número de familias mulatas/ mestizas. También en Catamarca, en la zona de Capayán verificamos que un tercio de las familias están constituidas por mulatos (en el capítulo siguiente volveremos sobre este punto).

En el estudio comparativo se advierte más claramente el rol que juega la organización social, y en el caso particular de La Rioja, las órdenes religiosas; sobre todo

---

diferentes de elección que producen dos tipos de organización familiar formalmente diferentes. (Verena STOLCKE.Racismo y sexualidad en la Cuba Colonial. Madrid, Alianza Editorial, 1992:199-200).

[57] Solange ALBERRO (1994: 85), hace referencia aquí al *Tratado sobre la Esclavitud* escrito en el siglo XVII por el jesuita Alonso de Sandoval.

[58] Isabel ZACCA. "Una aproximación al estudio de la sociedad colonial. el caso de la construcción de identidades sociales en Salta a fines del siglo XVIII", en Ricardo CICERCHIA. *Formas familiares, procesos históricos y cambio social en América Latina*. Quito, Biblioteca Abya Yala, 1998: 59-79.

la compañía de Jesús. En este sentido podemos pensar que el número importante de esclavas solas con hijos que encontramos en esta ciudad se debe menos a la falta de preocupación de los amos por el matrimonio de los esclavos que a un control eficaz de su sexualidad. Recordemos el caso de Gregoria que fue destinada por el amo "al aumento y a la reproducción". También, si pensamos como Carlos Mayo, que las familias esclavas de la Compañía de Jesús responden a una política de "control" y "disciplinamiento", entonces tenemos aquí una vigilancia del matrimonio y la sexualidad más determinante que en Catamarca. Esta constatación nos sugiere una estructura social más fuertemente polarizada que la que percibimos en el Valle, al mismo tiempo que la vislumbramos como más jerarquizada y señorial. En Catamarca, la familia esclava y afromestiza responde a la dinámica del Valle y a una organización social que reconoce menos la influencia de las órdenes religiosas, y sobre todo, la ejercida por los Padres de la Compañía de Jesús. Encontramos en esta jurisdicción una exogamia extendida en el sector esclavo y libre y un número considerable de familias de color. Vale decir, por último, que si bien el discurso religioso tenía influencia sobre la conducta de los hombres y mujeres del mundo colonial, no era el único que contribuía a forjar la mentalidad. En los espacios abiertos a iniciativas colectivas o individuales se imponen otros criterios y la tradición reglamenta formas de relacion entre los sexos.

VIII

FAMILIA, TRABAJO Y PRODUCCIÓN

La pregunta que guía este capítulo está relacionada con el parentesco que mantiene las características específicas del Valle de Catamarca con la organización familiar y los ciclos económicos y productivos de la región. El predominio de la agricultura en toda la zona, nos indica la presencia de campesinos/labradores/arrendatarios, que alternarían trabajos agrícolas con periodos de conchabo en las estancias. Suponemos que esta situación significó la ausencia temporaria de los varones adultos en periodos álgidos de demanda de mano de obra. Si esto era así: ¿qué influencia van a tener en el interior de las familias y en el desplazamiento de los hombres y mujeres? ¿qué correlación existe entre los nacimientos ocurridos en la parroquia con los ciclos económicos del Valle de Catamarca? Algunos historiadores describieron las "crisis del algodón catamarqueño".[1] Esta crisis, que le seguiría a la del aguardiente, habría ocasionado una fuerte contracción económica y con ello cambios sustanciales en el desenvolvimiento social. Nos preguntamos, ¿cómo repercutieron en el interior de las familias del Valle?

Para contestar estos interrogantes, vamos a disminuir la escala de observación, y centraremos nuestra atención en el ámbito concreto y micro de las familias vallistas. También en sus transformaciones en las últimas décadas coloniales. Para ello resulta conveniente repasar algunas características del Valle central, presentadas en el capítulo I. Tenemos aquí un accidente geográfico de enorme extensión, pues ateniéndonos simplemente a la dirección norte-sur en la cual se registra la mayor distancia, tiene un desarrollo equivalente a unos doscientos km. en línea recta. La topografía, geología, clima, vegetación y condiciones humanas presentan variados contrastes notándose cambios intensos a muy poca distancia. El clima es variado, con escasas precipitaciones y con acentuadas características de sequedad, que se advierten, sobre

---

[1] Tulio HALPERÍN DONGHI. *Revolución y Guerra.* Buenos Aires, Siglo XXI, 1994: 68-69.

todo, más en el llano que en la sierra. En el verano los calores son muy fuertes en el llano, como se observa en la misma ciudad de Catamarca. La sierra, en contraste, es bastante más fresca con temperaturas que varían de un lugar a otro en virtud de la altura y de la exposición.[2]

En las distintas zonas de esta enorme extensión se cultivaba trigo, higueras, viñas, maíz, porotos, zapallos, ají, tabaco y una gran variedad de frutales. Pero será el algodón (que se comercializa en rama, pabilo y lienzo) junto al aguardiente, los que tendrán mayor preponderancia e identidad en el mercado regional.[3]La producción de frutales dará origen a una rica y variada producción de dulces y confituras, trabajadas en formas de artesanías familiares, como las quisadillas, maicenas, capias, turrones, alfeñiques, y dulce de membrillo, naranjas, duraznos y jaleas y arropes de uva y tunas.[4]A toda esta actividad, que requería de una abundante mano de obra, se sumaban los trabajos de tejidos de algodón, de los que fueron importantes productores. También con la ganadería de vacunos, cabríos y la industrialización de sus derivados, aunque de una manera menor que en la zona del este, pero que al final servirían también para cubrir las cargas de arrias que periódicamente se desplazaban hacia las ciudades del norte, al Alto Perú y también hacia el sur llegando hasta el Litoral. Gaspar Guzmán afirma que la economía de esta zona fue la base del progreso y del prestigio que gozó Catamarca como región productora durante toda la época colonial.[5]

Aquí conviene detenernos en el oasis de Las Chacras, sub-región intensamente productiva, situada en la margen izquierda del río del Valle, (abarca los actuales departamentos de Piedra Blanca y Valle Viejo)[6]. Esta zona cuenta con el beneficio de los mejores cursos de agua y, debido a su temprano, compacto y efectivo poblamiento, disputará luego con la ciudad el predominio, el comercio e incluso la jerarquía y gravitación política. Al promediar el siglo XVII se encontraban asentadas más de medio centenar de familias. Las quintas y los cultivos son todavía mayores en número, puesto que algunas familias tenían más de una chacra y hacienda. Debido a ello, en el año 1668 por orden del gobernador del Tucumán, se fundó aquí una "verdadera población", con sus calles delineadas a cordel, sus manzanas y solares, su plaza, porque hasta entonces las modestas viviendas estaban desparramadas en medio de las heredades, sin orden alguno. El fundador, que fue D. Pedro Bazán Ramírez de Velasco, alcalde ordinario de Tucumán, la llamó sencillamente la Población del Valle. Esta población se llama en la actualidad San Isidro, y se halla en el departamento de Valle Viejo, no

---

[2] Romualdo ARDISSONE , *La Instalación humana en el Valle de Catamarca,* Biblioteca Humanidades, Universidad Nacional de La Plata, 1941:27.

[3] Armando BAZÁN. *Historia de Catamarca.* Buenos Aires, Plus-Ultra, 1996: 132-134. Afirma el autor que en 1762 una finca próxima a la ciudad tenía 7 mil cepas de viña y otra de San Antonio o Allpatauca 6 mil.

[4] Gaspar GUZMÁN. *Historia Colonial de Catamarca*, Buenos Aires, Milton Editores, 1985: 297-300.

[5] *Ibídem*, 1985: 299.

[6] Las Chacras comprenden la zona cultivada de la margen izquierda del río del Valle: por el norte presenta La Carrera y por el sur termina en San Isidro (hasta la confluencia del Arroyo de Choya con el río del Valle (ARDISSONE, 1941:289-290).

lejos de la ciudad de Catamarca.[7]

Esta sub-región presenta además dos particularidades. La primera, relacionada con el agua y la segunda, con una marcada fragmentación de la tierra. En las fuentes judiciales encontramos innumerables pleitos motivados por el uso y administración del agua; en las testamentarias verificamos, asimismo, el valor que este elemento tenía entre los habitantes del valle. Leemos, por ejemplo, el legado de un hacendado de las Chacras (de don Ignacio de Avellaneda y de la Vega, padre del primer Gobernador de Catamarca autónoma) quien tuvo entre sus dos matrimonios un total de 14 hijos y un capital que correspondía a la suma de 3.408 pesos y 4 reales. Don Ignacio había comprado cabalmente a su prima hermana Catalina de Figueroa en la acequia de los Villagranes, un derecho de marco y medio de agua, sobre el cual escribió: "Es mi voluntad sean iguales en derecho en dicha agua mis hijos de primer y segundo matrimonio por ser esta (el agua) el alma de la tierras".[8] Sucede que el agua de la región dependía en gran medida de las lluvias de verano y, como los cursos de agua tienen una longitud reducida, es común que los caudales desaparezcan en invierno. Estas características determinaron la importancia que van a tener desde siempre los ríos, arroyos y vertientes, porque donde se encuentran hay poblamiento. También nos permiten entender la importancia que, en esta jurisdicción van a tener las disposiciones legales sobre riego. El Cabildo, desde épocas tempranas, aseguraba a cada predio su respectiva dotación, materia que estaba bajo la jurisdicción del Alcalde de Aguas. Los caudales se ajustaban a medidas que ya habían sido primeramente aprobadas por el Cabildo de La Rioja y adoptadas luego por el ayuntamiento de Catamarca. No resulta extraño, entonces, que el primer Reglamento de Aguas dictado en el actual territorio argentino haya sido aprobado por este Cabildo en 1797. [9]

Las actas capitulares de comienzos del siglo XVIII suministran también datos muy interesantes sobre este tema. La primera resolución es del 31 de octubre de l712, cuando se había producido una intensa sequía (si nos fijamos en la fecha se trata de la época que antecede a las normales lluvias estivales) y el río del valle se encontraba casi sin agua para satisfacer las necesidades del cultivo y de la cría de ganado. Esta situación generaba un dispar aprovechamiento del caudal en beneficio de los dueños de las acequias ubicadas en primer término y en perjuicio de los propietarios más alejados, "que veían perderse los árboles frutales y las sementeras de trigo sometidas al diezmo".[10]Los cabildantes debieron establecer una distribución equitativa y ordenaron

---

[7] P. Antonio LARROUY. "Historia Colonial. Formación y Colonización de la provincia", en *Autonomía Catamarqueña*, l921:103-104 y R. ARDISSONE, 1941: 27.

[8] LARROUY, l921:103-104; ARDISSONE, l941:129; BAZÁN, 1996: 134.

[9] Los caudales se ajustaron a medidas que fueron aprobados primero por el Cabildo de La Rioja en l612 y luego adoptadas por el ayuntamiento de Catamarca. Estas medidas fueron: el *marco*, orificio rectangular de 208 milímetros de ancho y 77 de alto; *la naranja* que tenía la cuarta parte del marco; y la *paja*, cuya dimensión era la cuarta parte de la naranja. Este sistema duró hasta el 22 de noviembre de l900, en que fue modificado por una ley de la Legislatura catamarqueña. (Armando BAZÁN, 1996: l34).

[10] LIBROS CAPITULARES DE CATAMARCA, II, 27-29.

que las bocatomas de las acequias principales de las haciendas (de Pomán, Piedra Blanca y el pueblo de Collagasta) se rompieran parcialmente para que toda el agua (de esas acequias) se dejara caer al río por el término de ocho días, "distribuidas de tal manera que les alcance a todos el agua y pueda ser aprovechadas para las viñas, árboles frutales y sementeras".[11]

En otra resolución del 17 de marzo de 1723 se aprobaron las ordenanzas para la administración del agua.[12]Son mencionadas las acequias de comunidad, lo cual nos hace ver la coordinación de necesidades y de esfuerzos. También se expuso la necesidad de medir el agua para no caer en un uso anárquico o arbitrario de la misma; para ello se estableció que las haciendas pudieran mantenerse sólo con la cantidad a la que tenían derecho por compra o herencia. A las propiedades que no tuvieran limitación de este derecho, se les asignaba una cantidad proporcional de acuerdo a lo permitido de otras de igual entidad. Es decir que para que hubiera un equilibrio con las condiciones naturales, debía extenderse la superficie regada e incorporarse nuevas tierras a la actividad agropecuaria. El límite está expuesto en la parte final de la mencionada disposición en la que se expresa que "funde hacienda con nuevo derecho de agua y no se consientan advenedizos sobre las acequias".[13]Se ordenaba que todas las haciendas aprovechasen el agua usando marcos puestos en forma.

El cumplimiento de estas disposiciones implicaba contar con personas encargadas para ello. La autoridad especializada era el Juez de Aguas, quien estaba obligado a visitar semanalmente todas las acequias y a administrar justicia en los numerosos pleitos que se suscitaban entre los vecinos.[14] Como la zona es demasiado extensa se menciona la necesidad de sumar uno más, con facultad de tener un teniente en cada acequia. La distancia era de doce leguas, de allí a las primeras chacras de Piedra Blanca había otras cuatro, y de allí a la ciudad otras tantas. De modo que en este triángulo estaban las referidas haciendas.

El acta del 20 de julio de 1723 es muy interesante porque allí está el informe del resultado del reconocimiento de las acequias de Las Chacras. Lo que equivale a un verdadero censo de las acequias existentes, del caudal disponible, del número de chacras, y asimismo, de los interesados. En este padrón, tal como se muestra en el cuadro 1, está consignado el nombre de cada regante, la cantidad de agua de que dispone y su turno.

---

[11] LIBROS CAPITULARES DE CATAMARCA, II, 27-29.

[12] LIBROS CAPITULARES DE CATAMARCA, III, 27-38..

[13] Para que todas las haciendas aprovechen el agua se debía usar de aquí en adelante los marcos puestos en forma " a regla y nivel y en tal forma, que solo cuatro dedos sobre puje el agua sobre el marco; porque, cargando el peso del agua hay gravísimo engaño y ninguna persona sea dado atajar las ace quias principales ni hacer agujero, ni robo en forma alguna so pena por cada vez de cuatro pesos apli cados para la Real Camarca, Juez y denunciador".

[14] LIBROS CAPITURALES DE CATAMARCA, II, 7-8, 20-22. En concepto de asistencia personal cobra dos pesos anuales por cada chacra y un peso por la colocación de cada marco.

CUADRO 1

CENSO DE LAS ACEQUIAS EN LA ZONA DE LAS CHACRAS			
Acequias	**Cantidad de agua**	**Cantidad de chacras**	**Interesados**
Piedra Blanca	22 marcos y 3 naranjas	35	35
Alpatauca*	19 marcos y medio	16	
Polco	20marcos	8 haciendas y 2 chacras	13**
Sebastián Pérez	23 marcos	20	25
Diego Carrizo	9 marcos	6	8
Pedro de Maidana	15 marcos	14	23
Contreras	8	4	10
De los Varela	9	6	23
Orellana	10 a 12 marcos	3	11
Soria	7 a 8 marcos	4	8
Guaycama	10 1 112 marcos	18	28
*corresponde a San Antonio			
** Con los indios			

Fuente: Libros Capitulares, III, 27-38. (ARDISSONE: 1941:260-262)

Una síntesis del mismo arroja este resultado: diez acequias que riegan de una y otra orilla del río del Valle. Las chacras son ciento dieciséis y los interesados sesenta y nueve. A ello le agregamos el riego del partido de Guaycama (que se obtiene aprovechando el arroyo que baja de la hacienda del Portezuelo): la suma total arroja unos ciento cuarenta y seis marcos de agua, más o menos, con los cuales se fertilizan ciento treinta y cuatro chacras y nos encontramos con ciento noventa y tres regantes.[15]

La importancia y gravitación que tiene el agua en el desenvolvimiento económico y cotidiano del Valle queda demostrado en este cuadro, lo mismo que la presencia relevante de chacras y haciendas de labranzas en las poblaciones cercanas a la ciudad. La actividad agrícola sobresale entre sus habitantes, y por tratarse de cultivos de riego, (es decir cultivos que exigen un mayor cuidado y una mayor demanda de brazos), la instalación humana alcanza en la zona su mayor densidad. El predominio de la pequeña propiedad en todo el valle, si bien está sugerido en las fuentes, ha sido demostrado por Ardissone para un periodo posterior. Explica el autor que si exceptuamos el caso de Ambato y uno que otro de Capayán, los cultivos se realizan en áreas menores de diez hectáreas, donde predomina una media de tres hectáreas. Incluso, en Valle Viejo y en Piedra Blanca, la mitad de ellas no pasa de una hectárea de superficie. La extrema fragmentación dificultaría la buena distribución del agua en esta zona, a la vez que pondría límites claros a la extensión de los cultivos.[16]

---

[15] ACTAS CAPITULARES DE CATAMARCA, III, 27-38. Citado además por ARDISSONE, 1941: 260 262.

[16] ARDISSONE, 1941: 274-284.

Familia y ocupación

No resulta extraño verificar en las fuentes que los pobladores del Valle se desempeñaban primordialmente como labradores, peones y jornaleros. El cuadro se completaba con unos pocos estancieros, algunos comerciantes, artesanos y burócratas, junto a un número considerable de domésticos y criados. Esta información que proporciona el Censo de 1812 (es el primer y único registro que da estos datos) nos permite observar que los labradores representaban el 55% de toda la jurisdicción (1.254 individuos de un total de 2.166) y se hallan ubicados principalmente en los partidos de Polco y Miraflores, donde alcanzan una representación del 40% y el 30% de la población masculina.[17] Le siguen en orden los partidos de Valle Viejo, Piedra Blanca y Capayán (hoy cabecera de los respectivos departamentos en los que suman el 25%, 11% y 24% respectivamente).

Desde el punto de vista étnico predominan los labradores españoles sin don (los llamados criollos), aunque también los hay entre los españoles principales, como entre los indios, mestizos y mulatos. En Valle Viejo de los 114 labradores que hallamos en el censo, 45 son españoles (34 casados y 11 solteros), 38 indios (14 casados y 12 solteros), 18 pardos (6 casados y 12 solteros), 9 mestizos (6 casados y 3 solteros) y 4 esclavos (2 casados y 2 solteros). Es decir que el 39% de los labradores son españoles y el 33% indios; el 54% del total son casados, y el número de hijos es de 4.4 que por lo general también figuran como labradores.

Hemos encontrado unos pocos labradores que provienen de otras jurisdicciones, sobre todo de la vecina ciudad de Córdoba (5 de allí y 1 de Tucumán). De ellos, tres son indios, dos pardos y uno, español. Sobre este punto el censo no nos permite avanzar, en tanto no aparecen consignadas las migraciones interregionales, las cuales estimamos significativas, teniendo en cuenta el aumento considerable de la población del Valle que entre 1778 y 1812 triplicó su población. Además, las partidas de matrimonio nos muestran la presencia de cónyuges que llegan de las ciudades vecinas, y de las otras parroquias de la misma jurisdicción: éstos eran españoles, indios, mestizos, mulatos y esclavos.[18]

---

[17] AGN. X, 43-10-6 *División Nacional. Padrones de San Luis, Catamarca y Montevideo.* 1812-1814. Además: Ernesto Maeder. "El censo de 1812 en la historia demográfica de Catamarca", en *Anuario,* Rosario, Facultad de Filosofía y Letras, 10, 1970: 216-248.

[18] Como ya lo vimos en los capítulos anteriores, en las partidas de matrimonios del Rectoral de Catamarca (1770-1779 y 1790-1799) el 36% de los varones que contraen enlace provienen de otras parroquias, fundamentalmente de las actuales provincias del noroeste argentino y de la ciudad de Córdoba (25%). En tanto entre las mujeres, el desplazamiento ocurría de los pueblos del Rectoral a la ciudad. Son muy pocas las mujeres que llegan de las otras provincias, y estas sólo suman 16 casos de un total de 286. (Florencia GUZMÁN. "Formas familiares en la ciudad de Catamarca: el caso de los indios, mestizos y castas, 1770-1812". Ricardo Cicerchia (comp.). *Formas familiares, procesos históricos y cambio social en América Latina.* Quito, Abya-Yala, 1998:39-58).

Peones

El censo otorga esta categoría a 193 individuos del Valle, lo que corresponde al 29% de toda la jurisdicción. Están ubicados en primer lugar en los partidos de Piedra Blanca y Polco, (precisamente donde había un buen número de labradores). En cuanto al origen étnico de estos peones, observamos que en Piedra Blanca el 59% son indios, (49 indios de total de 83 peones) y el resto esta repartido entre españoles criollos, mestizos y pardos. En tanto en Polco predominan los peones mulatos y pardos libres (50 de 78 son afromestizos). La fuente nos muestra, asimismo que los casados y viudos son la mayoría en tanto representan el 82.5 % (52 individuos de 63), como también que las migraciones de las otras ciudades tienen una escasa representación. Hallamos solo cuatro peones provenientes de Tucumán, Chile, La Rioja y Córdoba.

Jornaleros

Suman unos 125; lo que representa el 20% de toda la jurisdicción. De éstos, el 50%, están localizados en la ciudad, principalmente en el barrio de La Merced, cuya característica principal es la presencia significativa de población indígena. El resto está ubicado preferentemente en los partidos de La Banda, y en Pomancillo (que hoy integran los departamentos de Valle Viejo y Piedra Blanca respectivamente). En Pomancillo, además, se hallan los únicos estancieros que encontramos en el Censo. Si observamos a los jornaleros urbanos, nos encontramos que el 82% son indios, y los restantes predominantemente mulatos (51 indios, 9 mulatos y 2 españoles). También se advierte una menor composición familiar de lo que veníamos observando en las categorías anteriores. El 58% de los jornaleros son solteros (36 solteros y 26 casados y viudos) y entre los casados el promedio de hijos es de tres por familia, es decir que descienden en relación a los labradores, lo cual se debería a una mayor inestabilidad ocupacional. Se observa asimismo, que son originarios la mayor parte, en tanto solo 4 casos de jornaleros provienen de otras jurisdicciones (Córdoba, Santiago del Estero, Tucumán y Chile respectivamente).

Otros

El resto de la población figura como comerciante, burócrata, artesano, estanciero, pero sobre todo como sirviente y/ o doméstico. Estos últimos representan el 71% de toda la jurisdicción (513 sirvientes/criados de un total de 723). Intrarregionalmente se encuentran distribuidos en la ciudad, en el partido de Santa Cruz (Valle Viejo) en Pomancillo (Piedra Blanca) y en Paclín, (depto de Paclín). Precisamente en estas poblaciones es donde se advierte una presencia significativa de población española y también de esclavos. Si tomamos el ejemplo de Santa Cruz, verificamos que los españoles en 1780 eran cerca de 159 que figuraban como nobles, 330 como reputados por españoles; 139 son mulatos libres y esclavos.[19] Desde el punto de vista étnico, el

---

[19] Censo levantado por Don Francisco de Acuña en 1780. Un estudio del mismo en: Gabriela DE LA ORDEN DE PERACCA. "Un desconocido censo de población de Catamarca, 1779-1780." Universidad Nacional de Catamarca, 1994: 31-31.

66% de los esclavos y mulatos libres son sirvientes (52 esclavos y 147 mulatos). El cuadro ocupacional de los afromestizos en el Valle es el siguiente: 199 sirvientes, 134 labradores, 55 peones, 9 jornaleros y 22 artesanos. También encontramos domésticos indígenas en proporciones semejantes a la de los mulatos y pardos libres.[20]

Queda claro, pues, que los labradores, jornaleros, peones y también los domésticos, comprenden la mayor cantidad de ocupaciones del Valle, debiéndose aclarar que no se nos presentan como categorías estáticas, sino en un pasaje frecuente de una categoría a otra. También encontramos que la mayoría de estos trabajadores se ubican la ciudad y en los pueblos de las Chacras, situación que guarda una clara relación con el perfil intensamente productivo de la zona. Observamos además que predominan los casados, lo que nos sugiere una naturaleza familiar agrícola/doméstica, que abarcaría además a todos los grupos étnicos. Vale decir que también consignamos la naturaleza familiar entre los sectores socialmente subalternos que incluye a mestizos, mulatos, indios y esclavos.

Familia y grupo doméstico

Para completar este cuadro vamos a explorar en el interior de la familia y el tamaño promedio de la unidad doméstica (entendemos por tal al conjunto de personas que comparten un mismo espacio físico, el espacio vital, por lo que la definición completa es la de grupo doméstico corresidente).[21]

El censo de 1771, nos informa que las unidades domésticas aumentan a medida que nos alejamos de la ciudad.[22] Sobre una muestra de 422 unidades, el promedio es de

---

[20] Florencia GUZMÁN. "La población negra-mulata en el curato Rectoral de Catamarca". Tesis de Licenciatura. Universidad Nacional de Catamarca, 1989.

[21] Peter LASLETT. "La Historia de la familia", en Pilar Gonzalbo (comp.). *Historia de la Familia.* México, Instituto Mora, 1993: 43-70. Aclara el autor que la definición de los grupos domésticos no es de ninguna manera clara y precisa en todas las sociedades. La gran dificultad del estudio del grupo doméstico del pasado es que no se puede retroceder literalmente en el tiempo y examinar a uno o varios de esos grupos con los criterios de residencia o de actividades compartidas, de consumo, o de producción o de autoridad. Las personas que aparecían juntas en los bloques de las listas nominativas del pasado poseían las tres categorías siguientes: dormían habitualmente bajo el mismo techo (criterio de ubicación); compartían un número de actividades (criterio funcional) y estaban ligados mutuamente por sangre o por matrimonio (criterio de parentesco). Aclara Laslett que los dos primeros criterios son universales, porque se supone que todo aquel que haya sido registrado como parte de un bloque de personas en una lista, vivía con ellas. Se presupone, asimismo que colaboraba con estas personas en muchos sentidos, es decir que había una relación de apoyo o dependencia con algunos de ellos o con todos, acaso relaciones de ambos tipos. Pero no se considera que todas esas personas compartan la tercera característica, la del parentesco. Se sabe que algunos de estos individuos compartían las actividades del grupo doméstico en el que vivían aunque no estaban relacionados por matrimonio ni por sangre con ninguno de los otros miembros. Estos eran los sirvientes, los agregados, los inquilinos, los arrendatarios y éstos aparecen junto con los otros miembros de la familia o de la casa en los bloques de nombres que se analizan.

[22] Edberto Oscar ACEVEDO. "Situación social y religiosa de Catamarca, 1770-1771". *Primer Congreso de*

5.7 en la ciudad, de 6.1 en Piedra Blanca y de 7.1 en la villa de Polco (actual departamento de Valle Viejo). Varias de estas unidades sobrepasan los quince integrantes, tal cual surge de los ejemplos que presentamos:

En Polco, está don Esteban de Cubas con su mujer doña Prudencia Nieva, seis hijos varones y cuatro mujeres y veintidós criados y tres agregados. (Si bien la fuente no discrimina a los esclavos entre los criados (en muy pocos casos lo hace), sabemos que varios lo eran por la información que nos proporcionan los registros parroquiales).[23]

En la misma zona reside don Ricardo Sosa junto a tres hijos, dos mujeres y un varón, siete esclavos y a cinco domésticos libres.

En Capayán, tenía su propiedad don Francisco Barros y su consorte, con tres hijos y catorce domésticos (encontramos que también varios de ellos son esclavos). En el mismo poblado está D. Pedro Barros junto a su mujer y dos hijos, ocho esclavos, dos agregados y un huérfano. [24]

En el paraje de Pomancillo (Piedra Blanca) se halla el Maestre de Campo don Gregorio de Segura y su mujer Da. Ignacia de Sosa, tres hijos y dieciséis criados, más un indio llamado Pablo y su mujer llamada María y dos hijos.

Además, don Gabriel de Segura, su mujer doña Catalina Guadalupe, con sus siete hijos y treinta criados.

Otros tienen numerosos familiares, como en el caso de don José Ambrosio Canzinos, el mismo administrador de las Temporalidades quien vive con su mujer y veinticuatro de familia.

El Sargento Mayor don Manuel Delgado y su mujer doña Gregoria Reynoso tienen dos hijos y diecinueve criados, junto a una india agregada.[25]

Corresponde consignar que si bien estos ejemplos son significativos no son representativos del conjunto de la población. Una mirada atenta del censo nos muestra el predominio de la familia nuclear conformada solo por padres e hijos, o uno de ellos.[26] Sobre una muestra de 463 familias (que corresponden a la ciudad, y a los

---

Historia de Catamarca. Tomo 2. Catamarca, Junta de Estudios Históricos de Catamarca, 1965: 23-95 (la cita corresponde a la p. 91).

[23] En los libros parroquiales hay partidas de bautismos y matrimonios correspondientes a los esclavos de don Esteban de Cubas, cuyos nombres coinciden con la de algunos criados.

[24] *Ibídem,* p. 31-35.

[25] *Ibídem,* p. 41-41.

[26] Debemos considerar que la estructura de una familia varía con el ciclo vital de sus integrantes. Un joven matrimonio constituye en sus primeros años una familia restringida (nuclear); luego al crecer el número de sus hijos o al mejora su situación económica incorpora personal de servicio libre o esclava, a algún agregado que hiciera las veces de aquel, también algún pariente soltero o la madre viuda de algunos de los cónyuges. Si uno de los hijos se casaba no era improbable que conviviera aunque sea por tiempo integrando

partidos de Polco, y Piedra Blanca), estas familias alcanzan un 61% del total; aquellas que comprendían además del núcleo básico a dependientes que podían ser esclavos, criados, domésticos o huérfanos, constituyen el 20%. Las familias ampliadas que abarcan matrimonio con ascendientes y descendientes representan el 15% y tan solo el 2% de estas tienen además dependientes (cuadro 2).

En el mismo cuadro se pueden observar los contrastes interregionales entre el ámbito urbano y los pueblos de las Chacras. A medida que nos alejamos de la ciudad, y si bien se mantiene la estructura nuclear en el conjunto de estas familias, se puede ver que aumenta el número de dependientes y hay una mayor presencia de familias ampliadas. En la jefatura de estas familias, predominan los varones, pero las mujeres tienen a su cargo una buena proporción de estos hogares (26%). Esto lo vemos en la ciudad, pero sobre todo cuando salimos de ella. En Polco y en Piedra Blanca las mujeres hispanocriollas (con o sin don) son jefas de hogar más de lo que podíamos imaginar. No así las mujeres mulatas y mestizas, que son muy pocas. Estos datos nos sugieren un carácter más estamental de las familias chacareras; situación que estaría en consonancia con la temprana colonización, y con el peso específico de la población "española", que alcanza aquí la mayor representación de toda la jurisdicción.[27]

CUADRO 2

ESTRUCTURA DE LAS FAMILIAS POR PARTIDOS				
Tipo familia	Ciudad	Polco*	P.Blanca*	Total
Nuclear	147	62	73	282
Nuclear con dependencia.	33	39	21	93
Solitarios con dependencia.	11	3	3	17
Ampliada	26	19	17	62
Ampliada c/ dependencia.	4	2	3	9
Total	221	125	117	463
El partido de Polco pertenece al departamento de Valle Viejo y el de P. Blanca al departamento de ese nombre				

Fuente. Censo de 1771(Acevedo: 1966: 23-95)

---

provisoriamente la familia troncal. Normalmente los hijos se iban estableciendo por su cuenta y con los años el matrimonio volvía a encontrarse sola o con la compañía de algún sirviente o eventualmente de algún nieto. Por lo tanto la calificación de la estructura de la familia debe entenderse como una visión estática en el momento del empadronamiento de cada familia que refleja en el conjunto el predominio de una forma –con el agregado de que los padrones solo incluyen a los miembros presentes en ese momento.

[27] En 1780 la proporción era la siguiente: 33,80% de españoles, 23,80 % de mestizos, 12,60% de indios libres y tributarios y el 23,80% de esclavos. (Gabriela DE LA ORDEN DE PERACCA, 1994:23).

CUADRO 3

| VARONES Y MUJERES JEFES DE FAMILIA | | | | | | | |
| Partidos | Españolas con don | | Españoles sin don | | Indias, mestizas, pardas | | Total |
	V	M	V	M	V	M	
Ciudad	39	15	113	39	6	9	221
Polco	34	13	60	15	3	-	125
Piedra Blanca	42	14	43	16	2-	-	117
Total	115	42	216	70	11	9	463

Fuente. Ibídem cuadro 2.

Treinta y dos años, el Censo de 1812, ya nos muestra algunos cambios. Aparecen más jefes de familia entre los indios, mulatos y mestizos (conforman familias labradoras). En Valle Viejo crece la población mestiza aunque no cambia la preponderancia étnica de las familias: españolas 32, indias-mestizas 17 y pardas 6. Los hijos son labradores, jornaleros y, en menor medida, peones. Cuando nos alejamos de esta zona, encontramos un buen número de familias mestizas, asimismo labradoras. En Miraflores, se observa una significativa presencia de familias pardas libres, todas labradoras con un promedio de 3,9 de hijos; éstas podían ser el resultado de recientes migraciones o del mestizaje de antiguos esclavos ahora convertidos en pardos libres. Veamos algunos ejemplos:

Gregorio Salas de 39 años, pardo libre, labrador, casado con Cruz Santillán, asimismo parda libre y labradora. Tienen ocho hijos. Los tres mayores de 17, 16 y 10 son labradores, y dos menores de 9 y 8 aparecen como sirvientes. Le siguen tres pequeños más de 7, 4 y de meses.

Nicolás Avellaneda, pardo libre, labrador, casado con Antonia Sosa, también labradora y parda libre. Tienen cinco hijos, de 16, 7, 4, 3 y de meses. Los dos mayores trabajan como sirvientes.

Fabián Gigena, pardo libre, labrador de 50 años, casado con Cándida Farías, l42 años, mestiza y labradora. Tienen tres hijos, de l5, 16 y 18 años, mestizos y sirvientes.28

También hay 14 familias españolas y mestizas, asimismo labradores. Estas suman 47 hijos (el promedio de hijos es igual que el de las familias pardas). ¿Esto significa que no hay diferencias entre estos dos grupos de familias? En una mirada global, podríamos pensar que no se distinguen: son familias labradoras, con un número alto de hijos. Ahora, si observamos atentamente a cada una de ellas, encontramos algunas variantes, relacionadas con el trabajo de los hijos. Entre las familias pardas prevalecen los niños y jóvenes que se desempeñan como domésticos. Por cada uno que trabaja como labrador,

---

[28] AGN. CENSO DE 1812, 10, 43-10-6. *División Nacional. Padrones de San Luis, Catamarca y Montevideo.* 1812-l814, Partido de Miraflores.

hay cerca de cinco que lo hacen en calidad de sirvientes. En tanto entre los mestizos, la proporción es al revés. Prevalecen los labradores y sólo encontramos cinco domésticos. ¿Qué nos dicen estos datos? Por lo menos dos conclusiones. La primera, que el status de los mestizos estaría por encima del de los pardos, si pensamos que éstos siguen siendo los proveedores de mano de obra doméstica entre las familias españolas. Estas últimas se caracterizan, a su vez, por tener hijos labradores (en ningún caso doméstico) con una inserción laboral más tardía que entre la de los mestizos. Esta verificación nos introduce en la segunda cuestión vinculada a la baja edad de los niños pardos trabajadores, sean estos sirvientes o labradores. Se observa que a partir de los nueve años, e incluso menos, ya se desempeñan en una u otra actividad. Esta inserción laboral es la más temprana entre los tres tipos de familias que encontramos.

Agricultura y ciclo económico

Se sabe que la agricultura de riego exige normalmente una gran cantidad de brazos, y en el Valle esta necesidad se agudizaba por la superposición de los ciclos productivos. ¿Cómo se obtenían los trabajadores asalariados en los meses de julio y agosto cuando en algunas estancias se preparaba la viña y se recogía el maíz, si en ese momento los agricultores de las Chacras recogían el algodón?

Una buena referencia de los ciclos económicos nos acerca Ariel de la Fuente vinculada a la hacienda jesuítica de La Toma.[29] Explica el autor que la primera actividad productiva de esta hacienda se desarrollaba en el mes de febrero. Durante un mes todo el personal trabajaba en la cosecha de higos y en la elaboración de las pasas. Luego, entre mediados de marzo y abril, se hacía la vendimia. Finalmente en mayo y junio se producía el vino y se limpiaban y componían las acequias. En estos últimos meses el trabajo en la hacienda era menos intenso que el del período febrero-abril, pero no era así para otros productores del valle que en mayo y junio sembraban el trigo. En julio comenzaba otra vez el trabajo intenso de La Toma. A comienzos de este mes se cosechaba el maíz y se realizaba la poda y otros trabajos de preparación de la viña que concluían a fines de agosto. En estos dos meses, también se intensificaba el trabajo en la región pues a principios de agosto se cosechaba el algodón y comenzaba a trillarse y ensacarse el trigo que había sido recogido en diciembre del año anterior. En septiembre y octubre el ritmo de trabajo disminuía nuevamente, pues se hacían sólo tareas de mantenimiento. La necesidad de brazos por parte de la hacienda y el valle volvía a crecer en los meses de noviembre y diciembre. En ese período se sembraba el maíz en la hacienda y se cosechaba el trigo en el valle. [30]

---

[29] Ariel DE LA FUENTE. "Aguardiente y trabajo en una hacienda catamarqueña colonial: La Toma, 1767-1790". *Anuario del IEHS*, III, Tandil, 1988: 91-121.
[30] *Ibídem*, pp. 111-112.

Esta descripción no es exhaustiva, porque, por ejemplo, no se sabe cómo se insertaba el ciclo ganadero en este variado calendario agrícola. Sin embargo, nos da una idea, no sólo de la estacionalidad de la demanda de brazos sino también de su amplitud. La superposición de los ciclos económicos, si bien generaba condiciones de trabajo, también aparejaba una marcada escasez de mano de obra en los meses álgidos de producción. El mes de agosto parece ser el que presenta mayores dificultades. Don Bartolomé de Castro en ocasión de levantar el censo eclesiástico en 1771, explicaba: "que siendo esta tierra de labranzas, y careciendo de comercio, no se puede vivir sin las duras tareas de la agricultura para la que, no teniendo agua bastante los ciudadanos, salen la jurisdicción a servir a los chacareros en los recojos de sus frutos para participar de ellos, y socorrer las urgentes necesidades que padecen".[31] Del informe se desprende la necesidad que había de mano de obra en ciertos meses del año; también que son los individuos de la ciudad los que se trasladan a la zona de las chacras a cubrir las necesidades de trabajo que allí se presentaban. El administrador de las temporalidades también explicaba, que el común de las propiedades "con uno o dos peones, máximo tres cosechan sus pazzones".[32] ¿Qué sucede en aquellos lugares más alejados o en las propiedades que superaban esta medianía, como es el caso de las haciendas jesuíticas? Páginas adelantes dimos ejemplos de grupos domésticos, más o menos numerosos, formados por padres, hijos, criados, indios y esclavos, que pensamos tendrían a su cargo la suma de tareas domésticas y productivas. Estas unidades sugieren un autoabastecimiento económico y material, y una mano de obra estable y permanente. La presencia de núcleos familiares entre los dependientes nos habla, asimismo, de sedentarización.

En las haciendas jesuíticas, y mientras estuvieron los Padres, la solución de la mano de obra llegó, principalmente, de los esclavos. Ariel de la Fuente, refiriéndose a La Toma, afirma que en el largo plazo la reproducción de los esclavos dentro de la hacienda era una buena inversión porque les permitía a los Padres lograr una independencia con el mercado. Completaba el trabajo en la hacienda la mano de obra libre que se contrataba sólo en determinadas épocas del año.[33] Tras la expulsión de la Orden y con la posterior venta de los esclavos, pasaron a ser los asalariados la principal fuerza de trabajo; pero estos peones no trabajaban todo el año, sino por temporadas. El resto del año, el establecimiento contaba sólo con el capataz y sus tres hijos. En 1785, la hacienda contrató a 18 trabajadores, de los cuales el periodo más largo de trabajo realizado por un peón fue de un mes y quince días, y el más corto de ocho días y a todos ellos se les pagaba en plata y en lienzo. De esta manera, la hacienda pasó a depender de los trabajadores libres con gran capacidad de negociación, lo que se reflejó en el

---

³¹ Edberto Oscar ACEVEDO, 1965:91.

³² AGN, IX, 22-4-2, expediente 3, ff. 4-5. Citado además por Ariel DE LA FUENTE, 1988: 100.

³³ Ariel DE LA FUENTE, 1988:112-118. El autor explica que mientras estuvieron los padres de la Compañía la mano de obra esclava tuvo una gran importancia. La hacienda tenía 21 esclavos que estaban tasados en 4.360 pesos y constituían el 32,3% del valor del establecimiento. De estos esclavos, 11 eran adultos y el resto eran niños de 3 a 9 años de edad.

nivel de los salarios y la forma de pago. Esto implicó la imposibilidad de contar con mano de obra permanente y le dio a la presencia de los trabajadores en la hacienda una estacionalidad más marcada.[34] Así describe esta situación el administrador de La Toma F. Xigena: "No teniendo criados la hazienda [...] se hase preciso conchavar peones que suplan este defecto, estos se consiguen con dificultades por causa de las muchas labranzas de este país, y cuando se hallan no hay dinero para pagarles..."[35]

A esta situación debemos agregarle la comprobación expuesta de las páginas anteriores, referida a la naturaleza familiar de los sectores subalternos; con ello el problema se agudizaba en cuanto las familias realizaban su propia producción.

Familia y ciclo económico

Si esto era así, ¿qué relación guarda la estacionalidad agrícola con los ciclos de la vida familiar, específicamente con los nacimientos ocurridos en la parroquia? José Mateo encuentra en el partido de Lobos, provincia de Buenos Aires, una clara vinculación entre ambos.[36] Al examinar las partidas de bautismos, el autor verifica que las concepciones se produjeron principalmente en los meses de primavera y verano, y que éstas son coincidentes con los ciclos económicos; además, con las prescripciones de la Iglesia, que ordenaba la abstinencia sexual para la cuaresma y el adviento.[37] Siguiendo el planteo, y a través del análisis de esta misma fuente para la región del Valle, observamos que el menor índice de nacimientos se da en el mes de mayo y el más alto en los meses de abril y julio; un poco más bajo que éstos, en agosto y septiembre. Esta información nos dice, con todas las prevenciones acerca de la exactitud de las fechas, que el mayor número de concepciones se da en los meses de julio y octubre y el menor en el mes de agosto. Esta verificación abarca a toda población, tanto a los españoles, como a las castas y naturales.[38]

Cuando relacionamos estos datos con los ciclos agrícolas podemos observar que el periodo de mayor concepción en julio coincide con el descanso que llegaba al Valle luego de la vendimia y la siembra del trigo. Esto se repite en el mes de octubre después de la cosecha del algodón y cuando se había trillado en ensacado el trigo. La caída de las concepciones en el mes de agosto se corresponde asimismo, con el

---

[34] DE LA FUENTE, 1988:116-117.

[35] AGN., IX, 22-4-3, exp. 35, f.13.

[36] José MATEO. "Bastardos y concubinas. La ilegitimidad conyugal y filial en la frontera pampeana bonaerense (Lobos 1810-1869)". *Boletín del Instituto de Historia Argentina y Americana Dr. Emilio Ravignani*, 3a. Serie, 1er semestre, Buenos Aires, 1996:26-27.

[37] Cuaresma: cuarenta días de abstinencia y ayuno que se extienden desde el miércoles de ceniza hasta el día anterior a la resurrección. El adviento corresponde a las cuatro semanas previas a la Navidad.

[38] Como las partidas corresponden a los bautismos y no a los nacimientos, las fechas se deducen de la declaración que hacen los padres. En algunos casos se declara la fecha del nacimiento.

momento de mayor trabajo en la región: cuando en algunas haciendas se preparaba la viña y se recogía el maíz, en otras se trillaba y ensacaba el trigo; pero sobre todo, los agricultores de las Chacras recogían el algodón.

CUADRO 4

NACIMIENTO POR MES, DIFERENCIADO POR GRUPO ETNICOS			
Mes de nacimiento	Españoles y Mestizos %	Castas y Naturales %	Total %
Enero	22 6,96	25 7,51	47 7,24
Febrero	27 8,54	29 8,71	56 8,63
Marzo	17 5,38	29 8,71	46 7,09
Abril	38 12,02	38 11,41	76 11,71
Mayo	14 4,43	23 6,91	37 5,70
Junio	25 7,91	28 8,41	53 8,17
Julio	44 13,92	34 10,21	78 12,02
Agosto	30 9,49	28 8,41	58 8,94
Septiembre	28 8,86	24 7,20	52 8,01
Octubre	29 9,17	19 5,70	48 7,39
Noviembre	21 6,66	28 8,41	49 7,55
Diciembre	21 6,66	28 8,41	49 7,55
Total	316 100,00	333 100,00	649 100,00

Fuente. A.C.C. Libro de Bautismos del Rectoral de Catamarca. Libro 1 y 2. (1776-1780).

GRÁFICO 1

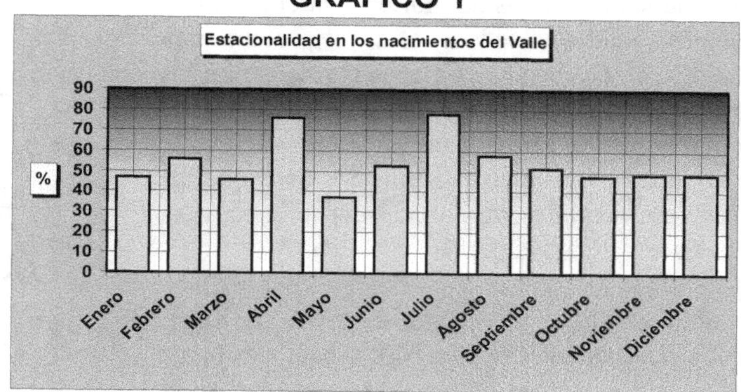

Fuente. Ibídem cuadro 4

Según Mateo, sobre esto último podría influir también la retracción de la libido en momentos de mucho esfuerzo físico por la cosecha.[39] En este caso, contrariamente a lo que advierte este autor para Lobos, la estacionalidad no respeta la abstinencia de la cuaresma y adviento. Sí, en cambio, los ciclos del algodón y de la vid, principales producciones del Valle.

---

[39] José MATEO, 1996:26-27.

Familia y crisis económicas

Halperín Donghi, cuando se refiere a la "crisis del algodón catamarqueño", afirma que ésta se produjo unos treinta años después que la del vino y el aguardiente. Señala el autor que las sucesivas crisis aparejaron para toda la jurisdicción una fuerte contracción económica y con ello la caída de la estructura comercial tradicional.[40] De la Fuente alude también a estas crisis, aunque concentra su atención en la del aguardiente, que se habría iniciado en la década 1770.[41] El estudio de la hacienda jesuítica de La Toma, uno de los principales establecimientos dedicados a esta producción, le permite al autor relacionar la caída de precios con las reformas borbónicas y el consecuente libre comercio. Este nuevo escenario provocó en el interior andino una reacción en cadena que terminó en la saturación de los mercados del noroeste.[42]

En las ventas realizadas en 1767-69 la arroba de uva se vendió a 12 pesos. En 1784 a 9 y en los tres años siguientes a 10 pesos. Apenas cinco años después era difícil vender la arroba a 6 pesos. Este descenso fue provocado por la competencia que comenzó a soportar el aguardiente del Valle en los mercados del noroeste. Fue en esos años que San Juan, principal proveedor de aguardiente del litoral y Buenos Aires, reorientó parte de sus envíos a los mercados que tradicionalmente habían dominado los productos de Catamarca y La Rioja. La búsqueda de nuevos mercados fue forzada por la competencia que se dio en Buenos Aires entre los productos de Cuyo y los aguardientes de España, que comenzaron a llegar después del Libre comercio borbónico[43] Un índice de la saturación de los mercados del norte lo da el hecho de que en 1786, a pesar de que el Valle soportó una plaga de langostas y se produjo muy poco aguardiente, su precio se mantuvo en 10 pesos como en años normales. En los años siguientes, cuando éste decayó, Gregorio Robín, arrendatario de La Toma, no pudo pagar el arrendamiento "por no haber habido forma para vender el aguardiente por la mucha que se ha introducido al valle...".[44] Fue en esos mismos años que los productos de San Juan enviados a Buenos Aires alcanzaron en valor monetario su punto más bajo según los datos que nos acerca Garavaglia.[45]

Es entonces cuando el precio del aguardiente descendió un 50%. La Toma, como era de esperar, sufrió esta tendencia descendente. Ya para 1770 la hacienda había dejado de ser próspera. En la década siguiente, el establecimiento pasó a ser un pésimo negocio. Este iba tan mal que Gregorio Robín, tras arrendarlo, no tardó en ver que "no le convenía" y lo entregó nuevamente a las Temporalidades en 1790.[46]

---

[40] Tulio HALPERÍN DONGHI. *Revolución y Guerra.* Buenos Aires, Siglo XXI, 1979: 68-69.
[41] DE LA FUENTE, 1988: 116-117.
[42] Juan Carlos GARAVAGLIA. "Economic growth and regional differentiation: the Rio de la Plata region at the end of the eighteenth century". En *Hispanic Aamerican Historical Review,* vol. 65, 1985, p. 63.
[43] GARAVAGLIA 1985: 68.
[44] Citado por Ariel DE LA FUENTE, 1988: 102. (AGN, IX, 22-4-4, exp. 17).
[45] GARAVAGLIA, 1985: 66 y gráfico 5.
[46] DE LA FUENTE, 1988: 104.

Pero no sólo el precio del aguardiente decayó, sino también el de los lienzos y algodón. A fines de la década de 1760 el algodón costaba 2 pesos/ arroba y el lienzo 4 reales/vara.[47] En 1790 el primero se vendió, luego de varios pregones, a 1 peso 4 reales y el segundo a 2 reales.[48] Es posible que la baja de precios de estos productos fuera producida por la llegada al puerto de Buenos Aires de las cotonías barcelonesas desde el Libre Comercio. La producción de toda la zona estaba fuertemente especializada en el cultivo del algodón y en la confección de las telas de lienzo, cuyo mercado se encontraba en Buenos Aires y en todo el interior.[49] Se exportaba más algodón que lienzos, lo que hacía que las ventas dependieran no sólo de la demanda de textiles, sino de que las otras regiones tejieran. La estabilidad de estas exportaciones estaba sujeta, entonces, a la continuidad del tejido doméstico artesanal para las telas de algodón. No obstante ello, todo parece indicar que la caída de los precios de fines del siglo XVIII no aparejaron el quebranto definitivo de la producción del algodón. Éste siguió siendo, con variantes, el principal rubro comercial, por lo menos hasta una década después. El diputado consular de Catamarca, en 1803 escribía a Buenos Aires: "a la abundancia del algodón, que se cosecha, y en calidad superior a todo el Reyno, desuerte que provee a las tres provincias de Salta, Córdoba y Buenos Aires, con este efecto y con del ají.". Menciona, además, la importancia que la industria del tejido tenía en toda la región. Así lo escribía: "El sexo femenino es bastante industrioso y aplicado a fabricar lienzo en todas las calidades, especialmente el ordinario, que surte a las tres Provincias, de suerte que no ay casa, ni rancho en todo su distrito que no tenga uno o dos telares, con su torno para ilar y otro para desmontar algodón..." [50]

En la década de 1800-1810 Silvia Palomeque encuentra que la exportación de algodón y de lienzos fue exitosa: la falta de los textiles europeos originó el déficit de los mismos en todo el espacio del Virreinato, lo cual implicó un mercado creciente para los lienzos y el algodón del Valle.[51] Dentro de las telas, las únicas que tenían relevancia en el mercado de Buenos Aires eran los lienzos de Catamarca, aunque su exportación estaba limitada por la competencia que le hacían aquellos de Cochabamba, que durante esta década saturaron el mercado. Serán los textiles cochabambinos los que suplirán principalmente la falta de los europeos y esta sustitución abarcaba tanto el puerto de Buenos Aires, como la zona del Litoral, (donde se redistribuían), y también, a los del interior.[52]

En correspondencia con esta información, otras fuentes nos indican que en 1809 se produce el golpe final a los lienzos y el algodón del Valle. En 1811, la Junta

---

[47] AGN. IX, 22-4-4, expediente 13.

[48] AGN, IX, 22-4-3, expediente. 20, f.23.

[49] Silvia PALOMEQUE. "La circulación mercantil en las provincias del Interior, 1800-1810". *Anuario del IHES,* IV, Tandil, 1989:130-208.

[50] AGN, IX, 4-6-7. Consulado. Informe del Diputado del Consulado de Catamarca don Francisco de Acuña, 1803.

[51] PALOMEQUE, 1989: 183-184.

[52] *Ibídem,* 189.

Subalterna del Gobierno de Catamarca daba cuenta del impacto que estaba provocando el comercio británico en el renglón del algodón y del lienzo, los dos productos de mayor importancia, pues todos los otros "eran de tan corto alcance, que apenas sufragarían para contentar a los hijos con el pan del día".[53] La situación debió ser apremiante para los habitantes del valle, porque una y otra vez se repiten las instancias para establecer el cultivo del tabaco, monopolizado hasta entonces por la jurisdicción de Salta. El clamor del vecindario continuó durante varios años, a raíz de la negativa de las autoridades salteñas, resueltamente en contra de tales franquicias; al punto de ordenar en enero de 1812 extinguir los plantíos realizados en Catamarca. Las críticas a esta medida no se hicieron esperar, pero aún debieron pasar dos años para lograr su objetivo.[54]

Pero ¿cuáles fueron los alcances de esas sucesivas crisis en el comercio catamarqueño? Desde el punto de vista económico, el Valle sufrirá una disminución en su participación en la masa decimal del Tucumán entre 1775 y 1803. También es cierto que paradójicamente en forma absoluta la recaudación del diezmo aumentaba. En el periodo 1778-1792, cuando los precios del algodón y el aguardiente estaban bajando, se recaudaron 1.000 pesos más que en el período 1775-1803.[55]¿Acaso los productores respondieron al descenso de precios con más producción de aguardiente y algodón? Ariel de la Fuente cree que esto no fue posible por varias razones. En primer lugar, la agricultura viñatera tenía limitaciones para aumentar la producción, porque desde el momento en que se plantaba la cepa hasta que ésta daba los frutos necesarios para la fabricación del vino, pasaban de tres a cinco años. Las otras limitaciones tenían que ver con la producción también del algodón. Ambas se veían afectados por los costos de la mano de obra y por los límites que imponía la escasez de agua a la extensión de los cultivos. ¿Cómo se explica entonces el aumento en la recaudación del diezmo en un momento en que los precios estaban descendiendo? Para contestar a este interrogante, primero, debemos entender qué representaba el diezmo en esta jurisdicción. En ese sentido llama la atención el conjunto de productos diezmables. Por ejemplo, entre los productos diezmables del Colegio jesuítico participaban las terneras, las mulas, los potros y potrancas, los corderos y cabritos, el algodón, el ají, el maíz, el trigo, el vino, las pasas. Como se sabe cuánto había producido cada componente del diezmo, se puede hacer un cálculo aproximado del peso relativo en valor monetario que tenía cada uno (decimos aproximado pues los precios que utilizamos son los de 1767-69). Para entonces, el valor total de los productos que pagaban diezmo fue de 3.387 pesos. El algodón y el vino aportaron el 37% de esa suma. Este ejemplo sugiere que la participación en el diezmo del algodón, vino y aguardiente era menor que la del conjunto de las otras mercancías.[56] Por lo tanto, la existencia de una gran variedad de

---

[53] Ricardo CAILLET BOIS. "Catamarca desde 1810 a 1814". *Primer Congreso de Historia de Catamarca.* Tomo 1, Catamarca, Junta de Estudios Históricos de Catamarca, 1960:147-151.

[54] *Ibídem,* p. 149.

[55] GARAVAGLIA, 1985: 61- 63 y gráfico 3, p. 62.

[56] AGN, IX, 22-4-2, expediente 2. Citado por Ariel DE LA FUENTE, 1988:104.

productos que pagan diezmo nos permite comprender (siguiendo el planteo de Ariel de la Fuente) el crecimiento en términos absolutos de la masa decimal de Catamarca a fines del siglo XVIII. Pero este ejemplo también nos confirma que el algodón y los derivados de la viña tuvieron un papel central en el atraso relativo de la jurisdicción en su participación en la masa decimal del Tucumán de ese periodo.[57]

Por último, ¿qué consecuencias van a aparejar estas sucesivas crisis en el interior de la familia vallista? La consulta de las partidas de bautismos correspondientes a la década de la revolución nos señala un aumento de la ilegitimidad del 29% al 39%. [58] El censo de 1812 nos muestra una leve caída en la tasa de masculinidad que disminuye respecto a 1778 del 83 al 81%. Se puede pensar a través del análisis de estas fuentes, que algunos cambios se habían producido en el interior de las familias, situación que habría de profundizare en la década de la revolución.

Comentarios finales

La mayor parte de la población del Valle depende de las condiciones comparativamente favorables que esta unidad natural ofrece a la actividad humana. Un conjunto de chacras y huertos de labranzas, cercanos unos de otros, destinados a la producción y comercialización del maíz, trigo, pasas, ajíes, porotos, pero principalmente de los derivados del algodón y de la vid como son los lienzos y el aguardiente, abastecen no sólo el mercado urbano, sino también el de las jurisdicciones vecinas. Particularmente significativa resulta en el conjunto la micro región de Las Chacras, situada en la margen izquierda del río del Valle (abarca los actuales departamentos de Valle Viejo y de Piedra Blanca), que con abundante riego y una tierra apta para todo tipo de cultivos, se convirtió en una zona intensamente productiva, que le valió la denominación del bolsón agrícola del Tucumán. Como consecuencia de un temprano y efectivo poblamiento, disputaría luego con la ciudad el predominio, el comercio e incluso la jerarquía y la gravitación política.

Debido a las características mencionadas, no nos resulta extraño verificar que en esta zona se encuentran ubicados la mayor cantidad de labradores de toda la jurisdicción; asimismo, que predominan los pequeños y medianos labradores, que están y trabajan la tierra, cuentan con algo de mano de obra y/o pueden poseer esclavos. En su mayoría éstos son criollos y mestizos, aunque también encontramos hispanocriollos principales, mulatos, pardos e indios. Siguiendo a Jorge Gelman, podemos pensar que son autosuficientes en el sentido de que el producto de su trabajo les es suficiente para

---

[57] ARIEL DE LA FUENTE, 1988: 103-4.
[58] En las partidas correspondientes al quinquenio 1776-1780 son ilegítimos el 29% y en el de 1806-1810 el 39% (un total de 1633 partidas de Bautismos).

subsistir y es probable que obtengan algún nivel de acumulación.[59] Estos labradores/ agricultores/, chacareros, cuyo trabajo es familiar, eventualmente contratan mano de obra en momentos estacionales de gran trabajo, como es el caso frecuente de la cosecha del algodón. En las propiedades que superaban la medianía son los esclavos el sustento fundamental, aunque ciertamente no el único de la agricultura vallista. El cuadro se completa con domésticos libres (los más de ellos mulatos libres e indios), probablemente adscriptos a las haciendas en condición similar a las de los esclavos. También están los peones y jornaleros (mestizos, pardos e indios) que completan sus ingresos con el conchabo temporario del jefe de familia o eventualmente de algún hijo en las chacras y estancias de la zona. Pensamos en los peones y jornaleros de la ciudad que cubren las necesidades de mano de obra de las Chacras, como también, en las familias mulatas labradoras de Miraflores, cuyos hijos trabajan como domésticos entre las familias hispanocriollas. Es decir, que la mano de obra para las unidades agrícolas del Valle se reclutaban en las cuatro últimas categorías, según lo hemos verificado en esta investigación; también lo ha demostrado Ariel de La Fuente en el caso concreto de la hacienda Jesuítica de La Toma, donde halla esclavos permanentes, domésticos libres, peones conchabados y jornaleros que satisfacen la demanda del trabajo estacional.

Hemos comprobado, asimismo, la incidencia de la estacionalidad productiva en el interior de la familia vallista. Observamos así que la estacionalidad de las concepciones coincide principalmente con los ciclos de la vid y del algodón: de tal manera que éstas aumentan en julio y en octubre con el descanso que llegaba después de la vendimia y de la cosecha del algodón. La caída de las mismas en el mes de agosto se corresponde con el momento de mayor trabajo en la región: en algunas estancias se preparaba la viña y se recogía el maíz, en otras se trillaba y se ensacaba el trigo y los agricultores de Las Chacras recogían el algodón. Esta dinámica, que en la práctica implicaba el desplazamiento de los varones de un lugar a otro, no creemos (esto es sólo una hipótesis) que haya separado a las familias por largas temporadas, a juzgar por la fluidez en la ciudad y su *hinterland* agrario que nos sugieren las fuentes. Se advierte además que la escasez de mano de obra se agudizaba en el Valle debido, no sólo a la superposición de los ciclos productivos, sino también, a las características demográficas (y sociales) de la población. A la escasez de indios que pudieran ser movilizados compulsivamente según Ariel de la Fuente (en 1778 tenían el porcentaje más bajo de toda la región del Tucumán, lo cual hacía de los esclavos una mano de obra indispensable), se le suma nuestra comprobación acerca de la naturaleza familiar de los sectores subalternos. La propia producción familiar sumada a lo anteriormente mencionado, hacía difícil conseguir mano de obra en momentos álgidos del año.

---

[59] Jorge GELMAN. "Familias y relaciones de producción en la campaña rioplatense colonial. Algunas consideraciones desde la Banda Oriental", en Juan Carlos GARAVAGLIA y José Luis MORENO (comp.). *Población, sociedad, familia y migraciones en el espacio rioplatense. Siglos XVIII y XIX*. Buenos Aires, editorial Cántaro, 1993: 76-103 (la cita corresponde a la p. 83-84).

Otra constatación tiene que ver con el predominio de la familia nuclear en el conjunto de la población, incluso entre los afromestizos e indios. La mayoría de las familias del valle corresponden a familias conformadas sólo por padres e hijos. Son pocas las familias ampliadas y no parecen ser muy frecuentes los parientes como miembros secundarios de la unidad familiar. Sí lo eran en cambio los no allegados y dependientes de distinta clase (el 26% de las familias cuentan con esclavos, sirvientes o agregados). A medida que nos alejamos del ámbito urbano notamos que aumenta el tamaño de la unidad doméstica y adquieren los dependientes una mayor representación. Se observa además en la ciudad un cuadro étnico más diferenciado entre los jefes de familia. En las poblaciones de las Chacras, como Valle Viejo y Piedra Blanca, se agranda el tamaño de la unidad familiar, aumenta el numero de dependientes, y sobresalen los jefes y jefas españolas, siendo muy pocos los mulatos e indios en esa situación. Esta constatación nos sugiere un carácter más estamental de las familias chacareras, que nos remite al temprano poblamiento de la zona, y a una vinculación con las genealogías colonizadoras. Asimismo, a la mayor presencia de población española de toda la jurisdicción, sean estos peninsulares, criollos o mestizos hispanizados.

La comprobación de que todos estos sectores forman familias, sean labradores, peones o jornaleros, reflejaría un grado de estabilidad de la sociedad y de la economía regional que por lo visto no ha logrado turbar el rápido crecimiento demográfico experimentado. La naturaleza familiar de esta economía agraria (y ésta es una de nuestras conclusiones), es la que acaso facilite o aun estimule la formación de familias en los sectores socialmente subalternos que enfrentaban serios problemas para acceder a una vida familiar en otras regiones del virreinato, como es el caso de la campaña bonaerense.

Queda demostrado, además, que las reformas borbónicas se hicieron sentir en el conjunto de la economía regional. Provocaron la saturación de los mercados del aguardiente y del algodón y generaron una crisis en la economía catamarqueña. De la Fuente afirma que en esta coyuntura el Valle tuvo restricciones debido a los límites que imponía el agua para la extensión de los cultivos, y a los problemas inherentes a la falta de mano de obra. Lo cierto es que entre las consecuencias que depararon las mismas se observa en primer lugar, la disminución en la participación de la masa decimal del Tucumán entre 1775 y 1803. Con lo cual, según Halperín Donghi, sucumbirá la estructura comercial tradicional, desapareciendo tras ello el viejo sector hegemónico. La crisis, según el autor, no abrió paso a nuevos propietarios de la tierra (como fue el caso de Salta y Tucumán) debido a la considerable fragmentación territorial que se había operado en los principales valles de la jurisdicción. Quizás, lo más relevante de la nueva situación fue el retroceso paulatino del cultivo del algodón durante más de un siglo. El Gobernador Ruzo escribe a mediados del siglo XIX con referencia a este cultivo en Piedra Blanca. "En el estado de abandono a que están reducidos los algodoneros por el abatimiento casi total del noble fruto industrial del Valle de Catamarca, produce aun de 7 a 8mil arrobas calculadas por una tercera parte de lo que se cosechaba cuando tenia al menos una venta cierta. La calidad de este fruto fue examinada y comparada en el año 1825 por una sociedad inglesa y la clasificó por la mejor del orbe".[60] Unas décadas después, el censo de 1914 muestra que tan solo 4 hectáreas son las sembradas, las que pueden considerarse apenas como una muestra. Sin embargo, el ciclo del algodón no estaba cerrado, pues se registró una acentuada renovación del cultivo durante la segunda mitad del siglo XX.

Hemos comprobado, por último, que estas crisis repercutieron en el interior de las familias, las cuales se manifestaron en un aumento de la ilegitimidad en la última década de la colonia. Las partidas de bautismos nos señalan que los nacimientos ilegítimos aumentaron en estas décadas. También el censo de 1812 nos presenta una disminución de la tasa de masculinidad, sobre todo en las edades comprendidas entre 15 y 45 años. Estos datos nos sugieren una mayor inestabilidad probablemente debido a la ausencia de varones adultos de sus hogares, a lo que se le suma el nuevo escenario político con la guerra de la Independencia y las posteriores guerras civiles que van a incidir aun más en la conformación de los hogares catamarqueños. La situación indica que había comenzado un proceso que lejos de revertirse continuaría acentuándose en las décadas siguientes, derivado del éxodo permanente de los varones hacia otros lugares, según nos muestran los censos del siglo XIX.

Pareciera que hay un punto de articulación entre la decadencia económica que sobrevive a las sucesivas crisis comerciales, el nuevo escenario de la guerra de la Independencia, y la consecuente tendencia a emigrar por parte de la población masculina adulta. Todo ello, habría debilitado el tipo de familia vallista que veníamos observando, la que advertíamos con una relativa estabilidad, y quizás modesta prosperidad.

---

[60] Benedicto RUZO. "Descripción Física y política de la provincia de Catamarca con nociones y datos estadísticos particulares en cuanto comprenden los dos términos". *Revista Paraná,* año I, p.96-98. También citado por ARDISSONE, 1941:277.

IX

A MODO DE CONCLUSIÓN

Los procesos de territorialización y poblamiento del Valle de Catamarca, asociados a condiciones socioeconómicas y políticas y a la diversidad de componentes naturales y culturales contribuyeron a definir una sociedad regional con características propias. Se ha verificado a lo largo de este libro y de cada uno de los capítulos la singularidad y especificidad del Valle de Catamarca, vinculada al peso específico de la población hispanocriolla, india y negra, como a las modalidades del poblamiento/despoblamiento, en los tiempos de la colonización. Asimismo a la producción, comercio, densidad poblacional y fragmentación de la tierra. Hemos constatado, asimismo, una gran diversidad intrarregional: caso concreto de Miraflores, Valle Viejo, Polco, y Piedra Blanca, que exhiben sus propios rasgos...

La mayor parte de la población se encontraba agrupada en caseríos y pueblos dedicados a la labranza de chacras y estancias o distribuidos en la traza de la ciudad, en la cual desempeñaron una variedad de ocupaciones. La presencia del agua proveniente de su río principal (que le da el nombre a la región) conformó un desenvolvimiento económico y productivo, representado en gran medida por el cultivo de frutales, cereales y hortalizas y un medio de vida vinculado a la agricultura. Un promedio de pequeñas y medianas propiedades y la producción principalmente del algodón (tejidos y lienzos), contribuyeron a perfilar un tipo de familia vallista que se nos presentan a lo largo de la investigación con una relativa "estabilidad" y quizás modesta "prosperidad". Esta prosperidad parece comenzar a declinar en los últimos tiempos coloniales dando lugar a un proceso, que lejos de revertirse continuará acentuándose en las décadas siguientes. Se debía ello a las sucesivas crisis económicas, (primero de la vid y luego del algodón) y a largos años de guerras que incidirán en la conformación de los hogares catamarqueños. Una de las consecuencias será el éxodo continuo de los varones hacia otros lugares, según nos muestran los censos del siglo XIX.

Otra especificidad, reiteradamente mencionada, es la presencia gravitante de la población "negra" en el tejido social. Esta preeminencia, que la diferencia de las otras parroquias catamarqueñas, si bien declina en los umbrales de la independencia, mantiene una vasta representación y visibilidad durante la segunda mitad del siglo XVIII. Precisamente, esta situación la distingue de las ciudades que integraban el Tucumán colonial, donde las fuentes censales muestran una notable "declinación". Una baja proporción de indígenas en todo el Valle central (ubicados sobre todo en el oeste catamarqueño), un desarrollo agrícola intensivo, sumado a la superposición de los ciclos productivos, a salarios altos entre la población libre con un alto poder negociador y a una gran demanda de trabajadores durante algunos meses del año, explicarían la presencia gravitante de población esclava en esta zona central de Catamarca. Todo parece indicar que en las zonas de regadío este patrón se repite, debido a los requerimientos de una producción que necesita mano de obra claramente disponible.[1]

Muy probablemente, además, la visibilidad de esta población en los registros estadísticos de fines de la colonia se debe al "color" de la población. Si trasladamos la constatación que realizan M.Goldberg y S. Mallo en la campaña bonaerense, se puede inferir que en las zonas de colonización más antigua la mayoría de la población es mulata- parda y, a la inversa, son negros en las poblaciones más recientes.[2] El correlato en la jurisdicción de Catamarca está relacionado con un poblamiento que se acrecienta notablemente durante las últimas décadas coloniales y el sector de los negros y mulatos prevalece todavía sobre el resto de la población de color. Contrasta esta situación, nuevamente, con las ciudades vecinas donde esta población proviene de un tráfico más antiguo y probablemente de más décadas de mestizajes e hibridación. En el censo de 1812 de Catamarca ya nos encontramos con un panorama más cercano al de estas ciudades, como consecuencia de una exogamia determinante en el conjunto de los grupos afromestizos.

Se constata aquí un extendido mestizaje que atraviesa transversalmente el conjunto de la sociedad y que opera en varias direcciones. En este proceso se ponen en contacto individuos pertenecientes a categorías étnicas diferentes, cuyo vínculo los hace corresponder a un ámbito social determinado, aún cuando la relación implique desigualdad. El mestizaje no significa necesariamente relaciones armoniosas ni tampoco borra la jerarquía y los prejuicios sociales que tienen lugar en una sociedad y en un momento dado. En el caso de las mujeres negras, la localización permanente de éstas en domicilios estables dieron lugar a intercambios sexuales, que aún siendo casuales, condujeran a la *mulatización* y al *blanqueamiento* de una parte de las poblaciones que vivían en relaciones dependientes del mundo español. Las uniones entre hispanocriollos y negras se reprodujeron precisamente porque como esclavas estaban

---

[1] También es el caso de Mendoza y San Juan, donde la esclavitud es importante en los cultivos de riego.

[2] "La población africana en Buenos Aires y su campaña. Formas de vida y subsistencia (1750-1850)." Temas de África y Asia. Sección de Estudios de Asia y África. Universidad de Buenos Aires, 1810-1840. De*sarrollo Económico,* 16, 1976: 75-99 .

a disposición permanente de sus amos o de los hijos y parientes de estos y hasta de los mismos mestizos que convivían en el mismo contexto social.

A su vez, los intercambios entre negros, mulatos e indios, que también fueron frecuentes desde los tiempos tempranos, (no obstante los zambos y cholos suman un número reducido en todos los censos de la jurisdicción: en 1812 sólo hay 6 zambos y 76 cholos y ninguno se ubica en el Valle) resultaron en una extendida *indianización* y *mestización.*[3] Generalmente los hijos de tales uniones serán incorporados a la red social de uno de los padres. La tendencia indica que los niños de madre india y padre mulato fueron anotados generalmente como indios y en la medida que estas uniones eran habituales, también lo fue, la incorporación de los descendientes de africanos dentro del mundo indígena. De modo que el proceso de mestizaje se da entre hispano-criollos que en función de amos de esclavos elegían a su albedrío mujeres negras o mulatas convirtiéndolas en concubinas. De mestizos que se amancebaban con mulatas libres e indias y que constituyeron uniones plurales. De negros y mulatos que se unieron con indígenas en condiciones diversas, esto es como esclavos y como libres. De productos mestizos que se intercambiaban sexualmente entre sí. Los hijos de estas uniones fueron más que los registrados por la Iglesia, pues el carácter circunstancial de muchas de estas uniones suponía la falta de reconocimiento legal de estos intercambios. El análisis de las fuentes nos indica que si bien el matrimonio fue un sacramento de la Iglesia y la institución en que se basó la respetabilidad social, las uniones libres fueron frecuentes y, obviamente, el resultado de las relaciones sexuales, establecidas a despecho de los cánones religiosos y morales. La Iglesia trató de imponer los dictados de Trento pero los resultados fueron exiguos a juzgar por los datos con los que trabajamos. Los vallistas, devotos y profanos, no siempre adoptaron los reglamentos de la Iglesia respecto al matrimonio. Grandes extensiones que separaban a unos pueblos de otros, pocos sacerdotes, y la falta de una política coherente por parte de la Iglesia en los aspectos que normatizaban el matrimonio y la sexualidad, conspiraron contra ello. El resultado será una diversidad de prácticas familiares y sexuales, consecuencia, asimismo, de la propia organización social y de la heterogeneidad étnico-cultural.

Una primera conclusión, entonces, tiene que ver con las transformaciones socio/étnicas/raciales que se dan en el conjunto de la población en los umbrales de la independencia. Los cambios sociales (relativos al status, a la condición y al color) son propios de una sociedad que se expandía por obra del crecimiento vegetativo, de las migraciones y de la forzosa incorporación de grupos artificialmente marginados pero indispensables para la subsistencia del conjunto social. El crecimiento de los sectores mixtos (las denominadas *castas*) a los que se agregaron sucesivamente sus hijos y nietos y los nacidos de nuevas uniones cruzadas constituyen uno de los cambios más importantes de esta sociedad finisecular.

---

[3] Sobre un total de 3550 negros, mulatos y pardos.

Entre los hispanocriollos se dieron nuevas migraciones de europeos, que llegaron en la segunda mitad del siglo XVIII, en gran parte dedicados al comercio y a las funciones de la burocracia estatal y se entroncaron al poco andar con las familias descendientes de los primeros colonizadores, con lo cual lograron una movilidad ascendente y descendente en el interior del grupo. Junto a estos denominados "nobles" estaban los "reputados por españoles", probablemente el sector más heterogéneo y poco conocido, que incluía a hispanocriollos de menores recursos, a mestizos y ocasionalmente a alguien proveniente de las castas, con status diferencial. Son los comúnmente llamados "criollos", que desempeñaron tareas afines con los mestizos, se casaron con éstos, y produjeron, así, un mestizaje difícil de medir en términos cuantitativos, pero que surge del conjunto de las fuentes. Esta situación explica el reducido número de mestizos que encontramos en los censos, dado que mantendrían una estrecha relación con los hispanos e indios (es el grupo de menor identificación étnica). Otro tanto sucede entre los indios, dedicados sobre todo al trabajo de la tierra, en los que también registramos cambios importantes, como consecuencia del desmembramiento de las encomiendas, de las migraciones de los pueblos a la ciudad o a las estancias de los españoles y a un generalizado mestizaje con mulatos y mestizos. De los diecisiete pueblos de indios que nos habla Larrouy para el Valle de Catamarca, sólo quedan tres y una encomienda, a finales de la colonia (según el último padrón indígena de principios del XIX). Entre la población "negra" las transformaciones están relacionadas con el status jurídico y sobre todo con la des-negrización e hibridación de los descendientes de esclavos. Los mulatos y pardos son mayoría, los libres duplican a los esclavos, y los criollos a los africanos. Es debido al mestizaje y a la movilidad que se da en el interior de estos grupos que a finales de la colonia se había desdibujado el perfil étnico de la población del Valle, respecto a sus tres núcleos troncales ("español", "negro", "indio"). La población (con gran variación fenotípica) está compuesta, ahora, por un vasto sector de hispanocriollos que no podían gozar de los privilegios de su condición, de indios en gran medida libres de obligaciones corporativas y de mulatos/pardos libres que habían sido esclavos, pero que habían dejado de serlo.

La segunda conclusión está vinculada a la variabilidad de las clasificaciones e identidades sociales. Concretamente, *blanqueamiento, mestización, mulatización e indianización* de la población negra, confluyó, a su vez, en la *declinación, invisibilización* y/o *desaparición* de la misma durante el siglo XIX. Si bien consideramos que la des-negrización de la población es el resultado de varios procesos simultáneos, sostenidos desde diferentes lugares, remarcamos aquí el peso del mestizaje en las ambigüedades clasificatorias (por no decir el traslado estadístico de unas categorías a otras que reflejan, además, las limitaciones del régimen censal colonial, más que una realidad certera de las poblaciones marginales al sistema borbónico). Sucede que ante tanta "mezcla" los marcadores raciales, como el fenotipo, resultaron ser un indicio muy poco fiable de la ascendencia genealógica y la identidad social de una persona. Es cierto, también, que el valor relativo de las taxonomías clasificatorias no fue solamente el producto del creciente mestizaje y de la consecuente reducción de las distancias relativas entre grupos étnicos producidos por tres siglos de intercambios. Las identidades sociales se desarrollaron gradualmente y variaron según las circunstancias sociodemográficas y en torno a afiliaciones individuales y colectivas muy diversas. Estas identidades ocupan espacios de resistencia e intersticiales, nunca exclusivos de una lógica determinada, donde se formulan visiones alternativas a las autoridades que pesan sobre ellas (recordemos a Stuart Hall cuando sostiene que las diferencias se reposicionan continuamente con relación a diferentes puntos de referencia).[4]

Este proceso de hibridación (que se manifiesta en la interculturalidad, en la intersección y las transacciones entre culturas de distintos orígenes, naciones, etnias y se caracteriza por la heterogeneidad y la discontinuidad) queda expuesto en una extendida *criollización y ladinización*. Criollo significaba "español nacido en América", aunque también integra una categoría ampliada del mestizaje; los mestizos de indios, españoles y negros, por sucesivas decantaciones purificadoras de mezclas se convierten en criollos. Y a estos se les atribuyen todos los vicios que engendran el conocimiento y la habilidad. En el caso de los negros/mulatos, criollo se superpone con ladino y se contraponen a bozal. Dice el dicho: "de bozal salen santos". Recordemos a los esclavos de la familia Villafañe que describimos en el capítulo anterior. Estos poseían un status de *cuasi criados;* conocedores de la chacra, los trabajos y la Iglesia, los esclavos *ladinos* tenían, según el "patrono", una serie de vicios: eran *pleiteros* y *atrevidos*. Por esta razón decide venderlos para comprar en Salta esclavos *bozales*, sin lengua castellana, ni doctrina, capaces de realizar trabajos con "un mayor grado de disciplina". Ladino, es también el negro que se expresa en lengua castellana (lo mismo que el indio, lo cual nos remite a personas bilingües, mediadores culturales). En el Tucumán colonial, frente a la variedad de lenguas y dialectos locales, el quechua se convirtió en la lengua mediadora por eso los españoles llamaron ladinos también a los indios que tenían como lengua al quechua.[5] Con el tiempo la palabra ladino fue incorporando nuevos significados, referido a la capacidad y habilidad para vivir en dos mundos, con sus consecuentes "vicios", tal cómo surge del ejemplo mencionado. La superposición de criollo, ladino y negro, que encontramos en este ejemplo (lo mismo que criollo, indio, mestizo, ladino) se repite una y otra vez en los documentos coloniales y está presente todavía en la Argentina del siglo XX. Los llamados "cabecitas negras", eran o son probablemente los mestizos de distintos pueblos del interior.

Carmen Bernand se pregunta y nosotros con ella, acerca de las significaciones atribuidas a estos *status híbridos* en el conjunto de la sociedad de castas.[6] De manera

---

[4] Stuart HALL. "Introduction: who needs identity?", en S. HALL y P.de. GAY (eds.).*Questions of cultural identity.*Sage, Londres, 1996.

[5] Estela NOLI: "Indios ladinos del Tucumán colonial. Los carpinteros de Marapa", en *Andes*, Universidad de Salta, 12, 2001: 139/171 (la cita en la p-140).

[6] Carmen BERNAND. "Los híbridos en Hispanoamérica. Un enfoque antropológico de un proceso histórico", en Guillaume BOCCARA y Silvia GALINDO (edit.). *Lógica Mestiza en América*. Instituto de Estudios Indígenas. Universidad de la Frontera. Temuco, Chile, 2000: 61-83 (la cita corresponde a la pp.73-74.

similar a la autora, encontramos que en nuestra área, también, adquieren una serie connotaciones simbólicas y normativas que conllevan ilegitimidad, vicio, lujuria, lo cual queda reflejado en el vocabulario colonial. La alteridad del híbrido reside en la ambigüedad de la filiación. También de la ilegitimidad. La bastardía, agrega Bernand se origina en el adulterio o en otros ilícitos y punibles ayuntamientos como describía Solórzano: "pocos españoles de honra hay que se casen con indias o negras, el cual defecto de los natales les hace infames (…) sobre él cae la mancha del color *vario* y otros *vicios* que suelen ser como naturales y mamados de la leche".[7] Esta noción, que tiene cierta continuidad temporal en las representaciones acerca de lo negro y del híbrido, se refuerza a finales de la colonia con el renovado ímpetu de la *Limpieza de sangre*. En un época en que los grupos mezclados se multiplicaban y crecían las aspiraciones socioeconómicas, se intensificó la obsesión con el matrimonio, el nacimiento legítimo y la exclusión social –reflejado en la preocupación por la pureza de sangre y un puritanismo mucho más estricto como forma de afianzamiento del poder.

Precisamente, esta última mención nos introduce en el ámbito de las prácticas y representaciones familiares, y con ello en el enunciado de nuestra tercera conclusión. El giro secularizante de la monarquía de los Borbones y la pérdida de jurisdicción del poder de la iglesia en los asuntos de familia, se sumarán a la intensa transformación social producida en el Tucumán por el intenso mestizaje y a la coyuntura de fragmentación del antiguo Obispado (que se divide en dos: Córdoba y Salta, pasando a depender Catamarca de ésta última). Nos encontraremos así con religiosos muy preocupados por jerarquizar la tarea de control que realiza la Iglesia, en una relación más estrecha y de fuero común con el poder civil en el marco de las normativas lanzadas desde la Corona.[8] Como consecuencia de estos cambios, observamos, una transferencia de los asuntos privados hacia esferas más públicas (a modo de ejemplo recordemos el caso de don Feliciano de la Mota Botello y el escándalo denunciado por el cura Vicario de la iglesia Matriz; éste lo acusa de vivir amancebado con dos de sus esclavas en su propia casa, lo cual originó la intervención de la Real Audiencia de Buenos Aires). Asimismo, advertimos, y esto es quizás lo que nos interese resaltar, un mayor control social hacia los varones y mujeres de las clases subalternas. La documentación eclesiástica insiste permanentemente en la imposibilidad de rastrear antepasados y la inseguridad de la legitimidad de la prole; ambos hechos contribuyeron a definirlos como naturales, siendo justamente el sentido del término "natural" que se le dio genéricamente al grupo de indios, negros y castas.[9]

Nuestra cuarta conclusión está referida a la ideología de *Limpieza de sangre* y al papel constitutivo (en tanto código teológico-moral de género) que desempeñó

---

[7] Juan SOLÓRZANO PEREYRA. *Política Indiana.* Madrid, BAE, 1972.

[8] Isabel ZACCA."Una aproximación al estudio de la sociedad colonial. El caso de la construcción de identidades sociales en Salta a fines del siglo XVIII", en Ricardo CICERCHIA (comp.). *Formas familiares, procesos históricos y cambio social en América Latina,* Ecuador, Biblioteca Abya Yala, 1998:60/79 (la cita corresponde a la p.65).

[9] *Ibídem.*

en las relaciones de poder entre los hispanos criollos y las mujeres negras e indias, afectando de modo decisivo la reproducción colonial.[10] Por lo general se trata de un hombre blanco -o más bien claro- que tiene relaciones sexuales con una mujer indígena o negra. El varón tiene la posibilidad de mixturarse sin poner en peligro su status social ni su vida doméstica; en tanto la mujer que se mezcla en estas relaciones corre el riesgo de verse desprestigiada, y de perder el honor. En el caso de las negras/mulatas la convivencia y cercanía forzosa con los amos, dio origen al mito de la sensualidad negra, pero, también, al estereotipo de libertinas, carentes de moral y de honra, tal cual lo leímos en el informe eclesiástico (observamos que el discurso religioso no escapa al estereotipo sexualizado y racializado colonial). Estos estereotipos cumplen la función de inclusión y reconocimiento cuando las mujeres negras participan de los intercambios sexuales con ciertas ventajas ligadas a su capital corporal (mejor trato, comida, en algún caso libertad de ellas o de los hijos). Pero esta situación, indefectiblemente, les produce exclusión porque la valoración como sujetos predominantemente sexuales se convierte en una limitante para vinculaciones más favorables o respetables en otras esferas sociales.[11]Recordemos que el mestizaje tiene una dimensión de género que muchas veces son relaciones de dominio y de poder patriarcal.

La sociedad colonial finisecular lejos de transformarse en un orden social jerárquico cerrado e impermeable, se constituyó en un mosaico de tonalidades fenotípicas y de desigualdades, a partir de la intrincada y dinámica intersección entre el nacimiento, la clase socioeconómica, el rango social, y la "sangre", en la lucha por el reconocimiento y la posición social.

* * * * * * * * * * * * * *

Decíamos que la construcción de la sociedad del Valle era el principal objetivo de esta investigación. En relación a ello presentamos tres conclusiones finales. La primera, está relacionada con la presencia gravitante de población "negra" en el conjunto del tejido social. La historia de la sociedad y de las familias vallistas conlleva la consideración casi privilegiada del fenómeno étnico. Así la *etnicidad,* nos ofrece claves para entender el conjunto de la organización social. Esta investigación nos sugiere que la preponderancia de la población negra-mulata le imprimió a la sociedad del valle una especificidad que no está presente en las otras regiones de la jurisdicción. El empuje ascensional de este grupo por cruzar la línea de color y pasar a una categoría superior y más clara, le habría dado a esta sociedad un dinamismo particular. En contraposición con el sector indígena, que abandona sus pueblos y se incorpora a la sociedad hispanocriolla en niveles muy bajos, sin posibilidades muy precisas –ni al parecer apetencias- de ascenso social. La frontera hispana no aparece

---

[10] Cristine HUNEFELDT. "Mujeres. Esclavitud, emociones y libertad. Lima 1800-1854". Documento de Trabajo, N° 24. Instituto de Estudios Peruanos. IEP. Serie Historia N° 4, 1984.

[11] Homi K. BHABHA. "El estereotipo, la discriminación y el discurso del colonialismo". *El Lugar de la Cultura*, Buenos Aires, editorial Manantial, 2002.

amenazada por la presión de este grupo: por el contrario, está menos defendida contra la de los afromestizos. La causa es fácil de explicar: los negros y mulatos, incluso sometidos a la esclavitud, desarrollaron actividades más propicias al ascenso social que los indios, generalmente peones, jornaleros o labradores en tierras marginales. Los esclavos y libres, en cambio, forman un grupo predominantemente urbano (también están repartidos en las otras parroquias) y realizan tareas variadas en los más diversos espacios. La esclavitud misma no impidió que los africanos y descendientes mezclaran su sangre dentro del grupo hispanocriollo, mestizo e indígena, constituyendo una amenaza externa para la organización social de castas que se consideraba vigente.

Una segunda conclusión es la de *jerarquía,* en tanto las clasificaciones sociales responden a un concepto hispanocéntrico, cuyo principio de construcción era que cuanto más español fuera uno en el rango social, más alta sería su posición. Bajo este supuesto, la noción ordenadora de la vida colonial era la de jerarquía (que comprendía tanto una clasificación étnica como sociológica) a través de la cual cada uno de los tres grupos principales (europeos, africanos e indígenas) eran concebidos respectivamente como español, negro e indígena. Esta jerarquía (política, económica y social) estaba sujeta, asimismo, a evaluaciones morales que tenían sus raíces en las jerarquías raciales que corresponden al dominio de lo blanco y a la resistencia que establecieron los grupos subalternos (negros e indios). La preeminencia de la *Limpieza de sangre* tuvo un papel constitutivo en las relaciones de poder y sobre todo en el afianzamiento de la jerarquía social colonial finisecular. El matrimonio legal fue la forma apropiada de unión entre iguales sociales, mientras que las uniones sociales desiguales (no necesariamente interraciales) dieron como resultado concubinatos más o menos estables y/o unidades domésticas matrifocales. Estas uniones podían ser estables, como igualmente extrarresidenciales temporales que acabaron con el abandono de la mujer de color por preferir el hombre una esposa perteneciente a su mismo grupo social. Creemos como Verena Stolcke, que el carácter jerárquico del orden social determina la *matrifocalidad*, que es a menudo el resultado de la forma particular de iniciar uniones interétnicas, y a su vez, consecuencia de la marginalidad de la mujer de color dentro de la gradación del honor en la sociedad global. La etnicidad y jerarquía están presentes, además, en el estereotipo de las mujeres negras mencionado en la página anterior.

Una tercera conclusión está relacionada con el *pragmatismo* de las prácticas familiares y sociales. El dispositivo de articulación entre el discurso hegemónico patriarcal y el variado sistema de hábitos y comportamientos sociales incluyó en el Valle, consensualidad, ilegitimidad y exogamia, al margen de la normatividad y del discurso oficial Es fundamental observar la gran variedad de situaciones familiares, pero más importante es señalar aún, el grado de legitimidad y consenso social que nos sugieren las mismas. Si bien la iglesia tiene (mayor o menor) influencia sobre la conducta de los hombres y mujeres del mundo colonial, no era la única que contribuía a formar la mentalidad. En los espacios abiertos a iniciativas colectivas o individuales, hombres y mujeres, imponían sus propios criterios y la tradición reglamentaba formas de relaciones entre los sexos. Los comportamientos sociales contienen mensajes que pueden y deben ser interpretados en distintas claves. Hace 200 años las amistades ilícitas, concubinatos, amancebamientos, hijos naturales, embarazos prenupciales y los hogares encabezados por mujeres, fueron "realidades" de una sociedad urbana en formación; resultado de un intrincado juego de mandatos, hábitos y estrategias, vinculados asimismo a la propia organización social y al perfil etnocultural.

Entonces, etnicidad, jerarquía y pragmatismo habrían definido a esta sociedad en formación y por lo visto también en transformación en la época que describimos.

ANEXO

CUADRO GENERAL DE LA ENCOMIENDAS DE CATAMARCA A FINES DEL SIGLO XVII				
N°	ENCOMIEN-DA DE	ENCOMEN-DERO	INDIOS TASA	TOTAL	COMENTARIOS
1	Calchaquíes y mocovíes	D. Juan León de Soria y Medrano	6	15	Están en el pueblo de Yocagasta (llevados por el encomendero desde hace 3 años. Antes de ahí habían estado en la estancia de San Pedro). No tienen tierra. Declaran servicio personal compulsivo. Hilan contra su voluntad.
2	Calchquíes	D. Jerónimo de Herrera	3	9	Están en la estancia de San Pedro y no tienen tierra. Son bien tratados
3	Villapima	D. Diego de Navarro	24	56	Pueblo de Villapima. No están en el pueblo. Su anterior encomendero los había sacado de ahí y los había instalado en Capayán. Luján de Vargas los visita en la estancia de Capayán.
4		D. Bartolomé Ramírez de Sandoval	5		Están en la hacienda de Tinogasta del encomendero. Los ha sacado de la reducción de San Pablo. Luján de Vargas ordena restituirlo al pueblo. Son visitados en la estancia de Capayan
5	Calchaquíes	D. Alonso de Tula	2		No se especifica donde los tiene el encomendero... El Oidor le ordena al encomendero darle tierra y agua. Son visitados en Capayán.
6	Calchaquíes	D. Diego de Vera	3		No tienen pueblo y son visitados en la ciudad de San Fernando
7	Ladinos, calchaquíes y mocovíes	D. Pedro Félix de Maidana	1	5	Los indios ladinos eran del pueblo de Motimo y en ese momento estaban en la chacra del encomendero. Afirman estos indios que tienen tierras pero sin agua, en otras fuentes aparecen sin tierras.
8	Calchaquíes	D. Antonio González del Pino	2		Están en la chacra del encomendero que se encuentra a una legua de la ciudad. Todo indica que son calchaquíes porque el encomendero indica que se los repartió Mercado de Villacora
9	'	D. Andrés de Ahumada	1		No tienen tierra y deben estar en alguna finca del encomendero (un indio nombrado Domingo, casado con Felipa y un sobrino suyo Pascual de 10 años)

10		Da Francisca Bustos de Villegas [1]	7	3	Viuda de Sebastían Pérez de Hoyos (parecería que heredó la encomienda del marido). No tienen tierra. Algunos indios de esta encomienda están en el pueblo de Guaco en la jurisdicción de la Rioja, donde fueron reducidos por el gobernador D. José de Garro; D. Gil Gregorio Bazán de Pedraza, encomendero de Guaco, administra a estos indios que son visitados por separado. Las cifras corresponden al número total de tributarios de la encomienda; en Guaco hay 3 presentes y 3 ausentes.
11	Calchaquíes (Valle de Catamarca)	D. Miguel de Salazar	1		No tienen tierra y están en la hacienda de la viña de su encomendero a una legua de la ciudad
12	Calchaquíes (Valle de Catamarca)	D. Bartolomé Reinoso	1		Están en la hacienda del encomendero a una legua de la ciudad
13	Calchaquíes	D. José de Leiva	2		Están en la chacra del encomendero a media legua de la ciudad. En este caso actúa el Protector de indios porque el encomendero es acusado de haber maltratado a un indio y a su mujer. El protector es otro encomendero: Antonio González del Pino
14	Calchaquíes y mocovíes	D. Nicolás de Herrera	3		Sin tierras
15	Pomán y Bélica	D. Juan de Almonacid	9		Están en la "hacienda de chacra y viña" del encomendero llamada Pomán (Ambato) a 5 leguas de la ciudad. Dos indios dicen que son del pueblo de Vilicha (Tucumán) y declaran que en este lugar hay otros indios del mismo encomendero.[2]
16	Calchaquíes	D. Gaspar de Guzmán	11		No tienen tierra
17		D. Ignacio de Agüero	4		No se dice quiénes son. No tienen tierra y dicen que están en la "chacra y viña" de su encomendero a 1 legua de la ciudad. No aparece padrón de estos indios, ni ninguna indicación acerca de su número
18		D. Rafael de Herrera	ɩ		No se dice quiénes son y no tienen tierra

19	Mocovíes	D. Adriano de Acosta	2		Están en la hacienda de Andrés de la Vega, yerno del encomendero y no tienen tierras
20		D. Sebastián de Espeche	1		No se dice quiénes son y no tienen tierras
21	Calchaquíes y mocovíes	D. Juan González Pacheco	1		Ni los indios ni el encomendero tienen tierras. El encomendero los hace trabajar en chacras y fincas que arrienda
22	Mocovíes	D. José de Espinosa de los Monteros	1		No tienen tierras
23	Calchaquíes y mocovíes	D. Bárbara de Herrera	3		También aparece como de Burgos. Es viuda del anterior encomendero Carlos Pereira de Espíndola. Están en la hacienda de la encomienda llamada Yocán. No tienen tierras
24	Calchaquíes	D. Domingo de Maidana (administrador)	3		No tienen tierras
25	Choya y calchaquíes (Valle central)	D. Antonio de la Vega	6		Pueblo de Choya. Tienen agua y tierra. Junto a los indios originarios de Choya hay indios calchaquíes
26		D. José Narváez	2		Hay unos indios calchaquíes que fueron de Antonio Ocares (posiblemente Oscares) que en este momento son administrados por Narváez y están todos juntos en la hacienda de Narváez a 1 legua de la ciudad. Los indios de la encomienda no tienen tierras, en tanto los calchaquíes si las tienen
27	Calchaquíes	En cabeza del Rey (administrador José Narváez)	1		No tienen tierras
28	Calchaquíes	D. Juan Pérez de Hoyos	1		No tienen tierras
29	Collagasta	D. Lucas de Figueroa y Mendoza			Pueblo de Indios. Están en la estancia de Paquilingasta del encomendero y en la misma estancia junto a estos indios hay 6 indios que tienen encomendero. Estos indios "tocan a su Magestad" (lo que indicaría que estarían tributando al Rey) No aparece padrón de estos indios, ni ninguna indicación acerca de su número

30		En cabeza del Rey (administrador Antonio Fernández)	6		No se dice quiénes son. No tienen tierras
31		D. Antonio Fernández	1		
32	Calchaquíes	D. Antonio de Orellana	2		No tienen tierras
33	Mocoviés	D. Juan García	1	2	Maestro herrero, no sabe firmar. Componen la encomienda un indio y su mujer. El indio ayuda a García en la herrería y su mujer hila.
34	Calchaquíes y mocovíes	D. Esteban de Contreras	3		No tienen tierras y están en la chacra del encomendero (no se dice dónde queda la misma , pero los indios dicen ir a misa a la ciudad
35	Calchaquíes y mocovíes	D. Diego Carrizo y Andrada	8		No tienen tierra y están en la ciudad de Catamarca *
36	Mocovíes	D. Bartolomé López Romero	—		Están en la chacra del encomendero "cerca de la ciudad". No tienen tierra y los indios declaran que aunque les enseñan a rezar, no han podido aprender. Sólo hay una india que sabe las cuatro oraciones
37		D. Andrés de la Vega y Castro	6		No se dice qué indios son. Están en la chacra del encomendero "como a una legua de la ciudad". Allí tienen tierra señalada pero sin agua
38	Calchaquíes	D. Pedro Rodríguez	7		Sin tierras, viven en la chacra del encomendero "cerca de la ciudad"
39	Calchaquíes	D. Nicolás de Barros Sarmiento	4		Al parecer son indios calchaquíes, porque el encomendero dice que los tiene por "composición de familias". No tienen tierras. Un indio está en la chacra y viña del encomendero, cerca de la ciudad. Otro, en la estancia del encomendero a 6 leguas de la ciudad y otro en la viña que el encomendero tiene en La Rioja **
40		En cabeza del Rey (administrador D. Nicolás de Barros Sarmiento)	1		

41	Calchaquíes	D. Isabel Nieto Príncipe	-		Casada con Manuel Cordero. Ella es la encomendera. Están en la chacra a una legua de la ciudad. No tienen tierras
42	Calchaquíes	D. Francisco de Orellana			Están en la chacra del encomendero a media legua de la ciudad. No tienen tierra.
43	Pueblo de Ingamana (oeste)	D. Gregorio de Villagra	26	79	Se quejan del cacique del pueblo vecino de Pipanaco que dice les hace agravios "por ser un indio de mal natural". A unos de ellos les quemó el rancho, a otros los ha azotado. Se quejan, asimismo de no tener ornamentos en la capilla. El Oidor le ordena que en cuatro meses coloquen todo lo necesario.
44	Pueblo de Pipanaco	D. Domingo de Pedraza	10	24	En el pueblo sólo hay un indio con su hijo y los demás están en la estancia de su encomendero Domingo de Pedraza en Miraflores.
45	Calchaquíes	D. Antonio de Acosta	1	1	Están en la chacra del encomendero "en la sierra de esta ciudad" a 10 leguas de la misma.
46	Calchaquíes	D. María Magdalena Bazán de Pedraza	2	'	No tienen tierras
47	Calchaquíes y mocovíes	D. Agustín de Pedraza	2	3	Están en la chacra del encomendero, llamada Guaycama, a una legua de la ciudad
48	Pueblo de Colpes (oeste)	D. Esteban de Nieva y Castilla	19	58	La queja que presentan estos indios es que no tienen ornamentos en la capilla y que el encomendero tiene en su casa de la ciudad algunos indios sirviendo. Todo indicaría que el resto vive en el pueblo.
49	Pueblo de Guachaxie (Oeste)	D. José Luis de Cabrera	8	26	Cuando habla el encomendero dice que son del pueblo de Uachasi (en el distrito de Andalgalá). Estos indios son visitados en La Rioja. Están reducidos en la chacra de Cochangasta del encomendero a 1 legua de la ciudad de La Rioja. El pueblo de Andalgalá está a 60 leguas de esta ciudad. Luján de Vargas le ordena a Cabrera que los lleve nuevamente a Andalgalá.
50		D. Francisco de Villagra			No se dice quienes son estos indios. No tienen tierras.

51		D. Lorenzo Cabral	1		No tienen tierra, tampoco se dice quiénes son (un indio y su mujer)
52		D. Nicolás Gutiérrez	1		No se dice quiénes son y no tienen tierra.
53	Mocovíes	D. Gil de Agüero (administrador)	2		No tienen tierra
54	Mocovíes	D. Pedro José de Morales	1		No tienen tierra. Puede que este encomendero y el siguiente sean el mismo, en cuyo caso se trataría de una sola encomienda. En la visita aparecen separadas, una a continuación de la otra y mientras el primero se llama Sargento Mayor, el segundo se da el título de capitán. Pero, en la sentencia de Martínez Luján que dicta a los titulares de varias pequeñas encomiendas, sólo se menciona a un Pedro Arias. Aunque esto último, también podría deberse a un error.
55	Mocovíes	D. Pedro Arias			No tienen tierra.
56	Calchaquíes	D. Pedro Arias	1		No es el mismo que el anterior. No queda claro si tiene o no tierras.
57		D. Lázaro Gómez	-		No están identificados. No tienen tierra.
58		D. Bernabé Abad	1		No tienen tierra
59		D. Diego de Pedraza	1		No están identificados. Sin tierras
60	Mocovíes	D. Fernando Vanegas	1		No tienen tierra
61		D. Domingo de Tejeda	1		Aparece también como Gerónimo de Tejeda. Sin tierra.

62	Calchaquíes	D. Melchor Orellana	1		Sin tierras.
63		Da María Pallares	1		No identificados. Sin tierra.
64		D Juan de Nieva	1		No identificados. Sin tierra.
65	Mocovíes	D. Diego de Agüero			Con tierra
66		En cabeza del Rey (administrador D. Diego de Agüero	1		
67		D. Andrés de Olivera Maturano	1		Según los indios no tienen tierra y el encomendero dice que sí tienen. Luján de Vargas le da dos días para mostrar la documentación.
68	Calchaquíes y mocovíes	D. Juan Romero			Sin tierra. Luján de Vargas ordena en este, como en los casos anteriores que tenían los encomenderos, 3 días para la asignación de tierra.
69	Tobas	D. Juan Ponce de Córdoba	2		Sin tierra.
70	Pueblo de Collagasta (Valle central)	D. Diego Carrizo de Andrada	8	19	Otro pueblo de Diego Carrizo de Andrada. Este pueblo está a tres leguas de la ciudad. No tienen tierra. No hay capilla y algunos indios declaran haber realizado servicio personal y se obliga al encomendero que pague por el trabajo. Quizás este sea el mismo Diego Carrizo que es titular de una encomienda de calchaquíes y mocovíes en la misma jurisdicción de Catamarca.
71	Pueblo de Simogasta	D. Luis de Quiroga y Guzmán	16		Estos indios no son visitados en la ciudad, sino en la cuesta de Paquilingasta. No tienen capilla y van a misa a "La Concepción" que está a 5 leguas del pueblo. Tienen tierra, pero algunos de los indios están en la estancia de Guayamba del encomendero.

| 72 | Pueblo de Tabigasta | D. Antonio Lobo de Mereles | 2 | | Estos son visitados en la estancia de Ovanta (no dice de quién es la estancia). Tienen pueblo, no tienen capilla y van a misa al paraje de la Concepción que está a 1 legua del pueblo. Con tierras. No hay quejas del encomendero que recién tomó posesión de la encomienda hacía dos o tres meses cuando falleció su padre (Manuel de Lobo). Los indios dicen que el anterior encomendero había llevado a algunos de los indios a su estancia que se llama también Tabigasta. |

[1] Algunos indios de esta encomienda están en el pueblo de Guaco.

[2] En los autos correspondientes a San Miguel según Doucet no aparece la visita de Belicha, donde según declaran los visitados en Pomán, hay 4 indios; Doucet incluye a estos en la cifra del cuadro.

Fuente: Gastón DOUCET "Introducción al estudio de la visita del oidor don Antonio Martínez Luján de Vargas a las encomiendas de indios del Tucumán". *Boletín del Instituto de Historia Argentina y Americana "Doctor Emilio Ravignani"*. (2da serie), t. XXVI, Buenos Aires, l980: 205-246 (corresponde la cita a las pp. 229-232).Este cuadro se organizó con la información que me acercó muy generosamente Doucet en 2001 en oportunidad de presentar la tesis de Doctorado. Le agradezco una vez más su generosidad. En los últimos años una serie de investigaciones realizadas por Gabriela de la Orden de Peracca, Norha Trettel, Marcelo Gershani Oviendo y Alicia Moreno, entre otros (la mayoría de los trabajos fueron reunidos en: Los pueblos de indios en Catamarca Colonia, 2008), dieron a conocer una muy rica información sobre estas encomiendas, que en algunos casos amplía la presentada en este cuadro. No obstante ello, hemos decidido mantener el contenido del mismo, tal como fue presentado en el 2001 en la Universidad Nacional de La Plata, y luego ajustado en el 2004 por el propio Gastón Doucet. Pensamos que presentar los datos de esta manera nos da un panorama amplio y general sobre las encomiendas, encomenderos, traslados y mestizaje a fines del siglo XVII (con las salvedades que hacemos respecto a la calidad de la fuente y "artificialidad de las cifras" de indios, por ejemplo).

BIBLIOGRAFÍA GENERAL

AAVV, *Temas de África y Asia, 2*. Sección de Estudios de Asia y África. Facultad de Filosofía y Letras. Universidad de Buenos Aires, 1993.

AAVV. *Los Afroandinos de los siglos XVI al XX,* UNESCO, 2004.

ACEVEDO, Edberto Oscar. "Situación social y religiosa de Catamarca, 1770-1771". *Primer Congreso de Historia de Catamarc,* Tomo 2. Catamarca, Junta de Estudios Históricos de Catamarca, 1965, pp. 84-95.

ACEVEDO, Edberto Oscar. *La Intendencia de Salta del Tucumán en el Virreinato del Río de la Plata.* Universidad Nacional de Cuyo, 1966: 323-9.

ACREE William G. y BORUCKI, Alex. *Jacinto Ventura de Molina y los caminos de la escritura negra en el Río de la Plata.* Prólogo de George Reid Andrews, Montevideo, Librería Linardi y Risso, 2008.

AGUIRRE BELTRÁN, Gonzalo. *La población negra en México,* México, FCE, 1972.

AGUIRRE, Carlos. *Agentes de su propia libertad. Los esclavos de Lima y la desintegración de la esclavitud, 1821-1854.* Perú, Pontificia Universidad Católica del Perú, 1993: 237.

ALBERRO, Solange "Las representaciones y realidades familiares de los negros bozales en la predicación de Alonso de Sandoval (Cartagena de Indias, 1627) y Nicolás Duque de Estrada (La Habana, 1796)", en GONZALGO AIZPURU Pilar y Cecilia RABELL (comp.). *La familia en el mundo iberoamericano.* México, Instituto de Investigaciones Sociales, Universidad Nacional Autónoma de México, 1994:73-90.

ALBORES, Oscar, Carlos MAYO y Judith SWEENEY. "Esclavos y conchavados en la estancia de Santa Catalina, Córdoba (1764-1771). Notas para su estudio", en MAYO, Carlos (comp.). *La historia agraria del interior. Haciendas jesuíticas de Córdoba y en el Noroeste.* Buenos Aires, Centro editor, 1994.

ALONSO, Gustavo Fabián. "Estudio del comercio de esclavos en el Río de la Plata, Archivo General de la Nación de Argentina". *Memoria del Simposio La Ruta del Esclavo en el Río de la Plata: su historia y sus consecuencias".* Montevideo, UNESCO, 2005.

ANDRADA DE BOSCH, Elsa. *Para una historia de la ciudad.* Municipalidad de Catamarca, 1970.

ANDRADA DE BOSCH, Elsa. "Don Francisco de Acuña y su tiempo". *Boletín de la Junta de Estudios Históricos de Catamarca,* Catamarca, 1997.

ANDRADA DE BOSCH, Elsa. *Hallazgos de investigación.* Córdoba, Ediciones del Boulevard, 2004.

ANDREWS, George Reid. *Los Afroaergentinos de Buenos Aires,* Buenos Aires, Ediciones La Flor, 1989.

ANELLO, Alejandra. "Familia indígena y sociedad en el Curato de Londres, Catamarca, terminando el siglo XVII"). FARBERMAN Judith &Raquel GIL MONTERO (coords.). *Los pueblos de indios del Tucumán colonial, pervivencia y desestructuración,* Bernal, Universidad Nacional de Quilmes/Universidad de Jujuy (UNQ/UNJu), 2002.

ARCONDO, Aníbal. *El ocaso de una sociedad estamental. Córdoba, 1700-1760.* Universidad Nacional de córdoba, 1998a

ARCONDO, Aníbal. *La población de Córdoba en 1813*. Córdoba. Instituto de Economía y Finanzas 1995

ARCONDO, Aníbal. *La población de Córdoba según el empadronamiento de 1778*. Serie de estudios nº 27. Córdoba, Instituto de Economía y Finanzas 2004.

ARDISSONE, Romualdo. *La instalación humana en el Valle de Catamarca*. Universidad Nacional de La Plata, Biblioteca Humanidades, 1941.

ARES QUEIJA, Berta y Serge GRUZINSKI (Coord.) *Entre dos mundos. Fronteras Culturales y Agentes Mediadores,* Sevilla, 1997.

ARES QUEIJA, Berta. "Mestizos, mulatos y zambaigos (Virreinato del Perú, siglo XVI)", en ARES QUEIJA, B. y A. STELLA (eds.), *Negros, mulatos, zambaigos. Derroteros africanos en los mundos ibéricos*. Sevilla, Escuela de Estudios Hispano-Americanos, 2000.

ARROM, Silvia. *La mujer en la Ciudad de México, 1790-1857,* México, DF, Siglo XXI, 1988

ARZUMENDI de BLANCO, Mirta. "El mestizaje en Catamarca, 1812-1869. La sociedad criolla". *Boletín de la Junta de Estudios Históricos de Catamarca,* 1995-1996, Año XII, 1997: 97-106.

ARZUMENDI de BLANCO, Mirta. "Blancos y negros en Catamarca, 1778-1812. *Boletín de la Junta de Estudios Históricos de Catamarca*, Catamarca, 2003.

ASSADOURIAN, Carlos. *El tráfico de esclavos en Córdoba*. Universidad Nacional de Córdoba, Instituto de Estudios Americanistas. Cuadernos de Historia nº XXXII, Córdoba, 1965.

ASSADOURIAN, Carlos S. *El sistema de la economía colonial. El mercado interior. Regiones y espacio económico*. México, Nueva Imagen, 1983.

BARTH, Friedrich (comp.) *Los grupos étnicos y sus fronteras.La organización social de las diferencias culturales*. Introducción. México, Fondo de Cultura Económica, 1976: 9-49.

BARRANCOS, Dora. *Mujeres en la sociedad argentina. Una historia de cinco siglos*. Buenos Aires, Editorial Sudamericana, 2007.

BASTIDE, Roger. *Las Américas Negras. Las civilizaciones africanas en el Nuevo Mundo*. Madrid, Alianza Editorial, 1969.

BAZÁN, Armando Raúl. "Los indios de San Juan Bautista de la Rivera". *Investigaciones y Ensayos*, 3, Academia Nacional de la Historia. Buenos Aires, 1967.

BAZÁN, Armando Raúl. *Historia del Noroeste Argentino,* Buenos Aires, editorial Plus-Ultra, 1986.

BAZÁN, Armando y Ramón Rosa OLMOS. "La ciudad de Catamarca en 1812". *Primer Congreso de Historia Argentina y Regional*. Academia Nacional de la Historia, 1973:465-478.

BAZÁN, Armando. "El mestizaje americano y la formación de la sociedad colonial. El caso especial del Tucumán". *Investigaciones y Ensayos*, Academia Nacional de la Historia, 1992.

BAZÁN, Armando Raúl. *Historia de Catamarca,* Buenos aires, editorial Plus-Ultra, 1996.

BEBERLY, John. *Subalternidad y representación. Debates en teoría cultural*. Madrid, Vervvert, 1999.

BERNAND, Carmen y Serge GRUZINSKI. *Historia del Nuevo Mundo. Los mestizajes 1550-1640*. Tomo II, México, Fondo de Cultura Económica, 1999.

BERNAND, Carmen. "Los híbridos en Hispanoamérica. Un enfoque antropológico de un proceso histórico", en BOCCARA&GALINDO (edits.). *Lógica Mestiza en América.* Chile, Temuco, Instituto de Estudios Indígenas. Universidad de la Frontera, 2000:61-83.

BERNAND, Carmen. *Negros esclavos y libres en las ciudades Hispanoamericanas.* España, Fundación Histórica Tabera, 2001.

BESTARD CAMPS, Joan. *Estudios de Antropología Social cultural. Identidades, relaciones y contextos (*coord.). Departamento d`Antropología Cultural e Historia d`América i África, Universidad de Barcelona, 2002.

BETANCUR, Arturo y Fernando APARICIO. *Amos y esclavos en el Río de la Plata,* Montevideo, Planeta, 2006.

BETANCUR, Arturo, Alex BORRUCKI y Ana FREGA (comp.).*Estudios sobre la cultura afro-rioplatense. Historia y presente (II)*, Montevideo, Facultad de Humanidades y Ciencias de la Educación, Universidad de la República, 2005.

BHABHA, Homi. *El lugar de la Cultura.* Buenos Aires, Editorial Manantial, 2002.

BINAYÁN CARMONA, Narciso. "Pasado y permanencia de la negritud". *Todo es Historia*, 162, Buenos Aires, noviembre, l980:66-72.

BIROCCO, Carlos. "Fermín Pesoa, de esclavo a hacendado". *Cuarto Congreso de Historia de los Pueblos de la Provincia de Buenos Aires* (Mar del Plata, noviembre), t. 1. Buenos aires, ediciones Theoría, 1993: 69-82.

BIROCCO, Carlos. "Vínculos entre estancieros, esclavos y migrantes del interior en las estancias bonaerenses del siglo XVIII". V Jornadas Interescuelas. Universidad de la República. Montevideo, Uruguay, 27-29 de septiembre de l995.

BJERG María&Roxana BOIXADÓS. *La familia. Campo de investigación interdisciplinario. Teorías, métodos y fuentes.* Buenos Aires, Universidad Nacional de Quilmes, 2004.

BOCCARA, Guillaume. "Etnogénesis mapuche: resistencia y restructuración entre los indígenas del centro-sur de Chile (siglos XVI-XVIII)". *Hispanic American Historical Review,* 79-3: 425-461.

BOCCARA & GALINDO (edits.). *Lógica Mestiza en América.* Universidad de la Frontera, Chile, 2000.

BOCCARA, Guillaume. "Antropología Diacrónica. Dinámicas culturales, procesos históricos y poder político". BOCCARA&GALINDO (eds.).*Lógica Mestiza*, Universidad de la Frontera, Chile, 2000.

BOCCARA, Guillaume. "Hegemonías y contra-hegemonías en las Américas, Siglos XVI-XXI. Comentarios a partir de los trabajos presentados en la sección". Anuario IEHS, Tandil, 21, 2006.

BOIXADÓS, Roxana. "Cuñados no son parientes sino accidentes. Conflictos familiares en torno a la herencia de Cochangasta (La Rioja siglo XVIII)". *Anuario* 1. Centro de Estudios Históricos Prof. Carlos Segreti, Córdoba, 2001ª.

BOIXADÓS, Roxana. "Herencia, descendencia y patrimonio en La Rioja colonial". *Andes*, Antropología e Historia, 8. Salta, CEPIHA, Universidad Nacional de Salta, l997.

BOIXADÓS, Roxana. "Familia, herencia e identidad. Las estrategias de reproducción de la elite de La Rioja colonial (gobernación del Tucumán, siglo XVII y principios del XVIII). *Revista de Demografía Histórica XIX, II,* segunda época, ADEH, Zaragoza, 2001b.

BOIXADÓS, Roxana. "Los pueblos indios de La Rioja colonial. Tierra, trabajo y tributo en el siglo XVII". Farberman Judith y Raquel Gil Montero (comp.) *Los pueblos de indios del Tucumán colonial: pervivencia y desestructuración*. Buenos Aires, Universidad Nacional de Quilmes, 2002.

BOIXADÓS Roxana y Carlos ZANOLLI. *La visita de Luján de Vargas a las encomiendas de la Rioja y Jujuy (1693 y 1694)*. Buenos Aires, Universidad Nacional de Quilmes, 2003.

BONFIL BATALLA, Guillermo (comp.). *Nuevas identidades culturales en México*. Consejo Nacional para la Cultura y las Artes. Colección pensar la cultura, México, 1993.

BORUCKI, Alex. "Tensiones raciales en el juego de las representaciones. Actores afro en Montevideo
    trás la fundación republicana (1830-1840)". *Gestos*, 42, Irving University of California.

BOURDIEU, Pierre. *El sentido práctico*. Madrid, Taurus, [1980] 1991

BOURDIEU, Pierre. *Razones prácticas. Sobre la teoría de la acción*. Barcelona, Anagrama, 2002.

BOWSER, Frederick. *El esclavo africano en el Perú colonial, 1524-1650*. México, Siglo XXI, 1985

BOWSER, Frederick. "Los africanos en la sociedad de la América Española Colonial". *Historia de América Latina*. Tomo 4. Cambridge University Press, Editorial Crítica, 1991.

BOYER, Boyer. *Lives of the Bigamists. Marriage, Family and Community in Colonial México*. University of Nex México Press, Alburquerque, 1995.

BRIONES, Claudia. "Mestizaje y Blanqueamiento como Coordenadas de aboriginalidad y Nación en Argentina", en *Runa,* Archivo para las Ciencias del Hombre, XXIII, 2002; 61-88 (mimeo).

BRIONES, Claudia. "Teorías preformativas de la identidad y performatividad de las teorías". *Tabula Rasa,* 6, Colegio Mayor de Cundinamarca, Bogotá, 2007:55-83.

BRIZUELA DEL MORAL, Félix. *Historia de la organización territorial de Catamarca*. Universidad Nacional de Catamarca, 1988.

BRIZUELA DEL MORAL, Félix. *La Merced de Fiambalá y Tinogasta y los Mayorazgos de don Juan Gregoria Bazán de Pedraza y Tejeda*. Universidad Nacional de Catamarca, 1991.

BRIZUELA DEL MORAL, Félix. "La colonización riojana en el valle de Capeyán". *Boletín de la Junta de Estudios Históricos de Catamarca*, Catamarca, 1992/1994.

BRIZUELA DEL MORAL, Félix. *Historia de las mercedes de tierras en Catamarca. Siglos XVI al XIX*. Catamarca, CEDENIT, 2003.

BRUNO, Cayetano. *Historia de la Iglesia en la Argentina*. Buenos Aires, Editorial Don Bosco, 1968.

BUSTOS Argañaraz, Prudencio. "Crónica de Singuil y sus propietarios". *Revista de la Junta Provincial de Historia de Córdoba*, 12, Córdoba, 1987.

CACOPARDO, María Cristina y José Luis MORENO. "Cuando los hombres estaban ausentes: la familia del interior de la Argentina decimonónica". OTERO&VELÁZQUEZ (comps.) *Factores diferenciales de la población argentina,* IEHS, UNCPBA, Tandil, 1997.

CAILLET BOIS, Ricardo. "Catamarca desde 1810 a 1814". *Primer Congreso de Historia de Catamarca*. Tomo 1, Catamarca, Junta de Estudios Históricos de Catamarca, 1960:147-151.

CALVO, Thomas. "Concubinato y mestizaje en el medio urbano: el caso de Guadalajara en el siglo XVIII". *Revista de Indias*, XLIV-173: 203-212.

CALVO, Thomás. "Familias y sociedad: Zamora (siglos XVII-XIX)", en GONZALBO, Pilar (comp.) *Historia de la Familia*. México, Universidad Autónoma Metropolitana, 1993: 126-149.

CALVO, Thomas. *La nueva Galicia en los siglos XVI y XVII*. Guadalajara, el Colegio de Jalisco, 1989.

CANOT, Théodore. *Memorias de un tratante de esclavos*, Buenos Aires, CEAL, 1976.

CARVALHO, José Jorge. "Las culturas afroamericanas en Iberoamérica: lo negociable y lo no negociable. *Los afroandinos de los siglos XVI al XX,* Perú, UNESCO; 2004:178-205.

CARVALHO, José Jorge. "Los afroandinos en el siglo XXI: de la diferencia regional a la política de las identidades". *Los afroandinos de los siglos XVI al XX, cit.,* 2004:78-90.

CARRETERO, Andrés. "Transculturación y sincretismo en los afroporteños". *Historias de la Ciudad,* núm. 7, vol. 2, pp. 26-39.

CAVIARES, Eduardo y René SALINAS. *Amor, Sexo y Matrimonio en el Chile Tradicional.* Universidad Católica de Valparaíso, Valparaíso, 1991.

CEJAS MINUET, Mónica y Mirta PIERONI. "Mujeres en las Naciones afroargentinas de Buenos Aires. *América Negra*, 8, Bogotá, Pontificia Universidad Javeriana, 1994, 133-145.

CELTON, Dora. "Fecundidad de las esclavas en la Córdoba colonial". *Revista de la Junta Provincial de Historia de Córdoba,* 15, Córdoba, 1993: 33.

CELTON, Dora. "La venta de esclavos en Córdoba entre 1750-1850". *Cuadernos de Historia.* Serie Población, 2, Centro de Investigaciones de la Facultad de Filosofía y Humanidades, Universidad Nacional de Córdoba, 2000: 5-20.

CELTON, Dora. *La población de la Provincia de Córdoba a fines del siglo XVIII*. Buenos Aires, Academia Nacional de la Historia, 1993.

CHACÓN JIMÉNEZ, F.& J. HERNÁNDEZ FRANCO (edits). *Poder, familia y consanguinidad en la España del Antiguo Régimen*. Barcelona, Antrophos, 1992.

CHACON JIMÉNEZ, Francisco-MÉNDEZ VÁZQUEZ, Josefina. "Miradas sobre el matrimonio en la España del último tercio del siglo XVIII". *Cuaderno de Historia Moderna,* Vol.32, Madrid, Universidad Complutense de Madrid, 2007: 61-85.

CHAMOSA, Oscar. "To Honor the Ashes of Their Forebears. The Rise and Crisis of African Nations in the Post-Independencia State of Buenos Aires, 1820-1860". *The Americas. A Quarterly Review of Inter American Cultural History,* v. 59, 3, enero, 2003; 347-378.

CHAMOSA, Oscar. *Asociaciones Africanas de Buenos Aires. 1823-1880. Introducción a la sociabilidad de una comunidad marginadas.* Tesis de Licenciatura en Historia. Universidad Nacional de Luján, 1995.

CHANCE, John y William TAYLOR. "Estate and Class in a Colonial City: Oaxaca in 1792". *Comparative Studies Society and History, XIX,* 1977, pp. 454-487.

CHANCE, John. *Razas y clases de la Oaxaca colonial*. Instituto Nacional Indigenista, México, 1 982 (primera edición en inglés, 1978).

CHARTIER, Roger. *Espacio público, crítica y desacralización en el siglo XVIII. Los orígenes culturales de la Revolución francesa*, Barcelona, Gedisa Editorial, 1995: 121.

CICERCHIA, Ricardo (comp.). *Formas familiares, procesos históricos y cambio social en América Latina.* Ecuador, Abya-Yala, 1998.

CICERCHIA, Ricardo. "Vida familiar y prácticas conyugales en una ciudad colonial, Buenos aires, 1800-1810". *Boletín del Instituto de Historia Argentina y Americana Dr. Ecmilio Raviganni*, n° 2, Buenos aires, 1990: 92-109.

CIRIO, Norberto Pablo. "¿Rezan o bailan? Disputas en torno a la devoción a san Baltasar por los negros ene. Buenos Aire colonial". Rondon, Víctor (ed.). *Mujeres, negros y niños en la música y sociedad colonial iberoamericana*, Santa Cruz de la Sierra, APAC, 2002: 88-100.

CIRIO, Norberto Pablo. "Rey Mago Baltasar y san Baltasar. Dos devociones en la tradición religiosa afroargentina". *Cuadernos del Instituto Nacional de Antropología y Pensamiento Latinoamericano,* 19, Buenos Aires, Secretaría de Cultura, 2002-2002: 167-185.

CIRIO, Norberto Pablo. "Vistiendo las ropas del santo. Atributos afro en la personalidad de San Baltasar a través de algunos cargo devocionales en su culto en la Argentina". *Memoria y Sociedad. Revista del Departamento de Historia y Geografía,* v.7, n. 15, Bogotá, Pontificia Universidad Javeriana, 2003: 125-132.

CIRIO, Norberto Pablo. "La música afroargentina a través de la documentación iconográfica". *Ensayos, Historia y Teoría del arte,* 13, 2009: 127-155.

CLEMENTI, Hebe. *La abolición de la esclavitud en América Latina.* Buenos Aires, Editorial La Pléyada, 1974.

COMADRÁN RUIZ, Jorge. "La población de la ciudad de Catamarca y su jurisdicción al crearse el Virreinato". *Primer Congreso de Historia de Catamarca, t* II, 1965: 97-123

COPE, Douglas. *The limits of racial domination. Plebeian Society in Colonial México City, 1660-1720.* Madison, University of Wisconsin Press, 1994.

CRESPI, Liliana. "Negros apresados en operaciones de corso durante la guerra con el Brasil (1825-1828)", en *Temas de África y Asia,* UBA, 1993: 109-149.

CRESPI, Liliana, "El comercio de esclavos en el Río de la Plata. Apuntes para su estudio". *Cuadernos de Historia, Serie Economía y Sociedad,* 3, Centro de Investigaciones de la Facultad de Filosofía y Humanidades, Universidad Nacional de Córdoba, 2000: 237-252.

CRESPI, Liliana. "Cristianismo y esclavitud, Discusiones sobre la evangelización de los esclavos en Hispanoamérica". *Memoria y Sociedad.* Revista del Departamento de Historia y Geografía, v. 7, n.15, Bogotá, Pontificia Universidad Javeriana, 2003: 133-144.

CRUZ, Enrique Normando. "Las preocupaciones de las almas en el siglo durante el periodo colonial". *Primeras Jornadas Nacionales de Historia Social*, La Falda, Córdoba, mayo-junio (formato CD), 2007.

CRUZ, Enrique Normando. "Mujeres en la Colonia. Dominación colonial, diferencias étnicas y de género en cofradías y fiestas religiosas en Jujuy, Río de la Plata". *Antropológica,* año XXIII, 23, Lima, Pontificia Universidad Católica del Perú, 2005: 127-150.

DE LA FUENTE, Ariel. "Aguardiente y trabajo en una hacienda catamarqueña colonial: La Toma, 1767-1790", en *IEHS*, 3, Universidad Nacional del Centro, 1988 91-121.

DE LA FUENTE, Julio. "Definición, pase y desaparición del indio en México". *América Indígena,* México, DF, vol. VII, n° 1, 1947

DE LA ORDEN DE PERACCA, Gabriela. *Un desconocido censo de población de Catamarca, 1779-1780.* Universidad Nacional de Catamarca, 1994.

DE LA ORDEN DE PERACCA, Gabriela. "Familia y poder en Catamarca colonial. Los Nieva y Castilla (1630-1730)". *Memoria Americana,* Cuadernos de Etnohistoria, 10: 95-137. Buenos Aires, UBA, 2001.

DE LA ORDEN DE PERACCA, Gabriela. *Pueblos indios de Pomán. Catamarca Siglos XVII a XIX,* Buenos Aires, Editorial Dunken, 2006.

DE LA ORDEN DE PERACCA, Gabriela. (coord.). *Los Pueblos de Indios en Catamarca*

Colonial. Facultad de Humanidades, SECyT, Universidad Nacional de Catamarca, Secretaría de Estado de Cultura de la Provincia de Catamarca, 2008.

DELGADO, Fanny. "Análisis sobre los estudios de la población africana y afroandina en el noroeste argentino. El caso de la jurisdicción de Jujuy. Un estado de la cuestión y líneas temáticas que se perfilan.". *Los afroandinos*, Perú, UNESCO, 2004:160-175

DE FRIDEMANN, Nina. "Estudios de negros en la antropología colombiana". *Un siglo de investigación social: antropología en Colombia.* Bogotá, 1984.

DÍAZ DÍAZ, Rafael Antonio. "Historiografía de la esclavitud negra en América Latina: Temas y problemas generales". *América Negra,* 8, 1994:11-29.

DÍAZ REMENTERÍA, Carlos. "Fundación de pueblos de indios en la gobernación del Tucumán (siglos XVII y XVIII) *Revista de Historia del Derecho,* 8, Buenos Aires, Instituto de Investigaciones en Historia del Derecho, 1980.

DIMUNZIO, Karina y GARCÍA, Claudia. "La Libertad deseada, ¿la libertad lograda...? Las Cartas de Libertad otorgadas a los esclavos en Córdoba entre mediados del siglo XVIII y principios del XI". *XI Jornadas Interescuelas/Departamentos de Historia,* Tucumán, Universidad Nacional de Tucumán, 2007 (formato CD).

DOUCET, Gastón. "Los autos del visitador Don Antonio Martínez Luján de Vargas. *Revista de Historia del Derecho,* 8. Buenos aires, Instituto de Investigaciones en Historia del Derecho, 1980: 123-154.

DOUCET, Gastón. "Introducción al estudio de la visita del oidor Don Antonio Martínez Luján de Vargas a las encomiendas de indios del Tucumán2. *Boletín del Instituto de Historia Argentina y Americana Dr. Emilio Ravignani,* XVI: 26, Buenos Aires, 1981.

DOUCET, Gastón. "Notas sobre el yanaconazgo en el Tucumán". En *Revista de Investigaciones Jurídicas,* 6, México, 1982: 263-299.

DOUCET, Gastón. "Sobre cautivos de guerra y esclavos indios en el Tucumán. Notas en torno a un fichero documental salteño del siglo XVI". *Revista de Indias.* Volumen XLVII, 19, Sevilla, 1987.

ENDREK, Emiliano. "El mestizaje en Córdoba. Siglos XVIII y principios del XIX". *Cuaderno de Historia de América,* XXXIII, Universidad Nacional de Córdoba, 1966.

ENDREK, Emiliano. *El mestizaje en Tucumán. Siglo XVIII. Demografía comparada.* Dirección General de Publicaciones, Universidad Nacional de Córdoba, 1967.

ENGERMAN, Stanley y Eugene GENOVESE (eds). *Race and Slavery in the Western Hemisphere: Quantitative Studies.* Princeton, University Press, 1975.

FANON, Franz. ¡*Escucha blanco! [Piel negra, máscaras blancas].*Barcelona, Nova Terra, 1970.

FARBERMAN, Judith. "Migraciones, estructuras familiares y ciclo de vida: los pueblos de indios de Santiago del Estero a fines del siglo XVIII". En AEPA, *III Jornadas de población,* Buenos Aires, 1998.

FARBERMAN, Judith. "Feudatarios y tributarios a fines del siglo XVII. Tierras, Tributo y Servicio Personal en la Visita de Luján de Vargas a Santiago del Estero (1693)". *Pueblos de indios del Tucumán colonial: pervivencia y desestructuración,* Universidad Nacional de Quilmes, 2002.

FARBERMAN, Judith y Raquel GIL MONTERO. *Los pueblos de indios del Tucumán colonial. Pervivencia y desestructuración.* Buenos aires, Universidad Nacional de Quilmes, 2002.

FARBERMAN Judith y Roxana BOIXADÓS. "Sociedades indígenas y encomienda en el Tucumán a fines del siglo XVII: un análisis comparado de la Visita de Luján de Vargas". En *Revista de Indias,* Vol. LXVI, núm. 238, 2006: 601-628.

FABREGAT, Esteva. *El mestizaje en Iberoamérica.* Madrid, Alhambra, 1988.

FARGE, Arlette. *La atracción del archivo.* Valencia, Ediciones Alfores El Magnánem, 1991.

FERRER ALÒS. Llorens "De la Historia agraria a la historia de la familia. O de cómo la historia económica es historia social." BJERG & BOIXADÓS (eds.) *La familia, Campo de investigación interdisciplinario. Teorías, métodos y fuentes.*, Buenos Aire, Universidad Nacional de Quilmes, 2004: 63-98.

FERREYRA, María del Carmen. "El matrimonio de las castas en Córdoba. 1700-1779". *III Jornadas de Historia de de Córdoba*, Córdoba, Junta Provincial de Historia de Córdoba, 1997: 285-326

FERREYRA, María del Carmen. "La ilegitimidad en la ciudad y en el campo a finales del siglo XVIII en Córdoba". *Cambios y continuidades en los comportamientos demográficos en América: La experiencia de cinco siglos,* Bélgica, IUSSP, 1998.

FERREYRA, Maria del Carmen. "Matrimonios de españoles con esclavas durante el siglo XVIII. Estudios de caso", en GHIRARDI Mónica (comp. *Cuestiones de familia a través de las fuentes, Córdoba,* Centro de Estudios Avanzados. Universidad Nacional de Córdoba, 2005: 91-139.

FLORES GALINDO, Alberto. *Aristocracia y plebe. Lima, 1760-1830.* Lima, Mosca Azul, 1984.

FOUCAULT, Michel. *La arqueología del saber.* México, Siglo XXI, 1996.

FOUCAULT, Michel. *Historia de la Sexualidad. La inquietud del sí.* Madrid, Siglo XXI, 3, novena edición, 1997.

FOUCAULT, Michel. *Vigilar y castigar. Nacimiento de la prisión.* Madrid, Siglo XXI, 2005.

FREIRE, Gilberto. *Casa Grande e Senzala. Formaçao de familia brasileira seb o regimen de economia patriarchal.* Río de Janeiro, 1933.

FRIGERIO, Alejandro, *Cultura Negra en el Cono Sur. Representaciones en Conflicto.* Universidad Católica Argentina, 2000.

FRIGERIO, Alejandro. "Negros" y "Blancos" en Buenos Aires: repensando nuestras categorías raciales". Ponencia presentada en las *Jornadas Buenos Aires Negra: Memorias, representaciones y prácticas de las comunidades Afro.* Buenos Aires, 2002.

FRIGERIO, Alejandro. "De la *desaparición* de los negros a la *reaparición* de los afrodescendientes: Comprendiendo la política de las identidades negras, las clasificaciones raciales y de su estudio en la Argentina", en LECHINI, Gladys (ed.). *Los estudios afroamericanos y africanos en América Latina.* Córdoba: UNC/CLACSO, 2008.

FRIGERIO, Alejandro y Eva LAMBORGHINI. "Quebrando la invisibilidad: Identificaciones colectivas y creación de un movimiento social afrodescendiente en Argentina". *Revista Observatorio Social de América Latina* (en prensa).

GALLARDO, Jorge Emilio. *Etnias africanas en el Río de la Plata,* Buenos Aires, Centro de Estudios Latinoamericanos, 1989.

GARAVAGLIA, Juan Carlos. *Mercado Interno y Economía Colonial.* México, Grijalbo, 1983.

GARAVAGLIA, Juan Carlos. *Economía, sociedad y regiones.* Buenos Aires, Ediciones De la Flor, 1987.

GARAVAGLIA Juan Carlos y José Luis MORENO (comps). *Población, sociedad, familia y migracio nes en el espacio rioplatense. Siglos XVIII y XIX.* Buenos aires, Cántaro, 1993.

GARAVAGLIA, J.C. & J. C. GROSSO. "Criollos, mestizos e indios: etnias y clases sociales en México colonial a fines del siglo XVIII". *Secuencia,* Revista de Historia y Ciencias Sociales, 29. Instituto Mora, México, 1994.

GARAVAGLIA, Juan Carlos y Jorge GELMAN. *El mundo rural rioplatense a fines de la época colonial: estudios sobre producción y mano de obra.* Buenos Aires, Biblos, 1987.

GARCÍA BELSUNCE, César. *La temprana población colonial (hasta 1750).* Historia de la Población, 5-6. Academia Nacional de la Historia, 2008.

GARCÍA CANCLINI, Néstor. *Culturas híbridas. Estrategias para entrar y salir de la modernidad.* Buenos Aires, Sudamericana, 1998.

GARCÍA, Claudia. "Ambivalencia de las representaciones coloniales: líderes indios y zambos de la Costa de Mosquitos a fines del siglo XVIII". *Revista de Indias*, Vol. LXVII, 241, 2007.

GÁRGANO, Cecilia. "La trata esclavista en el Río de la Plata, a finales del siglo XVIII. Análisis del proceso de conformación y transformación de una red tecno-económica". *XI Jornadas Interescuelas/Departamentos de Historia,* Tucumán, Universidad Nacional de Tucumán, 2007 (formato CD).

GARRIDO, Santiago, Alberto LALOUF y Hernán THOMAS. "Tráfico marítimo de esclavos. Cambios tecnológicos y mortalidad. Un análisis socio-técnico". *Primeras Jornadas Nacionales de Historia Social,* La Falda, Córdoba, 2007a (formato CD).

GARZON MACEDA, Ceferino y José Walter DORFLINGER. "Esclavos y mulatos en un dominio rural del siglo XVIII en Córdoba".*Revista de la Universidad*, 2, año 2, córdoba, 1961.

GELER, Lea. "Afroargentinos de Buenos Aires, Re-creación de un comunidad "invisible". VALCUENTE DEL RÍO & NAROTZKY MOLLEDA (comp.) *Las políticas de la memoria en los sistemas democráticos: Poder, cultura y mercado.* Sevilla, fundación El Monte/ FAAEE/ASNA, 2005: 35-50.

GELER, Lea. "¡Pobres negros!". Algunos apuntes sobre la desaparición de los negros argentinos", en GARCÍA JORDÁN, Pilar. *Estado, Región y Poder local en América Latina, Siglos XIX-XX.* Barcelona, Publicaciones i Ediciones de la Universidad de Barcelona, 2006: 115-153.

GELER, Lea. "La sociedad de color se pone de pié. Resistencia, visibilidad y esfera pública en la comunidad afrodescendiente de Buenos Aires, 1880", en DALLA CORTE G.y P. GARCÍA JORDÁN (coord.) *Homogeneidad, diferencia y exclusión en América.* Barcelona, Publicaciones i Ediciones de la Universidad de Barcelona, 2006: 141:153.

GELER, Lea. *¿"Otros argentinos? Afrodescendientes porteños y la construcción de la nación argentina entre 1873 y 1882.* Tesis de Doctorado, Universidad de Barcelona, junio de 2008.

GELER, Lea. "Las representaciones y disputas del modelo de familia en los afroporteños, 1878-1880. *Espacios de Familia: ¿tejidos de lealtades o campos de confrontación? España-América, siglos XVI-XX."* Tomo II, México, Jitanjafora (en prensa)

GELER, Lea. *Andares negros, caminos blancos. Afroporteños, Estado y Nación. Argentina a fines del siglo XIX.* Rosario, Prohistoria, 2010.

GELMAN. Jorge. "Sobre esclavos, peones, gauchos y campesinos: el trabajo y los trabajadores en una estancia colonial rioplatense". GARAVAGLIA & GELMAN. *El mundo rural rioplatense a fines de la época colonial: estudios sobre producción y mano de obra.* Buenos Aires, Biblos, 1987.

GELMAN, Jorge. *Campesinos y estancieros.* Buenos Aires, Ed. Del Riel, 1998

GENTILE LAFAILLE, Margarita. *El "control vertical" en el noroeste argentino.* Buenos Aires, Quirós, 1986.

GENOVESE, Eugene. *Roll, Jordan, Roll: The Woorld the Slaves Made,* Nueva York, 1974.

GERSHANI OVIEDO, Marcelo. *Una familia de la sociedad colonial catamarqueña. Los Herrera y Cartagena. Siglos XVI al XVIII.* Tesis de Licenciatura. Facultad de Humanidades, Universidad Nacional de Catamarca, 2002.

GERSHANI OVIEDO, Marcelo. "El pueblo de indios de Choya en el Valle de Catamarca. Siglo XVIII". *Aportes Científicos desde Humanidades,* 4. Tomo 1. Catamarca, Facultad de Humanidades, Universidad Nacional de Catamarca, 2004.

GERSHANI OVIEDO, Marcelo. *La conformación del patriciado criollo y su relación con la elite dirigente en Catamarca (siglos XVI-XX).* Tesis de Maestría en Historia Regional Argentina. Facultad de Humanidades. Universidad Nacional de Catamarca. 2009.

GHIRARDI, Mónica. *Formación de la familia española en América. Cambios y pervivencias. El caso de Córdoba.* Centro de Investigaciones de la Facultad de Filosofía y Humanidades, Universidad Nacional de Córdoba, 2001.

GHIRARDI, Mónica. *Matrimonios y familias en Córdoba, 1700-1850: Prácticas y representaciones, Córdoba.* Centro de Estudios Avanzados, Universidad Nacional de Córdoba, 2004.

GIL MONTERO, Raquel. *La población de Jujuy entre 1779 y 1869.* Tesis de Licenciatura, Universidad Nacional de Córdoba, 1993.

GIL MONTERO. *Caravaneros y trashumantes en los Andes Meridionales.* Instituto de Estudios Peruanos, 2004.

GIL MONTERO, Raquel. "¿Métodos, modelos y sistemas familiares en la historia de la familia?", en ROBICHAU, David. *Familia y diversidad en América Latina,* Buenos Aires, CLACSO, 2007: 77-100.

GIL NAVARRO, Ramón. *Memorias de una sociedad criolla. El diario de Ramón Gil Navarro, 1845-1856.* Academia Nacional de la Historia, Buenos Aires, 2005: 36.

GIDDENS. Anthony. *Social theory and modern society,* Cambridge, Polity Press, 1987.

GILROY, Paul. *The Black Atlantic.* Cambridge, Harvard University Press, 1993.

GINZBURG, Carlo. *Tentativas,* Rosario, Prohistoria, 2004.

GLAVE, Luis Miguel. *Trajinantes. Caminos indígenas en la sociedad colonial. Siglos XVII.* Lima, Instituto de Apoyo Agrario, 1989.

GOLDBERG, Marta. "La población negra y mulata de la ciudad de Buenos, 1810-1840. *Desarrollo Económico,* 16, 1976: 75-99.

GOLDBERG, Marta. "Las afroargentinas (1750-1880)". GIL LOZANO, Fernanda. *Historia de las mujeres en la Argentina.* Buenos Aires, Taurus, 2000:67-87.

GOLDBERG Marta y Silvia MALLO. "La población africana en Buenos Aires y su campaña. Formas de vida y de subsistencia (1750-1850)". *Temas de África Asia.* Sección de Estudios de Asia y África. Universidad de Buenos Aires, 1993: 15-69.

GOLDBERG, Marta y Silvia MALLO. "Familia afrodescendiente, esclava y libre, en el Río la Plata (1770-1830)".Congreso Internacional *Familias y organización social en Europa y América, siglos XV al XX. España,* Murcia, 2007.

GONZALBO AIZPURU, Pilar. *Las mujeres en la Nueva España: educación y vida cotidiana.* México. El Colegio de México, 1987.

GONZALBO AIZPURU, Pilar (coord.). *Familias novohispanas: siglos XVI-XIX.* El Colegio de México, 1991.

GONZALBO, Pilar (comp.) *Historia de la familia*, México, DF, Instituto Mora, 1993.

GONZALBO, Pilar y Cecilia RABELL (comp.), *La familia en el mundo iberoamericano*. México, Universidad Nacional Autónoma de México, 1994.

GONZALBO, Pilar. *Introducción a la historia de la vida cotidiana*. México, El colegio de México, Centro de Estudios Históricos, 2006.

GONZÁLEZ BONORINO, Jorge Lima. "Registro de los portugueses en la Gobernación del Tucumán". *Boletín del Centro de Estudios Genealógicos de Buenos Aires,* 4. Buenos Aires, 1990.

GOODY, Jack *La evolución de la familia y del matrimonio en Europa*. Barcelona, editorial Herder, 1986: 210.

GORENDER, Jacob. *A escravidao rehabilitada,* 2ª ed. San Pablo, Editora Ätica, 1991.

GROSSO. José Luis. *Indios muertos, negros invisibles. Hegemonía, Identidad y Añoranza*. Universidad Nacional de Catamarca, Facultad de Humanidades, 2007.

GRUZINSKI, Serge. *La colonización de lo imaginario: sociedades indígenas y occidentalización en el México español. Siglo XVI-XVIII*. México, Fondo de Cultura Económica, 1995.

GRUZINSKI, Serge y Berta QUEIJA (coord.). *Entre dos mundos. Fronteras culturales y agentes mediadores*. Escuela de Estudios Hispanoamericanos de Sevilla, 1997.

GRUZINSKI, Serge. *El pensamiento mestizo*. Barcelona, Paidós, 2000.

GUTIÉRREZ, Ramón. *When Jesus Came, the Corn Mothers Went Away, Marriage, Sexuality, and Power in New México, 1500-1846*. Stanford, Stanford University Press, 1991.

GUTMAN, Herbert. *The Black Family in Slavery and Freedom, 1750-1925*. New York, Pantheon Books, 1976.

GUZMÁN, Florencia. *La población negra –mulata en Catamarca durante el siglo XVIII y primeros años del XIX*. Tesis de Licenciatura. Universidad Nacional de Catamarca, 1989.

GUZMÁN, Florencia. "Los mulatos-mestizos en la jurisdicción riojana a fines del siglo XVIII: el caso de Los Llanos". Revista *Temas de África y Asia,* Facultad de Humanidades, Universidad Nacional de Buenos Aires. 1993: 71-107.

GUZMÁN, Florencia. "La población de color en la ciudad de Catamarca en los primeros años de la vida nacional". *Colección Instituto,* Universidad Nacional de La Plata, 1995: 71-86.

GUZMÁN, Florencia. "Una aproximación al estudio del matrimonio. El caso de la ciudad de La Rioja (1760-1810). *Cuadernos de Estudios Regionales,* 17-18. Universidad Nacional de Luján, 1995: 87-112.

GUZMÁN, Florencia. "Familias de los esclavos en La Rioja tardocolonial (1760-1810)". Revista *Andes*. Universidad Nacional de Salta, 8, 1997: 225-241.

GUZMÁN, Florencia. "Esposas y mancebas. Catamarca, 1808". *Todo es Historia,* abril de 1997.

GUZMÁN, Florencia. "Formas familiares en la ciudad de Catamarca, el caso de los indios, mestizos y castas (11770.1812), en CICECHIA, Ricardo (comp.) *Formas familiares, procesos históricos y cambio social en América Latina,* Quito, Ecuador, Abya-Yala, 1998: 39-58.

GUZMÁN. Florencia. "De colores y matices: los claroscuros del mestizaje", en MATA DE LÓPEZ, Sara. *Persistencias y cambios: Salta y el Noroeste Argentino, 1770-'1840*. Prohistoria, 1999:15-40.

GUZMÁN, Florencia. "El destino de los esclavos de la Compañía: el caso riojano", en PI-

COTTI, Dina (comp.). *El negro en la Argentina. Presencia y negación,* Buenos Aires, Editores de América Latina, 2001: 87-108.

GUZMÁN, Florencia. "Matrimonio, mestizaje y familia en el Valle de Catamarca, 1770-1810."Tesis de Doctorado. Universidad Nacional de La Plata, 2002. Inédita.

GUZMÁN, Florencia. "Agricultura y familia en el Valle de Catamarca", en LÓPEZ, Cristina (comp.). *Familia, Parentesco y Redes Sociales*, Universidad Nacional de Tucumán, 2003: 103-138.

GUZMÁN, Florencia. "Africanos en la Argentina. Una reflexión desprevenida". Revista *Andes,* 17, Universidad Nacional de Salta, 2006: 197-237.

GUZMÁN, Florencia. "Buenos Aires y el Tucumán: los contrastes regionales del legado africano colonial". *Buenos Aires Negra. Identidad y Cultura.* Cuadernos del Patrimonio Histórico Cultural de la Ciudad de Buenos Aires, 16. Temas del Patrimonio Cultural. Buenos Aires, 2006: 237-253

GUZMÁN, Florencia. "Africanos y descendientes en Catamarca: una mirada local y regional de fines de la colonia". III Congreso de Historia de Catamarca. Junta de Estudios Históricos. Tomo II. *Historia Política e Institucional. Sociedad, Población u Economía.* Editorial Científica Universitaria. Universidad Nacional de Catamarca, 2007: 263-286.

GUZMÁN, Florencia. "Estudios sobre esclavos y afrodescendientes: avances, problemas y nuevos desafíos". PINEAU, Marisa y Florencia GUZMÁN (comp.). *África y africanos en la Argentina. Investigaciones y debates actuales.* Editorial de la Universidad Nacional de Quilmas (en prensa).

GUZMÁN, Gaspar. "La suerte de los pardos libres". *La Unión,* 13 de noviembre de 1966, p. 5

GUZMÁN, Gaspar. *Catálogo de Matrimonios mencionados en la Documentación Colonial de Catamarca*, Córdoba, Boletín de la Junta de Estudios Genealógicos, 1979.

GUZMÁN, Gaspar. *Historia Colonial de Catamarca,* Milton Editores, 1985.

HAJNA, John "Two Kinds of Preindustrial Household Formation System". En *Population and Development Review,* 8, n° 3,(september, 1982).

HALPERÍN DONGHI, Tulio. *Revolución y Guerra. Formación de una elite dirigente en la Argentina criolla.* Buenos Aires, Siglo XXI, 1979.

HALL, Stuart. "Introduction: who needs identity?", en HALL S. y P.de. GAY (eds.). *Questions of cultural identity.*Sage, Londres, 1996.

HANON, Maxine. "Las lavanderas, morenas y federales". *Todo es Historia,* año XXXVII, n° 452, Buenos Aires, marzo, 2005.

HARAVEN, Tamara. "The History of the Family and the Complexity of Social Change". *American Historical Review,* 96:1. pp. 95-124.

HARRIS, Marvin *Patterns of Race in the Americas.*Nueva York, Walker, 1963.

HERNÁNDEZ BASANTE, Kattia. *Sexualidades afroserranas: Identidades y relaciones de género. Estudio de caso.* Quito, editorial Abya Yala, 2005.

HERZOG, Tamar. *La administración como un fenómeno social: la justicia penal de la ciudad de Quito (1650-1750).* Madrid, Centro de Estudios Constitucionales, 1995.

HUNEFELDT, Cristine. "Mujeres. Esclavitud, emociones y libertad. Lima 1800-1854". *Documento de Trabajo,* N° 24. Instituto de Estudios peruano, IEP. Serie Historia N° 4. Marzo 1988.

HÜNEFELDT, Cristine. *Paying the Price of Freedom* University of California Press, 1994.

JOHONSON, Lyman. "La manumisión de esclavos en Buenos Aires durante el Virreinato", en *Desarrollo Económico,* 16: 63, 1976: 333-348.

JOHONSON, Lyman. "La manumisión de esclavos en Buenos Aires durante el virreinato: un análisis ampliado". *Desarrollo Económico*. 19: 73, 1979: 107-119.

JOHONSON, Lyman. "Francisco Baquero: zapatero y organizador (Río de la Plata, siglo XVIII y XIX).".SWEET & NASH (comp.).*Lucha por la supervivencia en la América colonial,* México, FCE, 1987:73-84.

KICZA, John. *Empresarios coloniales. Familias y negocios en la ciudad de México durante los Borbones.* México, FCE, 1986.

KLEIN, Herbert. "Familia y fertilidad en Amatenango, Chiapas, 1785-1816". *Historia Mexicana,* XXXVI: 2 (142) (oct.-dic.), 1986: 273-286.

KLEIN, Herbert. "Las características demográficas del comercio atlántico de esclavos hacia Latinoamérica". *Boletín del Instituto de Historia Argentina y Americana, "Dr. Emilio Ravignani",* 3ª serie, 8, segundo semestre, Buenos Aires, 1993

KLEIN, Herbert. *La esclavitud africana en América Latina y el Caribe.* Madrid, Alianza Editorial, 1986.

KLUGER, Viviana. "Amar, honrar y obedecer en el Virreinato del Río de la Plata: de las reyertas familiares a los pleitos judiciales". *Anuario Mexicano de Historia del Derecho,* Nº México, 2004: 473-496.

KLUGER, Viviana. "El rol femenino en el litigio familiar. Ajustes y desajustes, conformismo y contradicción en los pleitos familiares en el Virreinato del Río de la Plata". *Iberoamericana, América Latina, España, Portugal: Ensayos sobre letras, historia y sociedad.* Notas nª 14, Reseñas Iberoamericanas, 2004: 7-28.

KONETZKE, Richard. *Colección documental para la historia de la formación social de Latinoamérica, 1493-1810.* Madrid, CSIC, 1957.

KUZNESOF, Elizabeth. "The History of the Family in Latin América: A Critique of Recent Work". *Latin American Research Review,* 24:2, 1989.

KUZNESOF, Elizabeth. "The Role of the Female-headed Household in Brazilian Modernization: São Paulo 1765-1836". En *Journal of Social History,* XIII: 4, 1980:589-611.

LACLAU, Ernesto. *Emancipación y diferencia.* Buenos Aires, Ariel, 1996.

LAFONE QUEVEDO. Samuel. *Londres y Catamarca,* Buenos Aires, 1888.

LAFONE QUEVEDO, Samuel. "Refundación de la ciudad de Londres en 1607 en Belén, Valle de Famaifil". Carta abierta al doctor Ramón J. Cárcano". *Boletín del Instituto Geográfico Argentino,* XVII. Buenos Aires, 1896.

LAFONE QUEVEDO. Samuel. *Tesoro de catamarqueñismos. Nombres de lugar y apellidos indios, con etimologías y eslabones aislados de la lengua cacana,* (1898). Universidad Nacional de Catamarca, 1999.

LARROUY, Antonio. "Los indios del Valle de Catamarca". *Revista de la Universidad Nacional de Buenos Aires.* Sección antropología, Facultad de Filosofía y Letras, UBA, Buenos Aires, imprenta Coni, 1914.

LARROUY, Antonio. *Santuario de Nuestra Señora del Valle. Historia de Nuestra Señora del Valle. Primera parte: Nuestra Señora del Valle en el siglo XVII.* Buenos Aires, tomo I, II, y III, 1916.

LARROUY, Antonio. "Catamarca, Colonial. Formación y Colonización de la provincia." *Autonomía catamarqueña.* Buenos Aires, 1921.

LARROUY, Antonio. *Documentos del Archivo de Indias para la historia del Tucumán,* 1591-1700. Buenos Aires, t I, 1923.

LARROUY, Antonio. *Documentos del Archivo de Indias para la historia del Tucumán, siglo XVIII.* Tolosa, t II, 1927.

LASANCZY Anne Marie y Carmen BERNAND. *La trama interétnica: ritual, sociedad y figuras del intercambio entre los Grupos Negros y Emberá del Chocó.* Instituto Colombiano de Antropología e Historia e Inst. Francais d'etudes Andines, 2006.

LASLETT, Peter "La Historia de la familia". GONZALBO, Pilar (comp.). *Historia de la Familia.* México, Instituto Mora, 1993: 43-70.

LAVIÑA, Javier. "Sin sujeción ni justicia: Iglesia, cofradías e identidad americana". *Estrategias de poder en América Latina*, Barcelona 2000:151-163.

LAVRÍN, Asunción (coordinadora).*Sexualidad y matrimonio en la América Hispánica. Siglos XVI-XVIII.* México, Grijalbo, 1991.

LAVRÍN, Asunción. *Las mujeres latinoamericanas. Perspectivas históricas.* México, Fondo de Cultura Económica, 1985.

LAVRÍN, Asunción. "La mujer en la sociedad colonial hispanoamericana". BETHELL, Leslie (ed.), *Historia de América Latina,* Barcelona, Crítica, IV, 2003: 109-137.

LECHINI, Gladys (editora). *Los estudios afroamericanos y africanos en América Latina.* Córdoba, UNC/CLACSO, 2008.

LEVAGGI, Abelardo. "La condición jurídica del esclavo en la época hispánica". *Revista de Historia del Derecho,* 1, Buenos Aires, Instituto de Investigaciones de Historia del Derecho, 1973: 83-175.

LEVI. Giovanni *La herencia inmaterial. La historia de un exorcista piamontés en el siglo XVII.* Madrid, 1985.

LIBROS CAPITULARES DE CATAMARCA, Tomo I, 1683-1691. Compilados y anotados por Manuel Soria, Catamarca, Talleres La Ley, 1902.

LIBROS CAPITULARES DE CATAMARCA, tomo II, 1708 y 1715. Compilados y anotados por J. A. Villacorta, Catamarca, Talleres La Ley, 1905.

LIBROS CAPITULARES DE CATAMARCA, tomo III, 1723-1725. Compilados y anotados por J. A. Villacorta, Catamarca, Talleres La Ley, 1906.

LIBROS CAPITULARES DE CATAMARCA, tomo IV, 1725-1726. Catamarca, Talleres La Ley, 1907.

LIBROS CAPITULARES DE CATAMARCA, tomo V, 1809 a 1814. Compilados y anotados por Manuel Soria, Catamarca, Talleres El Debate, 1909.

LOCKHART, James. *El mundo hispano peruano, 1532- 1560.* México, Fondo de Cultura Económica, 1982.

LOCKHART, James. "Organización cambio social en la América española colonial". BETHELL, Leslie (ed.), *Historia de América Latina,* Barcelona, Crítica, Vol. 4, 1990.

LÓPEZ DE ALBORNOZ, Cristina. *Vivir y trabajar en la campaña tucumana a fines de la colonia y comienzos de la Independencia.* Tesis de Maestría, Sevilla, 1997.

LÓPEZ DE ALBORNOZ, Cristina. *Los dueños de la tierra. Economía, Sociedad y Poder en Tucumán (1770-1820).* Tucumán, Facultad de Filosofía y Letras, 2003.

LÓPEZ, Cristina. (Comp.) *Familia, parentesco y Redes Sociales.* Instituto de Estudios Geográficos, Universidad Nacional de Tucumán, 2003.

LÓPEZ, Laura "¿Hay alguna persona en este hogar que sea Afrodescendiente?" Negociações e disputas políticas em torno das classificações étnicas na Argentina. Disertación de Maestría. PPGAS/UFRGS. Porto Alegre, 2005.

LÓPEZ, Laura. "De transnacionalización y censos. Los afrodescendientes en Argentina". *Revista de Antropología Iberoamericana,* AIBR, marzo-julio, año/vol. 1, número 002, Madrid, España, 2006: 265-285.

LÓPEZ, Nelly. "Algunos elementos para el estudio del esclavo y liberto en Córdoba en el lapso 1810-1853". *Primer Congreso de Historia Argentina y Regional.* Buenos Aires, Academia Nacional de la Historia, 1973:553-564.

LORANDI, Ana María. "El servicio personal como agente de desestructuración en el Tucumán colonial". *Revista Andina*, 6. (1), Cuzco, 1988:135-173.

LORANDI, Ana María. "El mestizaje interétnico en el noroeste argentino". *Senri Ethnological Studies.* 33, 1992.

LORANDI, Ana María (comp.). *El Tucumán colonial y Charcas.* Facultad de Filosofía y Letras. Universidad de Buenos Aires, Tomo I y II, 1997.

LORANDI, Ana María. "Constitución de un Nuevo perfil social del Tucumán en el siglo XVIII". *Boletín del Instituto de Historia Argentina y Americana Dr. Emilio Ravignani,* 21, Buenos aires, 2000: 99-115.

LOSONCZY, Anne Marie y Carmen BERNAND. *La trama interétnica: ritual, sociedad y figura del intercambio.* Instituto francés de Estudios Andinos, 2006.

LOVE, Edgar. "Marriage Patterns of Persons of African Descent in a Colonial México City Parish". *Hispanic American Review*, 51:79-91.

LOZANO, Pedro. *Historia de la conquista del Paraguay, Río de la Plata y Tucumán.* Ilustrada con noticias del autor y suplementos por Andrés Lamas, IV. Buenos Aires, 1984.

MAEDER, Ernesto. "El Censo de 1812 en la historia demográfica de Catamarca". *Anuario,* del Instituto de Investigaciones Históricas de la Universidad Nacional de Rosario, 10, 1970: 231-249.

MALLO, Silvia. "La libertad en el discurso del Estado, del amo y esclavos, 1780-1830". *Revista de Historia de América,* 112, México, IPGH, 1991:121-146.

MALLO, Silvia. "Población afroargentina: del peculio al patrimonio y la propiedad". *XII Congreso Nacional de Arqueología Argentina*, t. II, La Plata, Universidad Nacional de La Plata, 1999: 434-439.

MANNARELLI, María Emilia. *Pecados públicos. La ilegitimidad en Lima. Siglo XVI.* Lima, editorial Flora Tristán, 1994.

MANTECON MOVELLÁN, Tomás. *Conflictividad y disciplinamiento social en la Cantabria rural del Antiguo Régimen.* Universidad de Cantabria. Fundación Marcelino Botin, Santander, 1997.

MANTECON MOVELLAN, Tomás. *La muerte de Antonia Sánchez. Tiranía y escándalo en una sociedad rural del norte español en el Antiguo Régimen.* Alcalá de Henares, Centro de Estudios Cervatitos, 1997.

MARGADANT, Guillermo. "La familia en el Derecho Novohispano", en GONZALBO AIZPURU, Pilar (coord.). *Familias Novohispanas. Siglos XVI al XIX.* México, el Colegio de México, 1991.

MARONESE, Leticia. (Com.). *Buenos Aires negra: Identidad y Cultura.* Temas de Patrimonio Cultural, 16, Buenos Aires, 2006.

MARTÍNEZ MONTIEL, Luz María. *Negros en América.* Madrid, MAPFRE, 1992.

MASINI CALDERÓN, José Luis. "Consideraciones sobre la esclavitud en Córdoba. Época independerte". *Primer Congreso de Historia Argentina y Regional,* Buenos Aires, Academia Nacional de la Historia, 1973:537-551.

MASINI CALDERÓN, José Luis. "La esclavitud negra en San Juan y San Luis. Época independiente. *Revista de Historia Americana y Argentina*, año IV, 7-8, Mendoza, Facultad de Filosofía y Letras, Universidad Nacional de Cuyo, 1962-1963: 177-210.

MASINI CALDERÓN, José Luis. *La esclavitud negra en Mendoza. Época independiente.* Mendoza, Talleres Gráficos D Accurzio, 1962.

MATA, Sara. (Comp.) *Persistencias y cambios: Salta y el Noroeste Argentino, 1770-1840.* Rosario, PROHISTORIA, 1999

MATA, Sara. *Tierra y poder en Salta. El Noroeste Argentino en vísperas de la Independencia.* Colección Nuestra América. 9. Diputación de Sevilla, España, 2000.

MATEO, José. "Bastardas y concubinas. La ilegitimidad conyugal y filial en la frontera pampeana bonaerense (Lobos 1810-1869)". En *Boletín del Instituto de Historia Argentina y Americana Dr. Emilio Ravignani,* 3a. Serie, 1er semestre, Buenos Aires, 1996:26-27.

MATEO, José. *Población, parentesco y red social en la frontera. Lobos (provincia de Buenos Aires) en el siglo XIX.* Mar del Plata, Universidad Nacional de Mar del Plata, 2001.

MATTOSO, Katia de Queirós. *Familia e Sociedade na Bahia do Século XIX.* São Paulo, editorial Corrupio, 1988.

MAYO, Carlos. "Inmigración Africana", en *Temas de África y Asia,* UBA, 1993: 11-13.

MAYO, Carlos. *Estancia y Sociedad en La Pampa, 1740-1820.* Buenos Aires, Biblos, 1995.

MAYO, Carlos. *La Historia agraria del Interior. Haciendas jesuíticas de Córdoba y el Noroeste.* Buenos Aires, Centro Editor, 1994.

MAYO, Carlos. *Porque la quiero tanto. Historia del amor en la sociedad rioplatense (1750-1860),* Buenos Aires, Biblos, 2004.

McCAA, Robert. "Gustos de los padres, inclinaciones de los novios y reglas de una feria nupcial: Parral, 1770-1814". *Hispanic American Historical Reviuw,* 71:4, 1991: 579-614.

McCAA, Robert. "Calidad, clase y matrimonio en el México colonial; el caso de Parral, 1778-1790", en GONZALBO, Pilar (comp.) *Historia de la Familia,* México, Universidad Autónoma Metropolitana, 1993:151-169.

MELLAFE, Rolando. *La introducción de la esclavitud negra en Chile; tráfico y rutas.* Santiago de Chile, Universidad de Chile, 1959.

MIATELLO, LORANDI y BUNSTER. "Cambios económicos y conflictos en la elite del Tucumán Colonial", en LORANDI, Ana María. *El Tucumán colonial y charcas.* Facultad de Filosofía y Letras. Universidad de Buenos Aires, Tomo II, 1997: 129-153.

MOLINARI, Diego Luis. *La trata de negros: datos para su estudio en el Río de la Plata.* Buenos Aires, Facultad de ciencias Económicas, Universidad Nacional de Buenos Aire, 1944.

MORENO, Alicia del Carmen. "¿Quién me abraza esta vez? Segundas nupcias de mujeres negras y esclavas. Catamarca primera mitad del siglo XIX", en *Revista del Centro de Estudios Genealógicos y Heráldicos de Catamarca,* año 1 , n° 1, Catamarca, Editorial Sarquís, 2010.

MORENO FRAGINALS, Manuel. *África en América Latina.* UNESCO, Siglo XXI, 3 edición. UNESCO, 1994.

MORENO, José Luis. "Sexo, matrimonio y familia: la ilegitimidad en la frontera pampeana del Río de la Plata, 1780-1850.". *Boletín del Instituto de Historia Argentina y American,* 16/17. Buenos Aires, Facultad de Filosofía y Letras, UBA, 1998.

MORENO, José Luis. "Familia e ilegitimidad en perspectiva: reflexiones a partir del caso rioplatense", en BJERG, María&Roxana BOIXADÓS (eds.). *La familia. Campo de investigación interdisciplinario. Teorías, métodos y fuentes,* Buenos Aires, Universidad Nacional de Quilmes, 2004.

MORENO, José Luis. *Historia de la familia en el Río de la Plata.* Buenos Aires, Editorial Sudamericana, 2004.

MORIN, Claude. *Santa Inés Zacatelco (1646-1812): contribución a la demografía histórica del México colonial.* México, Instituto Nacional de Antropología e Historia, 1973.

MÖRNER, Magnus. *La mezcla de razas en la historia de América Latina.* Buenos Aires, Paidós, 1969.

MÖRNER, Magnus. "Comprar o criar. Fuentes alternativas de suministro de esclavos en las sociedades plantacionistas del Nuevo Mundo". *Revista de Historia de América,* 91, México, enero-junio, 1981. 37-81.

MORSE, Ricardo. "El desarrollo urbano de la Hispanoamérica colonial". BEETHELL, Leslie (ed.) *Historia de América Latina,* Tomo 3, Barcelona, Crítica editorial, 1990:15-43.

MOYANO, Hugo. "Los artesanos esclavos en Córdoba (1810-1820)". *Investigaciones y Ensayos,* 33, Buenos Aires, Academia Nacional de la Historia, 1982:429-461.

MURRA, John. "El control vertical de un máximo de pisos ecológicos en las sociedades andinas", MURRA J. *Formaciones Económicas y Políticas del Mundo Andino,* IEP, Lima, 1975.

NIZZA DA SILVA, Beatriz. *Sistema de casamento no Brasil colonial.* San Pablo, Universidad de Sao Paulo, 1984.

NOLI, Estela. "Algarrobo, maíz y vacas. Los pueblos de indios de San Miguel y la introducción de los ganados europeos (1600-1630), *Mundo de Antes,* num. 1, Tucumán, 1999:31-67.

NOLI, Estela, "Indios ladinos del Tucumán colonial: los carpinteros de Marapa", *Andes,* Antropología e Historia, 12, Salta, 2001:139-172.

NOVILLO, Jovita María. "Africanos y afromestizos en Tucumán (1800-1814). Una aproximación a las relaciones interétnicas". *X Jornadas Interescuelas/Departamentos de Historia,* Rosario, 2005.

NOVILLO, Jovita María. *La población negra en Tucumán (1820-1829). Con especial referencia a los cuarteles Urbanos y a los Curatos de Los Juárez y Río Chico.* Tesis de Maestría, Universidad Nacional de Tucumán, 2006.

OKON EDET UYA. *Historia de la esclavitud negra en las Américas y el Caribe.* Argentina, Editorial Claridad, 1989.

OLMOS, Ramón Rosa. *Historia de Catamarca.* Catamarca, Editorial La Unión, 1957.

ORTIZ ODERIGO, "Las naciones africanas". *Todo es Historia,* 162, Buenos Aires, noviembre 1980.

ORTIZ ODERIGO, Néstor. *Diccionario de Africanismos en el Castellano del Río de la Plata,* Universidad Nacional de Tres de Febrero, 2007.

OTERO, Hernán. *Estadística y Nación.* Buenos Aires, Editorial Prometeo, 2007.

OTERO, Osvaldo. "De esclavos a mercaderes, amos y otros. Contribución al estudio de la redes sociales de la plebe en el Buenos Aires tardocolonial", en ZAPICO, Hilda R. (coord.). *De prácticas, comportamientos y formas de representación social en Buenos Aires (XVII-XIX).* Bahía Blanca, Editorial de la Universidad Nacional del Sur, 2006: 323-367.

OTERO, Osvaldo. "Los espacios de la gente olvidada en una ciudad mestiza. Lugares de los africanos y afrodescendientes en el Buenos Aires del siglo XVIII". *IV Simposio Internacional de Estudios sobre América colonial.* Belo Horizonte, Universidad Federal de Minas Gerais, noviembre 2008 (formato CD).

PALOMEQUE, Silvia. "La circulación mercantil en las provincias del Interior, 1800-1810". *Anuario del IHES,* IV, Tandil, 1989, 130-208.

PALOMEQUE, Silvia. "Los esteros de Santiago. Acceso a los recursos y participación mencantil. Santiago del Estero en la primera mitad del siglo XIX". *Data*, INDEAA, 1993: 9-57.

PALOMEQUE, Silvia. "El mundo indígena siglos XVI-XVIII", en TANDETER, Enrique (dir.). *La sociedad colonial,* tomo II de la *Nueva Historia Argentina,* Buenos Aires, Sudamericana, 2000: 9-57.

PARODI, José Luis. "Desarrollo de Estrategias Productivas y de Subsistencia de las Comunidades Indígenas del Valle Central de Catamarca. Siglos XVII y XVIII", en DE LA ORDEN DE PERACCA, Gabriela (Coord.). *Los Pueblos de Indios en Catamarca Colonial.* Catamarca, Universidad Nacional de Catamarca, 2008: 31:44.

PEÑA, Gabriela A. *La evangelización de indios, negros y gente de castas en Córdoba del Tucumán durante la dominación española (1573-1810).* Córdoba, Facultad de Filosofía y Humanidades, Universidad Católica de Córdoba, 1997.

PERALTA, Germán. *Las rutas negreras.* Universidad Nacional Federico Villarreal, Centro de Investigaciones Histórico Sociales, Lima, 1979.

PESCADOR. Juan Javier. *De bautizados a fieles difuntos.* México, DF, El Colegio de México, 1992.

PIANA DE CUESTAS, Josefina. *Los indígenas de Córdoba bajo el régimen colonial. 1570-1620.*, Córdoba, ed. Del autor, 1992.

PICOTTI, Dina. *La presencia africana en nuestra identidad.* Buenos Aires, Ediciones del Sol, 1998.

PICOTTI, Dina (comp.), *El negro en la Argentina. Presencia y negación.* Buenos Aires, Editores de América Latina, 2001.

PINEAU, Marisa y Florencia GUZMÁN (comp.). *África y africanos en la Argentina. Investigaciones y debates actuales.* Editorial de la Universidad Nacional de Quilmes (en prensa).

PLÁ, Josefina. *Hermano negro, la esclavitud en Paraguay.* Madrid, Paraninfo, 1972.

PLATERO, Tomás. "Un escribano de color. Tomás Braulio Platero (1857-1925) figura de la generación del 80". *Todo es Historia,* año 13, 162, pp. 62-64.

PLATERO, Tomás. *Piedra libre para nuestros negros. La Broma y otros periódicos de la comunidad afroargentina (1873-1882).* Buenos Aires, Instituto Histórico de la Ciudad de Buenos Aires, 2004.

PUNTA, Ana Inés. "La tributación indígena en Córdoba en la segunda mitad del siglo XVIII". Revista *Andes,* Antropología e Historia, 6, CEPIHA, Universidad Nacional de Salta, 1994.

PUNTA, Ana Inés. *Córdoba borbónica. Persistencias coloniales en tiempo de reformas (1750-1800),* Universidad Nacional de Córdoba, 1997.

QUIJADA, Mónica. "Visibilización y revisibilización de los indígenas en la Argentina (siglo XIX y XXI), en DALLA CORTE, Gabriela y Pilar GARCIA JORDÁN (coord.). *Relaciones sociales e identidades en América.* Barcelona, Publicaciones de la Universitat de Barcelona, 2004:415-442.

QUIROGA, Adán, *Calchaquí,* Tucumán, 1897.

QUIROGA, Carlos B. *Cerro nativo. El hombre y la naturaleza-espíritu de la región.* Buenos Aires, 1924.

RABELL, Cecilia. "El patrón de nupcialidad en una parroquia rural novohispana: San Luis de la Paz, Guanajuato, siglo XVIII". *Memorias de la 1ra reunión nacional sobre investigación demográfica en México.* México, Consejo Nacional de Ciencia y Tecnología, 1978: 420-426.

RASINI, Beatriz "El censo de 1771". *Anuario,* Instituto de Investigaciones históricas de la Universidad Nacional del Litoral, 6, Rosario, 1962: 43-57.

REIS, Joao José. "La révolte haoussa de Bahía en 1807. Résistance et controle des esclaves au Brasil". *Annales. Histoire, Sciences Sociales,* año 61, nº 2, marzo-abril, 2006: 383-418.

RÍPODAS ARDANAZ, Daisy. *El matrimonio en Indias. Realidad social y regulación jurídica.* Argentina, CONICET, 1977.

ROBICHAUX, David. (comp.). *Familia y diversidad en América Latina: estudios de caso.* Colección CLACSO, Grupos de Trabajo, Buenos Aires, 2007.

ROBICHAUX, David. "Sistemas familiares en culturas subalternas en América Latina: una propuesta conceptual y un bosquejo preliminar", en ROBICHAUX, David (comp.). *Familia y diversidad en América Latina: estudios de caso.* Colección CLACSO, Grupos de Trabajo, Buenos Aires, 2007.

RODMAN, Hyman. "Illegitimacy in the Caribbean social structure: reconsideration". *American Sociological Review,* 31:5, 1966: 673-683.

RODRIGUEZ MOLAS, Ricardo. "La música y la danza de los negros en el Buenos Aires de los siglos XVIII y XIX". *Revista Historia*, 7, Buenos Aires, enero-marzo, 1957:12-31.

RODRIGUEZ MOLAS, Ricardo. "Presencia de África Negra en la Argentina (Etnias, Religión y Esclavitud)". *Desmemoria. Re-vista de Historia,* año 6, nº 21-22, Buenos Aires, enero-junio, 1999:33-70.

RODRIGUEZ, Lorena. "La población de naturales del valle de Santa María a fines del siglo XVIII. Estado preliminar a partir del análisis del Archivo Parroquial". *Congreso Regional de Ciencia y Tecnología, NOA,* Universidad Nacional de Catamarca, 2003

RODRIGUEZ, Pablo. "La familia en Sudamérica Colonial". *Historia de las Mujeres en España y América Latina,* Madrid, Cátedra, t. II, 2005:637-664.

ROMERO, Luis Alberto. "La identidad de los sectores populares: una aproximación histórico-cultural", en HIDALGO & TAMAGNO (comp.). *Etnicidad e identidad.* Buenos Aires, Centro Editor, 1992: 64-81.

ROMERO, José Luis. *Latinoamérica. Las ciudades y las ideas.* Buenos Aires, Siglo XXI, [1976] 2005.

ROSAL, Miguel Ángel. "Artesanos de color en Buenos aires (1750-1810)". *Boletín del Instituto de Historia Argentina y Americana "Dr. Emilio Ravignani",* 27, Buenos Aires, Facultad de Filosofía y Letras, UBA, 1982:331-354.

ROSAL, Miguel Ángel. "Algunas consideraciones sobre las creencias religiosas de los africanos porteños (1750-1820)". *Investigaciones y Ensayos,* nº 31, Buenos Aires, Academia Nacional de la Historia, 1984a: 369-382.

ROSAL, Miguel Ángel. "Diversos aspectos atinentes a la situación de los afroporteños a principios del periodo post-revolucionario derivados del estudio de testamentos de morenos y pardos". *Revista de Indias,* v. LXVI, nº 237, Madrid, mayo-agosto, 2006b: 393-423.

ROSAL, Miguel Ángel. "Negros y pardos en Buenos Aires, 1811-1860". *Anuario de Estudios Americanos,* t. LI, 1, Sevilla, 1994: 495-512.

ROSAL, Miguel Ángel. *Africanos y afrodescendientes en el Río de la Plata. Siglos XVIII al XIX.* Buenos Aires, Editorial Dunken, 2009.

ROSENZVALG, Eduardo. *Historia social de Tucumán y del azúcar.* Universidad Nacional de Tucumán, 1986: 24-31.

ROUT, Leslie. The African Experience in Spanish America. Cambridge: Cambridge University Press, 1976.

RUFER, Mario. *Historias negadas: esclavitud, violencia y relaciones de poder en Córdoba en el siglo XVIII.* Córdoba, Ferreira Editor, 2005.

RUZO. Benedicto "Descripción Física y política de la provincia de Catamarca con nociones y datos estadísticos particulares en cuanto comprenden los dos términos". *Revista Paraná,* año I, 1960: 96-98.

SAGUIER, Eduardo. "La naturaleza estipendiaria de la esclavitud urbana colonial. El Caso de Buenos Aires en el siglo XVIII". *Revista Paraguaya de Sociología,* año 26, no 74, enero-abril de 1985: 45-54.

SAGUIER, Eduardo. "Cimarrones y bandoleros y el mito de la docilidad esclava en la historia colonial rioplatense". *Canadian Journal of Latin and Caribbean Studies.* Toronto, 1994.

SAGUIER, Eduardo. "La fuga esclava como resistencia rutinaria y cotidiana en el Buenos Aires del siglo XVIII. *Revista de Humanidades y Ciencias Sociales* 1(2): 115-184. Santa Cruz de la Sierra. Universidad Autónoma Gabriel René Moreno, 1995.

SAIGNES, Thierry. "Las etnías de charcas frente al sistema colonial. (Siglo XVII). *Jahrbuch fur Geschichte von Staat, Wirstschaft und Gesselschaft Lateinamerikas,* 21, 1984: 25-27.

SÁNCHEZ ALBORNOZ, Nicolás. *La población de América Latina,* Madrid, 1978.

SÁNCHEZ OVIEDO, Cornelio. "El algodón factor importante en la historia de Catamarca." *Ministerio de Agricultura, Junta Nacional del Algodón,* 24, Buenos Aires, octubre de 1937.

SANDOVAL, Alonso. *Un tratado sobre la esclavitud.* Madrid, Alianza Editorial, 1987.

SANTAMARÍA, Daniel. "La población aborigen de Tarija y la migración de los pastores de La Puna de Jujuy a las haciendas tarijeñas del Marquesado de Tojo, 1787-1804", en TERUEL, Ana (coord.) *Población y trabajo en el Noroeste Argentino,* 1995: 25-42.

SANTAMARÍA, Daniel. "Artesanos y esclavos domésticos en el Jujuy colonial". *Población y Sociedad,* 4, Fundación Yocbil, Tucumán, 1996.

SCHAPOSCHNI, Ana. "La confrontación de datos al interior de un cuerpo documental", en LORANDI, Ana María (comp.). *El Tucumán colonial y Charcas*, tomo I. Facultad de Filosofía y Letras, Universidad Nacional de Buenos Aires, 1997:283-307.

SCHAPOSCHNIK, Ana. "Cuando Catamarca aún no era Catamarca. Etnohistoria de Colpes. Siglo XVI". *V Jornadas Departamentos de Historia*, Montevideo, 1995.

SCHÁVELSON, Daniel. *Buenos Aires negra: arqueología histórica de una ciudad silenciada.* Buenos Aires, Emecé, 2003.

SCHWARTZ, Stuart. "Resistance and Acculturation in Eighteenth-Century Brazil: the Slaves View of Slavery". *HAHR,* v. 57, 1, febrero, 1977:69-81.

SCOTT, Rebeca. *La emancipación de los esclavos en Cuba. La transición al trabajo libre, 1860-1899.* México, Fondo de Cultura Económica, 1989.

SEED, Patricia. *Amar, honrar y obedecer en el México colonial. Conflictos en torno a la elección matrimonial, 1754-1821.*México, Alianza Editorial, 1991.

SEGALEN, Martiné. *Antropología histórica de la familia.* Madrid, Taurus, 1992.

SEGATO, Rita. "Alteridades históricas, Identidades políticas. Una crítica a las certezas del pluralismo global". *Serie Antropología,* 234. Brasilia, Departamento de Antropología, Universidad de Brasilia, 1998.

SEGATO, Rita. *La nación y sus otros*. Buenos Aires, Prometeo, 2007.

SEOANE, María Isabel. "La manumisión voluntaria expresa en la praxis notarial bonaerense durante el periodo federal (1829-1852)". *Revista de Historia del Derecho*, 33. Buenos Aires, Instituto de Investigaciones de Historia del Derecho, 2005: 327-390.

SEOANE, María Isabel. "Mirada sobre una minoría poblacional a través de los protocolos notariales. Los afroporteños en el Buenos Aires federal". *Revista Electrónica del Instituto de Investigaciones Ambrosio Gioja,* año I, 1, 2007: 192-214.

SIEGRIST Nora y Mónica GHIRARDI (coords). *Mestizaje, sangre y matrimonio en territorios de la actual Argentina y Uruguay. Siglos XVII-XX.* Centro de Estudios Avanzados, Universidad Nacional de Córdoba, 2008.

SIEGRIST Nora. "Vinculaciones étnicas y genealógicas de europeos con pobladores africanos en Buenos Aires y sus descendientes, siglo XVII-XIX", en SIEGRIST N. y GHIRARDI M. (coords.), *cit.* Córdoba, 2008: 197-223.

SILVERAT, I. *Luna, sol y brujas. Género y clase en los Andes prehispánicos y coloniales.* Cuzco. Centro Bartolomé de las Casas, 1990.

SOCOLOW, Susan. "Parejas bien constituidas. La elección matrimonial en la Argentina colonial.1778-1810". *Anuario* del Instituto de Estudios Históricos y Sociales, Tandil, 1990: 133-160.

SOCOLOW, Susan "Cónyuges aceptables: la elección del consorte en la Argentina colonial. 1778-1810", en LAVRÍN, Asunción (coord.). *Sexualidad y matrimonio en la América Hispánica. Siglos XVI-XVIII.* México, Grijalbo, 1991.

SOLOMIANSKI, Alejandro. *Identidades secretas: la negritud argentina.* Buenos Aires, Beatriz Viterbo ediciones, 2003.

SOLORZANO y PEREYRA, Juan. *Política Indiana.* Madrid, BAE, 1972.

SORIA, Manuel. *Fechas catamarqueñas.* Tomo I. Catamarca, 1920.

SORIA, Manuel. "Los primeros once años de vida nacional, en *Autonomía Catamarqueña,* Catamarca, 1921.

SOSA MIATELLO S, LORANDI A y BUNSTER C. "Cambios económicos y conflictos en la elite del Tucumán colonial", en LORANDI, Ana María (comp.). *El Tucumán colonial y Charcas (cit.)* Tomo II. Facultad de Filosofía y Letras, Universidad Nacional de Buenos Aire, 1997.

SOSA MIATELLO S. y LORANDI A. M.. "Tierras y elites en Catamarca. Siglos XVII y XVIII". *Historia y Cultura XX.* Sociedad Bolivariana de Historia. La Paz, edit. Don Bosco, 1991.

SOUZA GOMES NETO, Álvaro de. *A importancia do negro na formacao da sociedade portenha, 1703-1860.* Tesis de Doctorado en Historia. Pontifica Universidade Católica Do Rio Grande Do Sul, Porto Alegre, 2002.

STERN, Steve. *Los pueblos indígenas del Perú y los desafíos de la conquista española,* Madrid, Alianza, 1986.

STERN, Steve. *La Historia secreta del Género. Mujeres, hombres y Poder en México en las postrimerías del período colonial.* México, Fondo de Cultura Económica, 1999.

STOLCKE, Verena. "Sexo es al género lo que raza es a la etnicidad". *Márgenes*, Año V. N° 9, 1992.

STOLCKE, Verena. *Racismo y sexualidad en la Cuba Colonial.* Madrid, Alianza Editorial, 1992.

STOLCKE, Verena. "La mujer es puro cuento: la cultura del género". *Desarrollo Económico,* X, Vol. 45, n° 180, 2006:523-546.

STOLCKE, Verena y Alexandre COELLO (edit.). *Identidades ambivalentes en América La-*

tina. Siglos XVI-XXI). Barcelona, Ediciones Bella Terra, 2008.

STUBBS, Josefina y Hiska REYES (eds.). *Más allá de los promedios: afrodescendientes en América Latina*. Resultados de la prueba piloto de captación en la Argentina. Universidad Nacional de Tres de Febrero, 2006.

STUDER, Elena: *La trata de negros en el Río de la Plata durante el siglo XVIII*, Buenos Aires, (1ra edición), 1958.

SUAREZ, Teresa. "Trato y Comunicación Matrimonial". *Cuadernos de Historia Regional,* n 17-18, Universidad Nacional de Luján, 1995.

TANODI DE CHIAPERO, Branka. "En torno a las Actas Capitulares de San Fernando del Valle de Catamarca". *Boletín de la Junta de Estudios Históricos de Catamarca,* Año XII, Catamarca, 1997.

TANODI DE CHIAPERO, Branka. "Ordenanzas de Francisco de Alfaro para el Tucumán". *Boletín de la Junta de Estudios Históricos de Catamarca*, 1992-1994, Año XI, UNCA, 1997.

TARDIEU, Jean Pierre. *Los negros y la iglesia en el Perú, siglos XVI-XVII.* Quito, Centro Cultural Afroecuatoriano, 1997.

TARDIUE, Jean Pierre. "Alzamiento de negros en México y tradiciones africanas (1612).". *Actas del VII Taller Internacional de África en el Caribe "Ortiz Lachatañeré"*, Santiago de Cuba, Centro Cultural Africano Fernando Ortiz, abril de 2003: 311-331.

TELESCA, Ignacio. "Estrategias opuestas, realidades comunes: pardos y españoles en Paraguay a fines de la colonia", en CRUZ Enrique y Carlos PAZ (comp.). *Resistencia y rebelión: de la Puna Argentina al Atlántico.* Jujuy, Purmamarka ediciones, 2008: 253-279.

TELL, Sonia. "Conflictos sociales y valorización de la tierra a fines del periodo colonial (Córdoba 1750-1850)". *Cuadernos de Historia*, 6. Área de Historia, Universidad Nacional de Córdoba, 2004.

TELL, Sonia. *Persistencias y transformaciones de una sociedad rural. Córdoba entre fines de la colonia y principios de la república.* Tesis de Doctorado, Universidad Nacional de Córdoba, 2005.

THOMPSON, Edward P. *Tradición, revuelta y conciencia de clase. Estudios sobre la crisis de la sociedad preindustrial*, 2da. Edición, Barcelona, Crítica, 1984.

TIO VALLEJO, Gabriela. *Aportes al estudio de la dimensión demográfica y económica de la esclavitud en el Tucumán colonial.* Tesis de Licenciatura, Facultad de Filosofía y Letras, UNT, 1990.

TOMÁS Y VALIENTE, Francisco. *Sexo barroco y otras transgresiones premodernas.* Madrid, Editorial alianza, 1990.

TORANZO, Ricardo. "Mestizaje en el pueblo de indios de Villapima del Valle Central de Catamarca, Siglos XVII y XVIII", en DE LA ORDEN DE PERACCA, Gabriela (coord.). *Los pueblos de indios en Catamarca colonial.* Facultad de Humanidades. SECyT, Universidad Nacional de Catamarca, 2008: 191:199.

TORINO, Esther y Lilia PEREZ DE ARÉVALO. "Un aspecto del comercio salteño en la primer mitad del siglo XIX. La compra venta de esclavos". *Cuarto Congreso Nacional y Regional de Historia Argentina*, t.1, Buenos Aires, Academia Nacional de la Historia, 1979: 489-500.

TRETTEL DE VARELA Nora, Marcelo GERSHANI OVIEDO y Alicia MORENO. "Indio, matrimonio y mestizaje del Valle central de Catamarca. Fines del siglo XVIII", en DE LA ORDEN DE PERACCA, Gabriela. *Los pueblos de indios de Catamarca Colonial,*

Facultad de Humanidades, SECyT, Universidad Nacional de Catamarca, 2008:229-247.

TRETTEL Nora y Marcelo GERSHANI OVIEDO. "La problemática de la familia en tres pueblos de indios del Valle Central de Catamarca. Choya, Collagasta y Villapima en la segunda mitad del siglo XVII", en GARCÍA BELSUNCE, César (coord.). *La Temprana población colonial.* Historia de la población, 5-6, Academia Nacional de la Historia, 2008:70-72.

ULLOA, Mónica. "Población negra y mestizaje en la ciudad de Jujuy (1718-1812). Una aproximación demográfica". Curso de Teoría demográfica dictado por Mario Boleda en la Maestría de Teoría y Metodología de las Ciencias Sociales, Universidad Nacional de Jujuy, 1999.

VELAZQUEZ, María Elisa. *Mujeres de origen africano en la capital novohispana, siglo XVII y XVIII.* México, Instituto de Antropología e Historia, Universidad Autónoma de México, 2006.

VERA ORTIZ, Jorge. "Piedra Blanca en el Censo de Catamarca de 1812" (inédito)

VERA-ORTIZ, Jorge. "Polco en el Censo de Catamarca de 1812". *Boletín del Instituto Argentino de Ciencias Genealógicas*, 233, septiembre-octubre de 2004.

VILAR, Pierre. *Iniciación al vocabulario del análisis histórico.* Barcelona, Crítica, 1982.

VILLACORTA, j.A. *Transcripción Actas Capitulares de Catamarca (1708-1722).* Tomo II. Catamarca, Talleres gráficos La Ley, 1905.

WADE, Peter. *Gente negra, nación mestiza: las dinámicas de las identidades raciales en Colombia.* Traducción de Ana Cristina Mejía. Ediciones Uniandes-Ediciones de la Universidad de Antioquía. Siglo del Hombre Editores. Instituto Colombiano de Antropología, Bogotá, 1997.

WADE, Peter. "Repensando el mestizaje". *Revista Colombiana de Antropología,* vol. 39, enero-diciembre 2003: 273-296.

ZACARÍAS, Moutoukias, *Contrabando y control colonial en el siglo XVII.* Buenos Aires, Centro Editor de América Latina, 1988.

ZACCA, Isabel de. "Matrimonio y mestizaje entre los indios, negros, mestizos y afromestizos en la ciudad de Salta (1766-1800)". Revista *Andes,* Universidad Nacional de Salta, 8, CEPIHA, 1997: 243-269.

ZACCA; Isabel. "Una aproximación al estudio de la sociedad colonial. El caso de la construcción de identidades sociales en Salta a fines del siglo XVIII", en CICERCHIA, Ricardo. *Formas familiares, procesos históricos y cambio social en América Latina.* Quito, Biblioteca Abya Yala, 1998: 59-79.

ZACCA, Isabel. "…éste ha de ser mi marido".Entre la obligación y la libre voluntad", en MATA DE LÓPEZ, Sara (comp.). *Persistencias y cambios: Salta y el Noroeste Argentino, 1770-1840.* Rosario, Prohistoria editor, 1999: 41-62.

ZAVALÍA MATIENZO., ROBERTO. "La esclavitud en Tucumán después de la Asamblea de 1813. *Investigaciones y Ensayos,* 14, Buenos Aires, Academia Nacional de la Historia, enero-junio, 1973:295-323.

ZERDA DE CAÍNZO, Hilda. "Contribución al estudio de la esclavitud negra en Tucumán". *Primer Congreso de Historia Argentina y Regional.* Buenos Aires, Academia Nacional de la Historia, 1973:565-576.

Impreso por Editorial Brujas
en mayo de 2016
Córdoba - Argentina